【汉译现代西方学术名著导读·政治哲学编】

丛书主编　阎孟伟　杨　谦

FALANKEFU XUEPAI PIPAN LILUN

法兰克福学派批判理论

阎孟伟　孟锐峰　主编

广西人民出版社

图书在版编目（CIP）数据

法兰克福学派批判理论 / 阎孟伟，孟锐峰主编. —南宁：广西人民出版社，2018.1

（汉译现代西方学术名著导读 / 阎孟伟，杨谦主编. 政治哲学编）

ISBN 978-7-219-09207-1

Ⅰ.①法… Ⅱ.①阎… ②孟… Ⅲ.①法兰克福学派—著作—介绍 Ⅳ.①B089.1

中国版本图书馆CIP数据核字（2014）第275917号

总 策 划	温六零
项目统筹	白竹林　罗敏超
责任编辑	唐柳娜
责任校对	周月华
装帧设计	李彦媛
印前制作	麦林书装

出版发行	广西人民出版社
社　　址	广西南宁市桂春路6号
邮　　编	530028
印　　刷	广西民族印刷包装集团有限公司
开　　本	787mm×1092mm　1/16
印　　张	18.75
字　　数	320千字
版　　次	2018年1月　第1版
印　　次	2018年1月　第1次印刷
书　　号	ISBN 978-7-219-09207-1
定　　价	38.00元

版权所有　翻印必究

《汉译现代西方学术名著导读·政治哲学编》

编委会成员

顾问　邢贲思　陈晏清

主编　阎孟伟　杨　谦

委员　李福岩　王桂艳　王作印　杨晓东
　　　谢　魁　孟锐峰　李　萍

总 序

陈晏清

改革开放以来，中国社会经历了日新月异的深刻变化，不仅在经济发展中取得了令世人瞩目的成就，在文化建设上也取得了长足的进步，其中一个突出的表现是哲学社会科学领域里越来越多的学者本着开放包容的精神，源源不断地将国外有代表性的学术著作（包括理论著作）翻译到中国来，这对于帮助国人开阔视野、活跃思想、学会用世界的眼光观察和思考中国问题起到了十分重要的作用。这种开放包容的精神也充分体现了我们的制度自信和理论自信。摆在读者面前的这套"汉译现代西方学术名著导读"丛书就是在这样的精神鼓舞下编辑出版的。

这套丛书计10卷约150种，内容主要涉及国外的政治哲学和社会理论，涵盖了20世纪20年代以来西方马克思主义诸流派的代表性著作、法兰克福学派各个发展时期领军人物的代表作、西方当代自由主义理论的代表作、西方当代社会哲学和历史哲学的重要理论著作。每本著作的导读都包括作者简介、写作背景、中心思想、分章导读、意义与影响五个部分，最后附上原著摘录（从该著作中精选出来的一些重要章节）。读者通过阅读这套丛书可以全景式地了解当代西方政治哲学和社会理论中的主要思潮和流派，更有助于从事政治哲学和社会理论研究的学者以及高校学生开阔学术视野、把握学术前沿。由于这套丛书所选取的主要是政治哲学和社会哲学方面的著作，因而读者也可以从中了解到现代西方社会在其发展中所面对的诸多重大现实问题，如政治的合法性问题、国家与社会的关系问题、公平正义问题、权利与权力的关系问题、意识形态问题、文化发展问题、生态问题等，有助于人们深入地认识20世纪以来西方社会发展的基本状况。

在我国，就哲学学科来说，政治哲学是目前较为活跃的研究领域。社会政治哲学在我国的兴起，不是几个学者的心血来潮，而是适应了中国社会大变革的理论需要。我国由改革开放和社会主义市场经济推动的社会转型，是社会的整体性变革或结构性变迁，各种各样的社会问题会从社会生活的各个领域产生，新的问题层出不穷。对于这些问题的理论解决，急需社会哲学和政治哲学的专门研究。中国的社会哲学、政治哲学应当着重研究中国的问题，这是毫无疑义的。2017年9月29日，习近平总书记在中共中央政治局就当代世界马克思主义思潮及其影响进行第四十三次集体学习时强调，发展21世纪马克思主义、当代中国马克思主义，必须立足中国、放眼世界，保持与时俱进的理论品格，深刻认识马克思主义的时代意义和现实意义，锲而不舍推进马克思主义中国化、时代化、大众化，使马克思主义放射出更加灿烂的真理光芒。……对国外马克思主义研究新成果，我们要密切关注和研究，有分析、有鉴别，既不能采取一概排斥的态度，也不能搞全盘照搬①。

在当今的时代条件下，中国的事情同世界的事情是紧密关联的，实际上中国的许多问题已经上升为世界问题，观察和思考中国问题也必须有世界眼光。因此，我们应当学习外国的先进理论和文化，广泛地阅读当今国外的社会哲学、政治哲学著作，研究外国学者在理论探索中的经验和教训、长处和短处，有些可以引以为鉴，有些可以有选择、有批判地汲取。这对于深化我们的思考，推进我们的社会哲学、政治哲学的研究，以至推进我国的社会转型和现代化建设，都是有重要的积极意义的。当然，这套学术名著导读丛书主要是对学术名著及其作者做出概要性的介绍和评述，

---

① 习近平在中共中央政治局第四十三次集体学习时强调：深刻认识马克思主义时代意义和现实意义　继续推进马克思主义中国化时代化大众化 [N]. 人民日报，2017-09-30 (1).

这些初步的、粗浅的介绍显然不能代替学者们的专门研究，"导读"的意义重在一个"导"字，它的作用只是把读者引进西方社会政治哲学的门槛，但这对于吸引和推动学界和社会各界关心社会政治哲学的研究是有重要作用的。

最后，我还想特别强调一点。这套丛书选择的著作者，除很少量的作者，例如早期西方马克思主义的代表人物外，大多数是资产阶级的思想家、著作家。他们是在资本主义的制度前提下说话，是在资产阶级统治的政治框架内说话，这是他们无法摆脱的阶级局限性。从总体上看，他们的政治哲学、社会理论著作表达的是当代资本主义的意识形态，是当代资产阶级的价值观念、社会理想和政治诉求。因为同处于市场经济的条件下，中国和西方会遇到一些共同的问题，但在对于问题实质的把握和解决问题的立场与方式上则是有原则性的区别的。这是我们在阅读西方社会政治哲学理论著作以及介绍这些著作的读物时，必须保持的最基本的辨别力或判断力。如果丧失了这种判断力，我们就会在意识形态的较量中丧失主动权，有的人甚至成为错误思想的俘虏。

2017 年 10 月

（陈晏清，1938 年出生，1962 年毕业于中国人民大学哲学系，1985 年晋升为教授，1986 年任博士生导师，1992 年起享受国务院颁发的政府特殊津贴，1985 年至 1997 年任南开大学哲学系主任，1995 年至 2000 年任南开大学人文学院院长，1997 年任南开大学社会哲学研究所所长，现任南开大学当代中国问题研究院学术委员会主任、中国辩证唯物主义研究会顾问、中国人学学会顾问、天津市哲学学会名誉会长。主要的研究领域是马克思主义哲学基础理论、社会哲学、政治哲学。独著或合著的著作主要有《论自觉的能动性》《辩证的历史决定论》《现代唯物主义导引》《陈晏清文集》等，主编有"社会哲学研究"丛书。2012 年获南开大学荣誉教授称号和特别贡献奖。）

目 录 CONTENTS

一、《启蒙辩证法：哲学断片》
　　［德］马克斯·霍克海默，西奥多·阿道尔诺　　001

二、《批判理论》
　　［德］马克斯·霍克海默　　021

三、《否定的辩证法》
　　［德］特奥多·阿多尔诺　　043

四、《理性和革命——黑格尔和社会理论的兴起》
　　［美］赫伯特·马尔库塞　　060

五、《单向度的人：发达工业社会意识形态研究》
　　［美］赫伯特·马尔库塞　　076

六、《历史和结构——论黑格尔马克思主义和结构主义的历史学说》
　　［德］A. 施密特　　096

七、《马克思的自然概念》
　　［德］A. 施密特　　116

八、《公共领域的结构转型》
　　［德］尤尔根·哈贝马斯　　132

CONTENTS

九、《理论与实践》
　　［德］尤尔根·哈贝马斯　　　　　　　　　　151

十、《合法化危机》
　　［德］尤尔根·哈贝马斯　　　　　　　　　　168

十一、《认识与兴趣》
　　［德］尤尔根·哈贝马斯　　　　　　　　　　186

十二、《重建历史唯物主义》
　　［德］尤尔根·哈贝马斯　　　　　　　　　　205

十三、《在事实与规范之间：关于法律和民主法治国的商谈理论》
　　［德］尤尔根·哈贝马斯　　　　　　　　　　237

十四、《为承认而斗争》
　　［德］阿克塞尔·霍耐特　　　　　　　　　　256

十五、《自由的权利》
　　［德］阿克塞尔·霍耐特　　　　　　　　　　274

后　记　　　　　　　　　　　　　　　　　　　287

一、《启蒙辩证法：哲学断片》

[德] 马克斯·霍克海默，西奥多·阿道尔诺　著
渠敬东，曹卫东　译
上海人民出版社，2006年

【作者简介】

马克斯·霍克海默（1895—1973），是法兰克福学派的主要代表人物、批判理论的倡导者、西方马克思主义思潮中的重要人物。1895年，霍克海默出生在德国斯图加特一个资产阶级家庭，他父亲是一家经营良好的纺织厂的老板。1922年霍克海默以论文《作为理论哲学与实践哲学之间链环的康德的判断力批判》获得哲学博士学位。1930年任法兰克福社会研究所所长。同时，他参与创立了《社会研究杂志》，以对社会的现实问题做哲学研究为目标，以对人的具体实践形式的批判为任务，发表了一系列有关批判理论的文章，开启了法兰克福学派及西方马克思主义研究的新思路。1933年，法兰克福社会研究所迁到巴黎，随后，在纳粹占领法国时，又转移到美国。二战后，霍克海默和阿道尔诺接受西德政府的邀请，回到法兰克福重新从事他们的研究。霍克海默于1953年退休，1973年7月7日卒于纽伦堡。其主要著作包括《资产阶级历史哲学的开端》（1930年）、《黑格尔与形而上学问题》（1932年）、《传统理论和批判理论》（1937年）、《论自由》（1962年）、《工具理性批判》（1967年）、《批判的理论》（1968年）、《社会哲学研究》（1972年）、《转变中的社会》（1972年）。

西奥多·阿道尔诺（也译特奥多·阿多尔诺，1903—1969），德国著名哲

学家、美学家、社会学家。生于法兰克福一犹太酒商家庭，卒于瑞士菲斯普。1921 年入法兰克福大学攻读哲学、心理学和音乐，1924 年获博士学位，1927 年在法兰克福大学执教。1938 年受霍克海默邀请前往美国，加入霍克海默在纽约重建的法兰克福社会研究所。1949 年，阿道尔诺和霍克海默一起重返法兰克福大学执教，重建法兰克福大学社会研究所。1969 年，阿道尔诺在瑞士逝世。阿道尔诺是法兰克福学派第一代的主要代表人物，社会批判理论的理论奠基者。阿道尔诺深谙现代音乐，他的音乐批判理论是法兰克福学派社会批判理论中最具特色的。他的主要著作包括《启蒙辩证法：哲学断片》(1947 年)、《新音乐哲学》(1949 年)、《多棱镜：文化批判与社会》(1955 年)、《否定的辩证法》(1966 年)、《美学理论》(1970 年)。

【写作背景】

20 世纪三四十年代，西方主要资本主义国家工业化将完成，进入所谓的发达工业社会，科学技术的发展使得资本家对工人肉体的摧残逐步减轻，但对他们的心理和意识层面的控制却加深了。资本主义的统治策略也由显性统治转变为隐形统治，形式民主和抽象自由进一步发展，代替了早期资本主义暴力的压迫和尖锐的阶级冲突，资本家利润增加的同时带来了社会福利、工人与资本家的利益分成等，这些不仅导致工人阶级革命意识的消失而且也使其肯定资本主义的意识增强。社会主义运动低潮中的无产阶级面临消失的危险，即便普通的大众，也丧失了对现状的否定性思考，在同一性社会中需要新的理论启迪大众。法兰克福学派认为，马克思的生产关系批判在许多方面有所欠缺。

1930 年，霍克海默就任法兰克福社会研究所第二任所长，同时纳粹分子也粉墨登场。国家社会主义者通过大肆的宣传、煽情的演讲、激情的鼓动，怂恿大众接受法西斯主义的独裁统治，大众媒介成了助纣为虐的工具。一方面，在集权统治的胁迫下，大众文化沦为希特勒的政治附庸；另一方面，在科技革命的时代，广播、电视、电影等大众媒介不断涌现和迅速发展，科学技术力量日益与人们的日常生活紧密相连，但是法西斯主义的统治集团正是利用大众传媒的科技力量进行反犹主义的谋杀活动，这也是霍克海默和阿道尔诺倡导大众文化批判理论的主要原因。

《启蒙辩证法：哲学断片》写于 1942 年，此时由于战火，霍克海默和阿道尔诺已经到美国避难。美国大众文化成功地整合了社会各阶层，它深刻影响了人们的选择性的行为和生活方式，在深层上控制了人们的心理和无意识，使人们丧失了对现实的反思，完全背离了大众文化的根本。正如启蒙的根本目标是启迪大众去树立人的自主性，最后启蒙却像神话一样加深了对人们的控制。和启蒙辩证法一样，大众文化同样上演了一场"文化辩证法"。这本书将大众文化的批判、现代性的批判升华到一个新的历史高度，深深地打上了当时社会环境的烙印，至今仍具有重要的理论价值。

【中心思想】

《启蒙辩证法：哲学断片》一书的核心观点：启蒙试图通过理性将人类从神话的愚昧中解放出来。但是由于对理性的过度宣扬，它使得启蒙本身变成一个统一的尺度和大全，沦为与神话本质相似的东西，这就是辩证逻辑在启蒙中的体现。同时，这种逻辑还体现在大众文化、反犹主义活动中。

具体来说，启蒙想要将人类从神秘主义中拯救出来，因此它拒绝神话以及与其类似的全部神秘的现象，它试图通过可以解释的观念和规律来囊括所有看似不可解释的东西，这就意味着它以一种理性的眼光去看待世界。这样一来，一切事物都可以在统一的规定和尺度下得到衡量，我们借助知识形式去统治自然，征服世界。在这样的概念预设下，无论自然还是人，事实上都会屈从于一种量化的标准。启蒙的精神向人们宣告，人类的理性及其形成的体系是至高无上的东西，外在的世界也据此依赖于人的精神。

作者霍克海默和阿道尔诺针对这种现状提出，这种启蒙实际上是一种集权主义，是理性的倒退，人与自然和外物产生了根本的分裂，自然成为绝对对象，而人成为绝对的主体，这使得理性可以对外物进行一切强制。这是违反启蒙的初衷的，它会将一切变得抽象并且同一，多样性和鲜活的现象将被吞噬和奴役。启蒙的目的本应在于开化自身、祛除蒙昧，可最终却沦为以霸权对自然与他人的控制和支配。

这样看来，启蒙丧失了否定和超越的维度，所有的一切都变成同一性。人们对这种同一性的遵从和崇拜就像对神话的信仰一样，失去了判断，只剩下盲从。启蒙创造了理性的成果，也被这个成果扼杀。在文化领域，技术与理性以广播、电视等形式来操控人们的思想，它们对人们进行单一的输出从而使人们无力自由地选择并对其进行思考。反犹主义亦是如此，法西斯以单一价值评判犹太人，并进行屠杀，使得所谓先进的人种和文化成了抽象的、无人性的法则。

《启蒙辩证法：哲学断片》对启蒙以及现代性的后果展开了尖锐的批评，开辟了人们审视启蒙的新视角，对整个资本主义发展的弊端揭露无疑，引发了人们的深入思考。

【分章导读】

《启蒙辩证法：哲学断片》全书包括三篇文章、一些笔记与札记。第一篇文章对启蒙的概念进行了系统的梳理，阐明了启蒙与神话的辩证关系。第二篇文章就文化工业的内在逻辑进行了梳理和批判，指出了它对人们思想的钳制。第三篇文章探讨反犹主义中体现出的现代文明的倒退。笔记和札记是一些论文的提纲，主要针对人类学与辩证法的关系。

前言 首先描述了启蒙时代以来的科学传统在当今的异化状况。在科学的专业化与实用工具化发展中，科学变成资本主义的统治工具。科学的支离，使其丧失最初的大结构，也不再关心科学精神的理论真实性问题。"我们必须探讨的第一个对象：启蒙的自我毁灭。"[①] 这个问题的特殊性在于作者不认为启蒙的倒退是由于外在因素，而是由于其自身导致的。为了解决这个问题，本书设定了自己的目标：启蒙倒退为神话的自身机制。要达到这个目标，必须经由双重路径：思想史上对启蒙运动的考察和对启蒙现实的考察。

阐明启蒙与神话关系的困难性在于：在资本统治的技术社会，看似清晰的社会与科学事实总是与统治观念纠结在一起。人们害怕丧失在学科分析社会分工等各个环节所获得的明晰性，且这种明晰性直接对应着可见事实，并得以清晰表述。然而，正是这种对"模糊性的东西"的畏惧阻止着人们对启蒙的反思。在这个意义上，启蒙和神话勾结起来。在看似精确的每一环节中，一架范畴机器不断开动着，制造着每一环节的清晰性。然而其背后的哲学支撑却是糟糕的，因为这一清晰性科学和社会、事实和观念的真实性基础，都是可疑的。由于在每一环节的清晰不可疑，也由于对其背后哲学的真实性的追问的禁忌，使得对启蒙的反思困难重重。每一追问，似乎总可以被分解、纳入一种清晰性的事实和专门领域中，从而不仅不会动摇，反而强化了统治观念。

文明论者和价值论者不能帮助我们解决这困难。他们没有深入这个自己开动并制造观念与事实、语言与思想、科学与社会的各环节的统治机器内部，

[①] 马克斯·霍克海默，西奥多·阿道尔诺. 启蒙辩证法：哲学断片 [M]. 渠敬东，曹卫东，译. 上海：上海人民出版社，2006：前言.

透析启蒙自己的辩证机制。意识形态的帷幕与形而上学的无聊同属时代事实。"在一定的情况下,幸福的因素就变成了不幸的源泉。"① 这就是本书所关注的首要问题。

启蒙的概念 这篇文章是全书的理论基础,探讨的是启蒙以及现代性的合法性与现实的关系问题,人类理性主体与自然之间的关系问题。对启蒙进行批判,实际上是为了从现实中提出一种真实的启蒙样态,把概念从盲目的单一性中解救出来。该文的主要论点:启蒙为了祛除神话的愚昧,最终自身却落入神话的窠臼。附论一来源于奥德修斯的神话故事,探讨了神话与启蒙之间的辩证关系。第二篇附论主要针对康德、尼采等启蒙终结论者,表明了理性对自然的统治是如何达到了登峰造极的地步。这个过程不仅发生在思想领域,也发生在现实社会中,它消解了资本主义社会的一切矛盾,尤其是伦理领域的道德与非道德之间的矛盾。

1. 启蒙和知识。在这一部分的开篇,作者提出"就进步思想的最一般意义而言,启蒙的根本目标就是要使人们摆脱恐惧,树立自主……启蒙的纲领是要唤醒世界,祛除神话,并用知识替代幻想"②。对于他们来说,启蒙的要义正在于此,鼓励人们自主,尤其是精神意识上的自主,通过科学知识来武装自己的头脑,获得解放。这种解放首先体现在对自我的祛昧,其次还体现在对现状的反思和批判。然而,如果着眼于启蒙运动的现实情况便可以发现,启蒙对科学的尊重最终却变成了对空洞教条的崇拜,理性成为一个空洞的大全,包含着各种规律与法则,以此作为衡量世界一切的标准。祛昧的目的虽然可以达到,但对自我进行再次反思的维度却丧失了。就此,霍克海默和阿道尔诺认为"启蒙思想能够提供的是一些考虑,这些考虑在倾向上是批判的,启蒙不是一个哲学任务,任何人在任何地方都可以启蒙,启蒙的目的是独特的,即非神圣化"③。

2. 启蒙和神话。启蒙精神的初衷在于否弃神话的盲目和愚昧,但是在这篇文章中,作者认为值得思考的问题是为什么最终启蒙会走向自身的反面,陷入另外一种形式的愚昧和野蛮?在霍克海默与阿道尔诺看来,这是因为启

---

① 马克斯·霍克海默,西奥多·阿道尔诺.启蒙辩证法:哲学断片[M].渠敬东,曹卫东,译.上海:上海人民出版社,2006:前言.
② 马克斯·霍克海默,西奥多·阿道尔诺.启蒙辩证法:哲学断片[M].渠敬东,曹卫东,译.上海:上海人民出版社,2006:1.
③ 马克斯·霍克海默,西奥多·阿道尔诺.启蒙辩证法:哲学断片[M].渠敬东,曹卫东,译.上海:上海人民出版社,2006:4.

蒙自身就带有一种原初的矛盾，这致使它在反对神话的同时也无法避免向神话的倒退。"启蒙运动认为，在一般概念的权威下，仍存在着对神灵鬼怪的恐惧，通过把自己装扮成神灵鬼怪，人们试图对自然发挥影响……这表明，启蒙始终在神话中确认自身。"启蒙的长远目的在于替代神话，可在这个过程中却沾染了神话的因素，变得十分神秘，最终沦为一整套僵化的、说教的知识系统，得不到现实生活中的人的理解，高于人的本真存在。针对这种情况，霍克海默和阿道尔诺对其原因进行了分析，认为启蒙之所以与神话之间存在这样一种辩证的关系，是因为启蒙理性自产生之日起就不是客观的，只不过是人类试图通过意识来掌控自然和世界的工具。这实际上是一种感情的要素，它必然会使启蒙最终失去其理性的意义而再度蒙上蒙昧的面纱。

3. 启蒙和权力自由。启蒙对人类理性的提倡其最根本的目的实际上是为了解释人，让人们能够生发出独立的意识和思想，实现对自身的反思和批判，不再受控于外物的支配，实现真正的现代性。但是结果却是，它使得理性迅速膨胀为一种支配外物的统治欲望，忽视了对象的真实性与多样性差别。霍克海默和阿道尔诺认为，启蒙的核心观念之一是自由，而这种自由应当是现实生活中的人一种真实的需求，不是欲望膨胀带来的完全摆脱外物的"自由"。自由不应成为一种空泛的自由性，也不存在绝对的没有束缚的自由。真正的自由是理性能够达到审视对象与反思自我的双重效果，理性能够认识到客体与对象，对其进行把控；也能够意识到自身的局限与不足，并不断去克服它们。理性不是一个定在的概念，而是在不断认识自我、认识世界的过程中完善自身的包容性视角。这才应是启蒙的真实含义。

文化工业：作为大众欺骗的启蒙　在这篇文章中，作者阐明的是启蒙意识形态的倒退，这一点在电影和广播中表现得十分清楚。在这些传媒里，启蒙主要表现为对制作和传播的效果、技术的算计；而就其具体内涵而言，意识形态集中体现为对存在者和控制技术的权力的偶像化。在探讨这一矛盾的时候，我们会认真对待文化工业，这样做是大大出乎文化工业自身的愿望的。《文化工业》一文比其他部分更加具有断片色彩[①]。

资本主义为人类带来了前所未有的变化和进步，它体现在方方面面：科学技术的革新、经济社会的发展、政治结构的完善等。人们享受到了物质生

[①] 马克斯·霍克海默，西奥多·阿道尔诺. 启蒙辩证法：哲学断片[M]. 渠敬东，曹卫东，译. 上海：上海人民出版社，2006：前言.

活的极大改善，也戴上了精神层面的新枷锁。启蒙理性的发展在不同的领域得到了复制。在文化领域当中，艺术、精神本身成为一种以价值来衡量的工业，成为蒙蔽和欺骗大众的工具，无法启迪人们进行思考。

霍克海默和阿道尔诺认为，这样的一种"文化"实际上是"文化工业"，完全被商品化、工业化、标准化所腐蚀。文化工业通过大众传媒而成为体系，内在各部分形成了一种精致的流程和结构，丧失了文化艺术本身具有的自由性现实性。而这样的文化却在统治民众上具有优势，它向人们传达同一价值，使得人们的思考和需求都变得一致。"文化工业抛弃了艺术原来那种粗鲁而又天真的特征，把艺术提升为一种商品类型。"[1] 艺术原本应具备一切原始的个体性的精神需求，表达自我的个性与诉求，但在工业时代，它在追求理性与高效的过程中只能满足普遍的标准，无法用来表达富有色彩的见解，艺术的美学本质已经被破坏，它不能再涵容原初的自我，而异化为理性、启蒙的一个环节。文化风格消失殆尽，"所谓文化工业的风格已经不再需要通过抑制无法驾御的物质冲动来检验自身了，它本身就是对风格的否定。普遍与特殊之间的调和，规范与特定的需求之间的调和以及唯独能够为风格提供本质的、有意义的内容的成就，都是无效的，因为它连所有对立两极之间最微弱的紧张状态都消除掉了：这些相互协调的极端状态软弱无力地统一了起来；普遍替代了特殊，或者相反"[2]。也就是说，文化在现代已经完全变成了一种抽象的归类活动。所谓的个性与自我也只是普遍性概念之下的虚假标榜。这是辩证逻辑在文化艺术方面的体现。

霍克海默和阿道尔诺还指出："工业所关心的就是，所有人都是消费者和雇员，事实上，工业已经把整个人类，以至于每个人都变成了这种无所不包的公式。"[3] 也就是说，文化除自身异化外，也影响了民众的思想开化。文化工业实际上是"愚民政策"的工具和体现，它造就了一种先在的强势文化，大众只能接受，而没有反思。这种现象的重要原因就是利益的驱使，当大众文化能够充当统治的手段时，就会降低社会统治和政治统治的成本，使个体的人都被纳入统一的价值体系中，使社会看上去更加稳定。"受到操控的集体

---

[1] 马克斯·霍克海默，西奥多·阿道尔诺. 启蒙辩证法：哲学断片 [M]. 渠敬东，曹卫东，译. 上海：上海人民出版社，2006：121.
[2] 马克斯·霍克海默，西奥多·阿道尔诺. 启蒙辩证法：哲学断片 [M]. 渠敬东，曹卫东，译. 上海：上海人民出版社，2006：116.
[3] 马克斯·霍克海默，西奥多·阿道尔诺. 启蒙辩证法：哲学断片 [M]. 渠敬东，曹卫东，译. 上海：上海人民出版社，2006：132.

同一性就在于对每个个体的否定，因为个性正是对那种把所有个体统归于某一集体的社会的嘲讽。"[1]

此外，霍克海默和阿道尔诺还认为文化工业带有神秘主义与浪漫主义的色彩。首先，它试图通过将自身伪装成一个脱离现实的理想性的存在而给人们带来快乐和希望。大众受到这种文化的影响，也同样会产生一些不切实际的观点。而事实上这不过是文化工业对大众的一种欺骗，"在文化批判中，最为坚持和核心的问题之一便是一个关于谎言的问题：文化创造了对人类有价值的社会的一种幻想，而这种社会并不存在；文化隐匿了人类劳作其上的物质条件，它通过抚慰和催眠维持了经济对生存的恶劣决定"[2]。其次，文化工业利用复古式的浪漫主义思想来扼杀人们的渴望，用今昔对比来否认变革和前进的必要性，将批判性的维度隐匿起来。这样一来，文化工业的生产者和消费者就都显现出了逃避现实的特点。

总的来说，电影、广播、电视等一系列现代文化工业通过科技的发展而快速普及到大众生活之中，带来了大众审美的同一性。文化工业的操控者也正是借此引导大众的思想和情感，以此进行欺骗蒙蔽，这不仅导致了人们思想的变形、理想化和不真实，也灌输给他们统治阶级的观点和倾向，重塑整个社会的同一性，产生了"忠实"的愚民。在这个时代，尽管文化工业的发展带来了人们在思想觉悟和审美能力上一定程度的提升，但更为根本的是它以现代性之名钳制了人们原本自由丰富的创造能力，而达到了空前的统一。消除异质性个体的存在，实际上就是消除了进步的可能性。因此，文化工业集中体现了现代性逻辑的弊端。

反犹主义要素：启蒙的界限　　这篇文章中的主体是已经启蒙的文明在现实当中又倒退到了野蛮状态。合理性不仅包含着观念中的自我毁灭趋势，也包含着实际上的自我毁灭趋势，而且从一开始就这样，而不是在自我毁灭趋势出现之后才是如此。我们也就是从这个意义上来追溯反犹主义在哲学上的史前史的。"反犹主义的'非理性主义'来源于宰制理性自身的本质以及与理性观念相对应的现实世界。"[3]

---

[1] 马克斯·霍克海默，西奥多·阿道尔诺. 启蒙辩证法：哲学断片 [M]. 渠敬东，曹卫东，译. 上海：上海人民出版社，2006：132.
[2] 马克斯·霍克海默，西奥多·阿道尔诺. 启蒙辩证法：哲学断片 [M]. 渠敬东，曹卫东，译. 上海：上海人民出版社，2006：136.
[3] 马克斯·霍克海默，西奥多·阿道尔诺. 启蒙辩证法：哲学断片 [M]. 渠敬东，曹卫东，译. 上海：上海人民出版社，2006：前言.

霍克海默和阿道尔诺提出，通过反犹主义，启蒙自身的辩证逻辑不断发展，启蒙理性中的一些强制的非理性的因素占据了更高的地位，使理性成了一种盲目的统治手段，这是理性的一种虚假投射性。启蒙以进步为名，却带来了野蛮的屠杀和掠夺，这使得我们不得不重新思考启蒙的真实含义。先前对启蒙进行的单一价值性主体性的思考已经再度堕入形而上学的窠臼。当代我们需要的是对启蒙进行一种开放式的、多层次的、多样性的理解。

如果从启蒙与统治的关系来看，它们之间存在着一种同化与被同化的冲突。屠杀犹太人的运动实际上就是纳粹分子用一种文化价值观来同化其他全部价值观的尝试。理性向强权俯首称臣，真理成了令人恐惧的独裁主义者。启蒙的这种狂热的自我异化亟待批判。霍克海默与阿道尔诺说："不管权力有多少伟大的举动，只有它才能造成不公，因为只有对判决的执行，而不是律师的辩解，才有可能是不公正的，后者是不可以执行的。只是一点，只要言语的目的在压迫，并且捍卫权力，反对无力，那么，言语也就介入了普遍的不公。"[①]

而事实上，社会现实中的一切强权统治性的活动都源于启蒙现代性将真理等同于追求同一性和客观性的科学法则，这就会导致人们在认识事物和客体时只追究其结构上和概念上的完满，而忽视了它们在现实中的变化以及它们与自我之间的关系。思想被悬置起来，变成一种简单的工具。现代化的过程沦为实证主义的对象化过程，思想丧失了批判和反思的维度，就会成为一种简单的、虚假的投射。霍克海默与阿道尔诺认为"反犹主义是建立在一种虚假投射基础上的。它是真正的模仿行为的反映，在根本上与被压抑的模仿行为密切相关；事实上，它也许是被压抑的模仿行为的病态表现。如果说模仿本身是效仿周围世界的话，那么虚假投射则是把自身等同于周围世界。对于模仿行为而言，外在世界是内在世界必须努力加以遵从的一种模式，模仿的目的是把陌生的事物变成熟悉的事物；而虚假投射则把内在世界和外在世界混淆在了一处，并把我们最为熟悉的事物说成是敌对的东西"[②]。

反犹主义实际的非正义在于纳粹分子试图将自我投射到犹太人，乃至一

[①] 马克斯·霍克海默，西奥多·阿道尔诺. 启蒙辩证法：哲学断片 [M]. 渠敬东，曹卫东，译. 上海：上海人民出版社，2006：202.

[②] 马克斯·霍克海默，西奥多·阿道尔诺. 启蒙辩证法：哲学断片 [M]. 渠敬东，曹卫东，译. 上海：上海人民出版社，2006：172.

切异质种族的身上,这个过程中伴随着恐怖与暴力。事实上,自我才应该被视为投射的最终目的,自我应该具有反思和开放的属性,在相互关系中把握和客体的关系,从而更加丰富对自我的认识。反思、否定与扬弃才是理性的真正的生命与内涵,只有把握了这一点,并将自我变为一种有意识的投射,在投射到客体之后能够再度返回自身进行新的理解,才能真正克服启蒙理性所带来的弊端。他们指出:"反犹主义者不健全的方面并不在于投射行为本身,而在于它丧失了对这种行为的反思能力。一旦主体不能把从客体那里获得的东西归还给客体,那么它就会变得更加单薄,而不是更加丰富。主体在两个方向上丧失了反思能力:由于它不再反思客体,它也就无法再反思自身,它丧失掉了辨别力。"同时,"它把自己的内涵不断施与了外部世界,事实上,只不过是一些彻底的虚无而已"。

反犹主义是启蒙理性在社会中的极端体现。而事实上,这种同一性、虚假性和强制性的理性特征在生活中无处不在,启蒙已经转变成它最终想要反对和批判的东西,只有对启蒙自身进行再度启蒙,抛开主体至高无上的地位和绝对性视角,在相互平等的关系中把握理性与现实、自我与客体,才能带来真正的进步。

笔记与札记 这篇文章中,有些是论文提纲,有些是待探讨的问题,绝大部分都涉及辩证人类学。霍克海默和阿道尔诺提出"对身体的爱憎,影响到了一切现代文化。身体在被作为卑贱的东西而遭到叱责和拒斥的同时,又作为禁止的、对象化的和异化的东西而受到了追求"[①]。人们对身体的兴趣早在古希腊就开始了,许多哲学家对身体提出自己的认识。柏拉图指出身体是一切的载体,承载着智慧、灵魂等,但是正是由于它的存在,人们在通向真正的全知全能的世界时受到了阻碍。这也是中世纪宗教哲学对身体漠视、禁欲学说盛行的重要因素。随着理性的逐步觉醒,在文艺复兴之后,关于身体的学说和地位才得到了人们的重视。而理性的膨胀,致使启蒙运动到来,此时心灵哲学、精神哲学将人们的理性推至前所未有的高度。笛卡儿的"我思故我在"将思维与理性奠基为一个人自我理解、自我确定的基础,身体概念惨遭忽视,主体性意识哲学自此蓬勃发展。而作为德国古典唯心主义哲学集大成者的黑格尔更是以《精神现象学》为根基,将对人的理解抽象为精神的

---

① 马克斯·霍克海默,西奥多·阿道尔诺. 启蒙辩证法:哲学断片[M]. 渠敬东,曹卫东,译. 上海:上海人民出版社,2006:216.

存在。

进入 20 世纪，身体观念才再度受到人们的重视。尼采的生命哲学认为身体是个体存在的根本基础。福柯更是从身体的角度建构了全部的哲学体系，包括政治社会学理论。不难发现，"身体"在人类哲学历史发展中的命运是坎坷的，在很长的一段时间内，它被视为一种肮脏的、不可操控的、具有威胁性的、激情的存在，是欲望和激情的根源。持这种理论的人们普遍认为理性与灵魂高于身体，应对身体进行控制和指导。

霍克海默和阿道尔诺对文化、意识、理性压迫身体的现象进行了分析和批判，"文化把身体定义为可以占有的东西；与此同时，文化又把身体与精神、身体与权力和命令区分开来，身体变成了对象，死的东西和'尸体'"[①]，也就是说文化和理性并没有通过统治身体而将身体变得更加通透，反而将它变成强大理性的附属品。这种集权主义的逻辑渗透在自然、社会甚至每个简单的生命中，"集权主义所宣扬的对自然和命运的热爱，不过是对业已衰败的文明的一种潜在反映，是对身体遭到束缚的潜在反映。人们既无法逃脱自己的身体，也不能在他们无法残害身体的情况下对其大唱赞歌"[②]。

通过分析身体观念的辩证逻辑，我们可以发现身体实际上是人类学研究的关键一环，每个人的自我理解和确认不可能脱离对身体的理解和把控这一向度，同时，所有文化、社会方面的研究都以此为切入点。关于"身体"的启蒙是一种终极意义上的关怀，也是辩证法的精义所在，因为"启蒙辩证法"与"人的辩证法"密不可分。因此，重构关于身体的理解是客观认识现代性、认识启蒙的钥匙。就霍克海默和阿道尔诺的观点来说，我们可以对身体进行双重的理性建构：首先，从经验主义的角度来说，身体是显性的有生命质感的实体，它包括生物学意义上的骨骼、肌肉、器官等构造，归属于自然范畴，具备现实的生理需要，例如饥饿、疾病等。其次，从身体对启蒙文化的意义来说，身体代表着对理性强大势力的反抗，推进人类自我解放的基础性维度。厘清启蒙现代性与身体、感性的关系，使得我们可以打破理性的独断统治，通过确立启蒙与感性、身体的联系，民众的自主性与合法性才可以得到承认。总之，对身体的关注是一种超越的生存方式，是对人的重要启蒙。

---

① 马克斯·霍克海默，西奥多·阿道尔诺. 启蒙辩证法：哲学断片 [M]. 渠敬东，曹卫东，译. 上海：上海人民出版社，2006：216.
② 马克斯·霍克海默，西奥多·阿道尔诺. 启蒙辩证法：哲学断片 [M]. 渠敬东，曹卫东，译. 上海：上海人民出版社，2006：218.

【意义与影响】

第一，引发启蒙理性批判与现代性批判的浪潮。《启蒙辩证法：哲学断片》提出现代性最重要的特征便是启蒙理性的发展及其对人类社会各层面的控制。启蒙理性意味着一切试图将人类从蒙昧状态中解放出来，摆脱自然神秘统治的思想，它在例行自己使命的过程中却走向自身的方面，成为操控一切的同一性，这使人类堕入更为极端的状态中。因此，任何概念与理论倾向都有着自身的局限性，一旦脱离这种辩证的视角，就会引发惨剧。《启蒙辩证法：哲学断片》启示我们思考现代性在带来进步的同时正视其所带来的恶果，对现代性进行深刻的反思。

第二，开创了激进主义批判的先河。《启蒙辩证法：哲学断片》作为霍克海默和阿道尔诺的代表作，引发了法兰克福学派一系列思想家对启蒙、理性、文化、科技进行深入考察。《启蒙辩证法：哲学断片》指出启蒙丧失了否定和超越的维度，这使得整个人类社会都进入了抽象性发展的样态。这种极端悲观主义的倾向开创了激进主义批判的理论先河，影响了大批的西方马克思主义者的哲学观点，例如马尔库塞、弗洛姆等。

第三，集中对资本主义社会的进步现实进行了反思。《启蒙辩证法：哲学断片》一书以对启蒙理性的批判为基础，考察了资本主义社会中一切异化的现实。文化已经变成工业，通过科学技术对大众进行欺骗。反犹主义以理性和同一性为名，残酷实行屠杀行为，走向了文明的反方向。《启蒙辩证法：哲学断片》中的思想理论实际上对现实具有很强的指导性，它着眼于人类的真正自由与解放，不仅具有深刻的现实意义，更具有感人至深的道义力量。

【原著摘录】

启蒙的概念 P1－106

P1　就进步思想的最一般意义而言，启蒙的根本目标就是要使人们摆脱恐惧，树立自主。但是，被彻底启蒙的世界却笼罩在一片因胜利而招致的灾难之中。

P2　人们从自然中想学到的就是如何利用自然，以便全面地统治自然和他者。这就是其唯一的目的。启蒙根本就不顾及自身，它抹除了其自我意识的一切痕迹。这种唯一能打破神话的思想最后把自己也摧毁了。

P4　启蒙运动认为，在一般概念的权威下，仍存在着对神灵鬼怪的恐惧，通过把自己装扮成神灵鬼怪，人们试图对自然发挥影响。

启蒙运动始终将其自身的人权观念看成是更为古老的普遍概念。因此，启蒙运动每一次所遭遇到的精神抵抗，都恰恰为它增添了无穷的力量。这表明，启蒙始终在神话中确认自身。任何抵抗所诉诸的神话，都通过作为反证之论据的极端事实，承认了它所要谴责的启蒙运动带有破坏性的理性原则。启蒙带有极权主义性质。

启蒙进而把只有在整体中才能被理解的东西称之为存在和事件：启蒙的理想就是要建立包罗万象的体系。

P6　神话变成了启蒙，自然则变成了纯粹的客观性。人类为其权力的膨胀付出了他们在行使权力过程中不断异化的代价。启蒙对待万物，就像独裁者对待人。

P11　人们通常喜欢把概念说成是所把握之物的同一性特征，然而，概念由始以来都是辩证思维的产物。在辩证思维中，每一种事物都是其所是，同时又向非其所是转化。这就是观念与事物相互分离的客观定义的原初形式。

P19　启蒙运动以为自己具有缜密性，因而不同于黑格尔和形而上学，因为启蒙运动与任何体系一样都是总体性的。启蒙运动的非真实性并不在于它的浪漫主义之敌一直攻击的分析方法，还原为元素的方法，以及借助反思的解析方法等方面，而毋宁说一开始就注定要在进程之中。

P21　在启蒙世界里，神话已经世俗化了。在其彻彻底底的纯粹性里面，实在虽然清除了鬼魅及其概念派生物，却呈现出了鬼魅在古代世界里的种种特征。

P22－23　由启蒙带来的神话恐惧与神话本身同出一辙。启蒙对神话的揭示，不仅是用语义学语言批判所认为的那些含混概念和语词，而且也用所有人的表达，而这种表达在其自我持存的目的语境中已经毫无立足之地。

P25　启蒙的本质就是一种抉择，并且不可避免地要对统治进行抉择。

随着资产阶级商品经济的发展，神话昏暗的地平线被计算理性的阳光照亮了，而在这阴冷的光线背后，新的野蛮种子正在生根结果。在强制统治下，人类劳动已经摆脱了神话；然而，也正是在这种强制统治下，人类劳动却又总是不断落入神话的魔力之中。

P31　随着支配自然的力量一步步地增长，制度支配人的权力也在同步增长。这种荒谬的处境彻底揭示出理性社会中的合理性已经不合时宜。社会必然性只是一种幻象。

在这样一种幻象中，被彻底启蒙了的人类丧失了自我，这种幻象是无法用一种作为统治机构的思想来澄清的，因为思想本身也只能被迫在命令和服从之间做出选择。

P33 启蒙对一切个体进行教育，从而使尚未开化的整体获得自由，并作为统治力量支配万物，进而作用于人的存在和意识。

P34 资产阶级经济通过市场的调节作用使权力成倍增长，它同时也使其自身的对象和力量成倍增长，以至于它们的管理者已不再是那些君主，甚至也不必然是那些中产阶级，而是所有的人。他们最终从事物的权力中学会了放弃权力。只有在实践的近期目标展现为它目前所要达到的终极目标的时候，只有在君主们的"密探和媚臣们打听不到的"范围，即在被占据支配地位的科学一直忽视的自然被看作是发源地的时候，启蒙才能获得自我实现，并最终自我扬弃。今天，当我们实现了在全球范围内"用行动来支配自然"这一培根式乌托邦的时候，我们才能揭示曾被培根归罪于尚未征服的自然的那种奴役本性。这就是统治本身。培根曾经坚持认为"人的优越性就在于知识"，现在，知识却随着统治力量的消除而发生了变化。然而，正是由于这种可能，启蒙在为现实社会服务的过程中，逐步转变成为对大众的彻头彻尾的欺骗。

文化工业：作为大众欺骗的启蒙 P107－152

P107 如果社会学理论认为，客观宗教的基础已经不复存在了，前资本主义社会最后剩下的残渣余孽已经彻底消解，技术和社会层面上的分化和专业化已经确立起来，而所有这些造成了文化混乱的局面，那么，人们通常都会认为这是谎言；因为在今天，文化给一切事物都贴上了同样的标签。电影、广播和杂志制造了一个系统。

P108 电影和广播不再需要装扮成艺术了，它们已经变成了公平的交易，为了对它们所精心生产出来的废品进行评价，真理被转化成了意识形态。它们把自己称作是工业；而且，一旦总裁的收入被公布出来，人们也就不再怀疑这些最终产品的社会效用了。

利益群体总喜欢从技术的角度来解释文化工业。

P111 一个人只要有了闲暇时间，就不得不接受文化制造商提供给他的产品。康德的形式主义还依然期待个人的作用，在他看来，个人完全可以在各种各样的感性经验与基本概念之间建立一定的联系；然而，工业却掠夺了个人的这种作用。一旦它首先为消费者提供了服务，就会将消费者图式化。

P112 文化工业的发展使效果、修饰以及技术细节获得凌驾于作品本身的优势地位，尽管它们曾经表达过某种观念，但是后来却与观念一起消融了。

P113　整个世界都要通过文化工业的过滤。正因为电影总是想去制造常规观念的世界，所以，常看电影的人也会把外部世界当成他刚刚看过的影片的延伸，这些人的过去经验变成了制片人的准则。

P114　整个文化工业把人类塑造成能够在每个产品中都可以进行不断再生产的类型。在这一过程中，从制片人到妇女俱乐部，所有机构都在小心谨慎地保证这种心态的简单再生产不会以任何方式得到细致的描绘和扩充。

P117－118　在文化工业中，这种模仿最终变成了绝对的模仿。一切业已消失，仅仅剩下了风格，于是，文化工业戳穿了风格的秘密：即对社会等级秩序的遵从。今天，自从人们把精神创造总结成文化，并使其中性化以后，审美的野蛮特性就使那些能够对精神创造造成威胁的因素荡然无存了。当人们谈论文化的时候，恰恰是在与文化作对。文化已经变成了一种很普通的说法，已经被带进了行政领域，具有了图式化、索引和分类的含义。很明显，这也是一种工业化，结果，依据这种文化观念，文化已经变成了归类活动。

作为所有风格中最僵化的风格，文化工业变成了自由主义的目的，而自由主义却被人们谴责为最缺乏风格的。文化工业不仅在范畴和内容上来源于自由主义，如驯服的自然主义、轻歌剧和讽刺剧等，而且现代文化垄断也构成了经济领域及其相应的企业类型，尽管眼下在其他领域正在逐渐解体，但是其经营领域的部分机构还是维持了下来。

P123　文化工业对消费者的影响是通过娱乐确立起来的；公开宣布的法令并不会对此产生破坏作用，相反，娱乐规则中所固有的敌意倒会产生这样的作用，因为这种敌意比它针对自己的敌意还要强。

P126　文化工业不断在向消费者许诺，又不断在欺骗消费者。它许诺说，要用情节和表演使人们快乐，而这个承诺却从没有兑现；实际上，所有的诺言都不过一种幻觉：它能够确定的就是，它永远不会达到这一点，食客总归得对菜单感到满意吧。

P128－129　欺骗不在于文化工业为人们提供了娱乐，而在于它彻底破坏了娱乐，因为这种意识形态般的陈词滥调里，文化工业使商业将这种娱乐吞噬掉了。

P129　文化工业彻底腐烂掉了，这并不是因为它变成了一个罪恶的巴比伦，而是因为它始终是追求被升华了的快乐的天主教。

文化工业确实留下了某些好东西,但所有这些特点倒更像是马戏团里的骑手、杂技演员和小丑用来开脱自己的雕虫小技,像"身体艺术用来对抗智力艺术的借口和辩解"。

　　今天,文化与娱乐的结合不仅导致了文化的腐化,同时也不可避免会产生娱乐知识化的结果。复制现象的出现,就足以证明这种情形:电影院的图像就是一种复制,电台的录音也同样是一种复制。

　　P130　文化工业的地位越巩固,就越会统而化之地应付、生产和控制消费者的需求,甚至会将娱乐全部剥夺掉:这样一种文化进程势不可挡。不过,这种倾向却内在于娱乐本身的原则之中,在资产阶级的意义上,娱乐已经被启蒙了。

　　P133　文化工业越少做出承诺,就越难以给生活提供有意义的解释,意识形态的宣传也就会显得越空洞。在这个所有一切都带有公共色彩的社会里,社会和谐完美的抽象理想都已经变得过于具体了。

　　P140－141　在文化工业中,个性就像一种幻象,这不仅是因为生产方式已经被标准化。个人只有与普遍性完全达成一致,他才能得到容忍,才是没有问题的。

　　个性化从来就没有实现过。以阶级形式存在的自我持存,使每个人都停留在类存在的单一层面上。

　　随着资产阶级社会的进步,个人也发展起来了。然而这种发展却违背了领袖们的初衷,技术已经在从儿童到成人的成长过程中彻底改变了人类。不过,个性化的每一次进步,都是以牺牲个性为代价的。

　　P146－147　文化是一种充满悖论的商品。它完全遵循交换规律,以至于它不再可以交换;文化被盲目地使用,以至于它再也不能使用了。所以,文化与广告便混同了起来。

　　没有文化工业,人们当然也能活下去,因此,它肯定会制造出很多心满意足和平淡冷漠的情况。就其自身而言,它没有什么可以利用的资源来修正这一点。

　　P148－149　人们总想通过说话,来为文化的广告特征做出自己的贡献。然而,语言越是在公开声明中完全丧失掉自己,作为意义载体的词语就越会受到贬低,成了毫无意义的符号;词语越是能够纯净透明地与人交流,就越会变得无法让人理解。于是,语言的非神秘化,就成了整个启蒙运动的组成要素,从而使语言重新变成了巫术。

反犹主义要素：启蒙的界限 P153－192

P153　今天，对于某些人来说，反犹主义已经成为与人类命运休戚相关的问题；而对于其他人来说，它只不过是个借口而已。法西斯主义并不把犹太人看作是少数民族，而把他们看作是敌对种族，看作是消极原则本身的体现。只有灭绝这个种族，才能保证世界的幸福。与此相反，另外一种极端的观点认为，犹太人是没有民族或者种族特征的，他们只是通过宗教观念和宗教传统形成的一个群体，除此之外，别无其他。

P155　反犹主义作为一种全民运动，所追求的正是它的鼓吹者一贯反对的社会民主党的内容，即要求平等。而那些没有权力指手画脚的人，必然会遭到与大众一样的下场。

反犹主义已经证实了它具有免除不当"收益"的能力。对于大众来说，反犹主义是一种穷奢极欲。

统治者实施反犹主义的目的是显而易见的。反犹主义总是成为一种遮人耳目、营私舞弊、威胁恐吓的廉价手段。道貌岸然的匪徒竭力抬高这种主义，而低三下四的则具体实施着这种主义。

P157　反犹主义总是号召人们起来采取一揽子行动，反犹主义和总体性之间从一开始就存在着紧密的联系。盲目性包含了一切，只因为它一无所知。

自由主义允许犹太人占有财产，却不给他们任何发号施令的权力。即使是那些没有权力的人，也应该享受到幸福，这曾是人权的最初构想。

P158　资产阶级反犹主义的形成具有一种极为特殊的经济原因，即用发展生产来掩饰统治支配。早期的统治者总是采用直接的镇压手段，他们不仅让社会底层阶级从事一切劳动，而且总是把劳动视为处于他们强制命令之下的一种耻辱；而在重商主义时期，专制君主却摇身一变，成了大工场主，生产劳动也变得高雅起来。

P160　统治者总是让犹太人充当一种中间人，他们保护犹太人去反对那些必须为进步付出一定代价的劳苦大众。这样，犹太人就成了进步的殖民者……正是犹太人曾经全心投入推动经济进步，而这在今天给他们自己带来了困顿的窘境，他们在被资本主义竭力贬低的手工业者和农民的眼里，成了眼中钉肉中刺。他们正在承受着为资本主义孤僻的排他性格所付出的代价。

P161　民族主义的反犹主义忽略了宗教的因素。它极力蛊惑种族纯洁和民族纯洁的观念。民族主义者意识到，人们早就不再关注他们是否会永远获得拯救的问题。

P166 文明通过对巫术时期的模仿形式实行有组织的控制,最后又通过一定历史时期的理性实践,即劳动,替代了适应其他一切以及与之相应的模仿行为的有机形式。

P166-167 在资产阶级生产方式中,所有实践经验中所固有的模仿痕迹都被遗忘抹平了。回归自然的无情禁律变成了一种宿命;这种否定是如此的彻底,以至于它再也无法得到有意识的实现。

P168-169 政治上的反犹主义所驾驭的精神动力,就是这种理性化的厌憎。领袖及其追随者的借口,都表明它无法摆脱模仿的诱惑,他们不敢公开地,也就是说,不敢体面地违背现实原则。他们不能容忍犹太人,却不得不效仿犹太人。从根本上说,没有哪个反犹主义者不想效仿他们所说的犹太人。

P171 文明意味着社会对抗自然的胜利,意味着把一切都变成纯粹的自然。犹太人本身就亲身加入了这一历经千年的历史进程,他们既有着启蒙的精神,又有着玩世不恭的态度。

P172 反犹主义是建立在一种虚假投射基础上的。它是真正的模仿行为的反映,在根本上与被压抑的模仿行为密切相关;事实上,它也许是被压抑的模仿行为的病态表现。如果说模仿本身是效仿周围世界的话,那么虚假投射则是把自身等同于周围世界。

P174-175 反犹主义者不健全的方面并不在于投射行为本身,而在于它丧失了对这种行为的反思能力。一旦主体不能把从客体那里获得的东西归还给客体,那么它就会变得更加单薄,而不是更加丰富。主体在两个方向上丧失了反思能力:由于它不再反思客体,它也就无法再反思自身,它丧失掉了辨别力。

P184-185 然而在今天,反犹主义者已不复存在。最终的反犹主义者就是那些想要说出自己具有反自由主义观念的自由主义者。

P185 反犹主义的判断,从一开始就是僵化思想的有利证据。今天所剩下的就只有这种僵化思想了。

P191 反犹主义只会发展成为部分可调换的名录,这在事实上是一种终将会灰飞烟灭的希望。在犹太人被大肆屠杀之际,法西斯主义主子们正轻而易举地用其他条目来调换反犹主义纲领,就像把工人们在全面合理化的生产中心之间被来回调换一样。

笔记与札记 P193-240

P206 人类并不像所说的那样,是自然历史中的一种偶然现象,是大脑器官过于肥大所导致的一种畸变。这种情况只适用于特定个体身上的理性，或者是个别国家，在这些国家，经济允许这些个体具有活动空间。

P207　要想对世界历史做出哲学意义上的解释，就必须说明理性对自然的支配是怎样克服所有偏差和障碍逐步取得今天的胜利的，以及是怎样将人类的所有特性统合起来的。

P208　历史作为同一性理论的相关物，作为一种可以建构的东西，是一种恐怖，而不是一种善，因此，思想实际上也就变成了一种否定性的要素。

理性的最初表现就是从这种冲动中显露出来的，而且，它也在人们的记忆中得到了反映，在最后的审判中，理性遭遇到了它无法克服的矛盾：一种理性无法摆脱的命运。

P216　对身体的爱憎，影响到了一切现代文化。身体在被作为卑贱的东西而遭到叱责和拒斥的同时，又作为禁止的、对象化的和异化的东西而受到了追求。文化把身体定义为可以占有的东西；与此同时，文化又把身体与精神、身体与权力和命令区分开来，身体变成了对象、死的东西和"尸体"。

P217　身体不会再恢复成为一种肉身：不管它受到了怎样严格的训练，不管它怎样健康强壮，它都是一具尸体。身体变成了死人，这不过是把自然变成实体和物质的永恒进步中的一小部分罢了。

P220-221　人们总是要求哲学家提供一种道德体系，它不仅包含着各种原理和结论，而且还可以利用无懈可击的逻辑和坚实可靠的效果来解决所有的道德两难。

P225　我们不难看出科学在社会分工中的地位。科学的任务就是要尽可能地去积累大量的事实以及它们之间的作用关系，但必须做到井然有序。也就是说，应当使所有工业都能迅速找到它所需要的各种各样的特殊知识商品。

P236　在这个摆脱了幻想的世界上，人们丧失了反思能力，再次变成了最聪明的动物，并忙着去奴役宇宙间的其他事物（他们始终认为这些事物是不可分解的），他们不再把对动物的尊敬看成是感情上的，而是把它看成是对进步的背叛。

【参考文献】

[1] 马克斯·霍克海默，西奥多·阿道尔诺. 启蒙辩证法：哲学断片[M]. 渠敬东，曹卫东，译. 上海：上海人民出版社，2006.

［2］T.W.阿尔诺.道德哲学的问题［M］.谢地坤，王彤，译.北京：人民出版社，2007.

［3］康德.历史理性批判文集［M］.何兆武，译.北京：商务印书馆，1996.

［4］阿多诺.最低限度的道德：第二部分［J］.张慎，译.世界哲学.2003（6）：29－37.

二、《批判理论》

［德］马克斯·霍克海默　著
李小兵　等译
重庆出版社，1989 年

────【作者简介】────────────────────────

马克斯·霍克海默（1895—1973），是法兰克福学派的主要代表人物、批判理论的倡导者、西方马克思主义思潮中的重要人物。1895 年，霍克海默出生在德国斯图加特一个资产阶级家庭，他父亲是一家经营良好的纺织厂的老板。1922 年霍克海默以论文《作为理论哲学与实践哲学之间链环的康德的判断力批判》获得哲学博士学位。1930 年任法兰克福社会研究所所长。同时，他参与创立了《社会研究杂志》，以对社会的现实问题做哲学研究为目标，以对人的具体实践形式的批判为任务，发表了一系列有关批判理论的文章，开启了法兰克福学派及西方马克思主义研究的新思路。1933 年，法兰克福社会研究所迁到巴黎，随后，在纳粹占领法国时，又转移到美国。二战后，霍克海默和阿道尔诺接受西德政府的邀请，回到法兰克福重新从事他们的研究。霍克海默于 1953 年退休，1973 年 7 月 7 日卒于纽伦堡。其主要著作包括《资产阶级历史哲学的开端》（1930 年）、《黑格尔与形而上学问题》（1932 年）、《传统理论和批判理论》（1937 年）、《论自由》（1962 年）、《工具理性批判》（1967 年）、《批判的理论》（1968 年）、《社会哲学研究》（1972 年）、《转变中的社会》（1972 年）。

【写作背景】

《批判理论》一书收录了霍克海默在 20 世纪 30 年代和 40 年代初发表的一系列文章。这一时期正值法西斯崛起和法兰克福学派研究所迁到美国。霍克海默面对这些社会新变化，面对法西斯统治、极权主义以及美国的工业文明等新的社会现实和现象，思考了当代社会的文化问题。而此时，实证主义已经成为资本主义社会的一种进步理论，成为整个西方理论研究的主要趋势。实证主义的兴起及其成为西方理论研究的主流是霍克海默创作此书的理论背景。由于实证主义缺乏批判精神，其实际上成了对资本主义社会现状的一种消极的文化认可。霍克海默正是针对实证主义这种把价值与事实、认识与行动相分离的研究方式展开批判，提出了他的批判理论。

【中心思想】

《批判理论》一书是霍克海默的主要代表作，此书收录了霍克海默在 20 世纪 30 年代和 40 年代初发表的一系列文章。全书由九篇论文组成，通过对资产阶级社会的宗教、科学、政治、经济、哲学、社会、文化、家庭、艺术等诸多方面的理论分析，揭示了现代资本主义文化的商品化、虚假性和妥协性，剖析了资本主义社会结构得以维系的文化根源，全面系统地阐述了法兰克福学派的批判理论及其方法。

"批判理论"一词，是霍克海默用以区别传统理论的一个专门术语。它主要指用历史和社会方法对现实社会经济文化现象做类似马克思当年在《资本论》中所做的那种批判性考察。而霍克海默《批判理论》一书主要阐明了批判理论与其他社会科学研究及哲学方法的差别，尤其是与经验主义和实证主义的区别，批判了包括实证主义在内的一些研究方法对社会研究的片面性，确立了马克思主义理论对于当代社会的理论地位和意义。

《批判理论》一书的主要内容就是对实证主义展开批判，恢复马克思主义批判理论的历史意义。

第一，霍克海默批判了实证主义研究方式的局限性。实证主义试图运用自然科学的方法研究社会历史，从而形成一套理论化、体系化的社会科学。但是，这种研究过程本身就存在局限性。首先，实证主义过于"屈从于事实"，但是社会事实并不是像自然科学所研究的客体那样是完全客观的，它与人们的社会活动密切相关。实证主义无论是研究的主体还是客体都不可能达到自然科学所谓的"客观性"。实证主义为了达到对于认识的科学精确性而要求摒弃主观性实质上是否认了人类理性的能动性和批判性,人们的认识活动被简单地局限在对事实的排列和组合中。所以,对于社会研究不应当否定研究的价值立场,关键是要站在正确的价值立场上。霍克海默的批判理论就是建立在人道主义立场上来对社会进行批判和研究的。

第二,霍克海默批判了实证主义的历史局限性。实证主义忽视了对社会整体的认识,看不到社会发展的整体趋势,只是在现有的制度框架内进行社会研究,缺乏对于现存秩序的批判。批判理论使人们认识到社会整体存在的基本矛盾,认识到社会整体发展趋势。它与传统理论、实证主义的区别在于不是帮助或服务于现存社会秩序的再生产,而是否定和批判现存秩序。批判理论就是让人们自觉地意识到社会历史现实是人类历史活动的产物。实证主义和批判理论在对待现存社会的态度和价值取向上是根本不同的。

第三,实证主义割裂了事实与价值、认知与行动之间的关系,成为资本主义意识形态统治的工具,促成了人们认同现存资本主义制度的文化心理。实证主义要求把社会中存在的问题当作与价值无关的事实问题来加以观察、归纳和总结,看不到这些社会事实存在背后的历史根源,也认识不到人们可以通过实践活动来改变这些社会事实,并使社会的发展趋向于公平和正义。实证主义严重割裂了事实与价值、认知与行动之间的关系。由此,霍克海默提出了批判理论。批判理论必然表达了一定的立场,它不是简单地研究社会事实,而是从特定的立场出发揭示这些事实背后不公平的一面,从价值立场出发来批判这些社会现象。只有通过批判理论才能真正帮助人们认识到自己的自由理性,认清社会的现实本质。

第四,霍克海默提出批判理论的主要目的就是希望唤醒人们的自由理性精神,使人们能自觉地通过社会实践来改变法西斯主义、极权政治以及资本主义工业文化和其他一切压制性的社会现实和社会现象,最终实现人类的解放。

── 【分章导读】─────────────────────

科学及其危机札记　在这篇文章中,霍克海默以论断的方式阐释了他对科学和形而上学这两种思维方式的批判。霍克海默首先肯定了科学对于人类社会的进步所起到的积极作用。但是科学作为生产手段对于社会生活的贡献,并不意味着实用主义的知识理论就是正确的。并且,在霍克海默看来,科学在目前已经出现了危机。

科学出现了危机，其根源首先在于它的方法。科学的方法旨在解决存在的问题而不是变动的问题。科学不去思考一个社会的未来，不去关注如何实现美好的社会。科学缺乏对于本身存在和工作方向的正确认识。科学的成果只是部分有助于工业生产，对于整体的社会进程问题，科学逃避着责任。科学的危机产生于它自身的局限性。科学的这种局限性实际上就是缺乏历史分析问题的方法。

面对科学的这种不足和不当之处，本世纪（即20世纪）以来的哲学家提出了批判。但是，在霍克海默看来，他们只是用形而上学的方法来批判科学。他们就是运用孤立的、抽象的方法来理解人，忽视了人类理性对社会进程做理论把握的可能性和重要性，用直觉对抗和批判理性，实际上又产生了新的错误。

在这篇文章中，霍克海默在批判科学的同时，又批判了形而上学，指出它们都是意识形态的东西，都掩盖了社会和人类行为的真实本质。霍克海默既然把科学和形而上学归为意识形态，那么科学和形而上学的局限显然来自社会本身对它们施加的各种限制，而它们自身是不会批判这一社会根基的。

唯物主义与形而上学　霍克海默主要分析了唯物主义与唯心主义认识方法上的差异，在批判唯心主义和实证主义的同时，也指出了唯物主义的本质，反对把唯物主义歪曲为直觉的、非历史的认识理论。

文章首先分析了狄尔泰的哲学观念。狄尔泰分析和批判了形而上学，他一直在追问"我在世上应做什么、我为什么在这里、我在世上的命运是什么"等这类"与我息息相关"的有意思的问题。但是狄尔泰在对这类主客观材料持续不断追问的同时，还是试图为知识的普遍适用性寻找一个最终的和内在的基础。由此，霍克海默指出，今天的哲学研究同样不能回避唯物主义和唯心主义的对立，这一问题仍然是当代哲学悬而未决的问题。如果要真正解决这一问题，在霍克海默看来必须以正确的方式去研究唯物主义理论和实践。

在霍克海默看来，旧的唯物主义往往被简单地归结为这样一种论断：唯有物质及其运动才是真实的。旧唯物主义试图把任何精神事物，尤其是意识和理性的产物看作纯属虚幻的东西，仅仅从大脑中物质的运动过程来理解人们的精神活动。如果仅仅给唯物主义做这样一种解释，那么很容易遭到哲学家们的反驳，因为它存在明显的形而上学的谬误，它试图把物质作为本体来为所有认识提供普遍适用的基础。

霍克海默要重新解释唯物主义,使唯物主义不再误入形而上学的歧途。唯物主义的价值不在于提供一套解释体系,而在于它促成了正确的实践态度。唯物主义并不是一无是处,它在思考有关作为一个整体的社会的趋向和运动、为有关个体的人与社会存在之间关系等方面提供了正确的观念。在霍克海默看来,这也是唯物主义的兴趣所在。唯物主义强调行为主体的任何理论认识都依赖于行为主体所处的具体境况,包括科学认识在内,科学认识也总是受当时生产力、社会行为特定方式的影响。这也是唯物主义不同于唯心主义等形而上学的区别。真正唯物主义的认识方式不相容于形而上学的认识方式,形而上学往往认为存在着向所有人发出绝对命令的先验的事物或观念,任何经验上的存在物都被视为这一先行思想的反映、再生产和结果。也正是这种绝对命令的观念为人类的、历史的和特定的意图蒙上了一层永恒的外表,把任何特殊的意图都与那种不受制于历史性变迁的、因而不受限制的精神实在联系起来。霍克海默指出,今日唯物主义和形而上学的斗争,说到底就是唯物主义和唯心主义的冲突。

在霍克海默看来,任何所谓普遍完善的承诺或要求都受社会集团特定的阶级地位所制约。犹如资产阶级宣扬的公正理想,实际上只是用自由来界定的公正。原先宣称为永恒原则的那些东西都受到阶级社会中诸种关系的制约,统治者所宣称的任何具有普遍性的权利和秩序实际上只是为了迎合被统治者和广大民众对实现自身利益的精神渴望,它本身是受生产力状况限制的,统治者不得不经常为它的有限性而辩护。唯物主义正是通过对行为主体的历史性来理解行为主体的辩护行为的。在唯物主义看来,尘世的事物不存在唯一真正的秩序,变革外部条件是唯物主义思想的目标,社会理论构成当下唯物主义的主要内容。唯物主义认为任何理论观点都应由当下把握住的任务所决定。这一点正是唯物主义与唯心主义不同的地方。唯心主义总是处理同一个问题,唯物主义没有建构起一个超时间性的概念,没有离开我们生活的历史性。唯心主义对当下的理解总是回避类似物质需求等现实的社会经济原因,往往求助于一些先验的、心理学上的天真思索。

从这里我们可以看到霍克海默实际上抛弃了旧唯物主义的观念,将历史性的观念融入了唯物主义,在批判唯心主义和形而上学的同时,肯定了马克思历史唯物主义的观念。接下来,霍克海默在这一章中所做的工作就是批判直觉唯物主义和实证主义,阐释辩证唯物主义的观念。

在霍克海默看来,唯物主义不同于实证主义,它不应只限于对现象的分析，不应只是关注外部事物直接呈现给我们感官的东西。霍克海默批判了实证主义，指出实证主义不承认历史性认识的可能性，更接近于直觉的形而上学，是一种机械论的唯物主义。它否认了人的认识活动中的辩证性，只承认未被任何观念影响的、直接的原初材料才是真正的实在，对于超感觉的东西不能做出任何断言，忽视了人内在主观活动的创造性，使认识活动陷入直觉主义和神秘主义，剥夺了哲学的启示性效力。简单地说，实证主义仅仅看到现象而无法认识本质，仅仅关注当下而无法为未来活动提出正确的预见和指导。

另一方面，霍克海默还指出，实证主义把感觉绝对化，只承认感觉经验中的东西为真实的东西。但是，事实上感觉本身也是受多重因素影响的，与个体的心理状况有关，是一个复杂的抽象过程。实证主义本身的理论前提就是存在问题的。实证主义只承认人的活动依赖于当下有关自然秩序的知识，而不承认这些知识本身也依赖于人的活动。

最后，霍克海默指出，唯物主义的优点不在于它与唯心主义和形而上学的那些形式化上的对立，它的理论优点在于承认社会中起决定作用的是物质和经济因素。唯物主义总是从当下的历史来理解和认识对象的。唯物主义在关注社会客观实在和社会必然性需求的同时，也承认人的主观需求，唯物主义不缺乏理想，但它以现实的社会需求为立足点来预见未来人类力量所能达到的可能。它认为纯粹的观念只有置入现实才能起到推动现实的作用。唯物主义与唯心主义的不同在于不是把任何对未来的理想和分析当作现实的动力，不是从任何价值和意义的整体背景来理解当下的行为。

权威与家庭　这篇文章虽然以"权威与家庭"来命名，但是在这一章的开始霍克海默先讨论了有关文化的问题。这一章实际上是从文化、权威和家庭三个部分来展开论述的。

我们先来看文化。霍克海默在分析文化时先分析了关于历史分期的问题。人类历史已经被人们按照不同的方式分为诸种时期。人们用来划分历史时期的标志或尺度有所不同，在划分不同历史分期时也没有准确的分界点，但是在霍克海默看来这至少说明人们普遍承认整体的人类历史并不是由一些分崩离析和混乱不堪的事件拼凑起来的纯粹集合，它拥有着结构上的统一性。人类社会以不同方式经历了不同的时期，每一时期虽然不能明确指出分界点，但是不能否认每一个时期所表现出来的结构性特质。

霍克海默接下来具体分析了唯心主义与唯物主义在对待历史进程以及历

史分期上的观念差异，但这并不是霍克海默思考的问题所在，他的目的是揭示出虽然不同的流派和学说对历史内在动力和进程有着不同认识，但是它们都承认历史具有内在的统一性。另外一点更为重要的是每一时期的历史不仅将这一时期的独特印记打在经济、政治、艺术、哲学等上，甚至还打在个人的内心深处。从这里，霍克海默引出了文化的概念。在霍克海默看来，所谓的文化不仅仅反映在人的制度和作品中，而且还表现在人的心理构制中。每一个特殊历史时期的文化都从这两个方面表现出了差异。每一个特殊历史时期不可能永远保持其特殊的固定结构，总是要不断地变化和发展，而其中的文化对于这一历史时期的社会形式的维系和解体构成了动态的影响。

霍克海默看来，社会生活领域中的文化深刻影响着人的行为和性格。当社会进行动态运动的时候，文化既可能起到保护性作用又可能起到破坏性作用。霍克海默在这里批判内在于文化中的强制性。他指出，所有国家为维持社会秩序对人们采取的强制之所以能够实现，显然并不是完全靠暴力机关和工具给人们制造恐惧，更多的是借助家庭、学校以及教会为中介在人们内心深处打上了"强制"的烙印，促使人们愿意接受现存的条件。统治阶级更多的是借助文化来维护其统治。内在于文化中的强制性在人们的心理结构中形成了制约作用，人们承认产生这种文化的社会具有合理性和必然性，而不敢改变传统的文化习俗来对抗社会。所以，当一个社会生产方式衰落，社会需要变革和转变时，与这种生产方式相伴随的文化并不容易改变，因为这一时期的文化已经与人的心理构制深深地联结成了一个统一的整体。可以说，每一特殊历史时期的文化都具有稳定性结构，往往足以抵制新文化的冲击。霍克海默接下来以中国和印度为例来说明这个问题。

霍克海默首先举了中国文化中信仰祖先的例子。在中国，信仰祖先的文化之所以如此稳定和强大，是因为这种文化与中国农耕时代特殊的生产方式密切联系在一起。信仰祖先的文化在历史的过程中深深影响了人们的生活方式，在人们的内心世界打下了永久的烙印。而当这种信仰成为社会进步的主要障碍时，人们也往往不愿意否认它的意义。接下来，霍克海默又举了印度的种姓制度来说明文化的力量。印度的种姓制度在人们心中产生了宗教文化的力量，它可以毫不费力地将人们整合入现存的生产过程，并使人们承认只有这个制度永恒延续才会获得生存的意义。宗教观念对人们影响甚大，一旦改变了社会的制度就意味着改变了人们的宗教希望。当然，霍克海默在这里并没有否认文化是可以被更替的，只是说文化与经济领域的变革相比具有一定的滞后性，当新的生产方式被引进时，必然与传统的文化发生冲突。总之，我们既可以说文化是人类心理活动的表现，又可以说人类心理活动是文化力量的反映。文化与人类的心理构制密切联系在一起，而人类的心理构制往往是不容易改变的，人类在变革社会的时候必须改变自身的心理构制。霍克海默对文化的分析实际上是想说明文化有着自身独立的结构和力量，并不是完全随着生产关系的改变而改变。

霍克海默在分析完文化之后，又引出了权威的问题。在文化的功能中存在着一种一直给处于依附地位的人灌输"某些人必然控制另一些人"的观念。文化为了维持社会的秩序必然要承认权威的存在。

接下来，霍克海默开始分析权威。他首先对权威做了历史性分析，而不仅仅只是空谈权威的概念与内涵。在他看来，当下人们对权威的重视与关注是由当时的历史环境所决定的。极权主义国家的兴起使人们对权威的研究产生了浓厚的兴趣。但是从整个人类历史发展来看，人类所经历的所有社会制度都存在统治阶级与被统治阶级、发布命令的上等阶级和服从命令的下等阶级这样一种关系结构。统治与服从的权力关系影响了社会生活的各个方面。社会秩序的稳定也往往依赖于人们对外部权力的屈从。可以说，所有社会关系类型都被打上了权威的印记，权威对历史来说是一核心范畴。

霍克海默又进一步分析权威产生的历史根源以及社会功用。在他看来，权威一定程度上反映了一部分人的需要。人们并不是每时每刻都能做出明智的判断，并不是拥有足够的力量来保护自己的利益，因而往往求助于强力集团或机构权威的指引、安排和保护。服从权威统治对很多人来说也许能更好地维护其利益，但是这往往是以牺牲个人的自由发展为条件，丧失更多自我获得幸福的机会。权威对整个社会来说，隐含着团结人类力量推动历史发展的可能；但是另一方面，当一个社会的制度和关系失去其合理性时，权威往往可以使人们盲目地、卑下地屈从统治，继续延续落后的、毫无价值的社会生活。当一个社会进入到必须依靠加强权威来维持其统治，努力通过各种手段来维持人们对权威的屈从关系时，往往说明这个社会的秩序已经濒临崩溃的边缘。

霍克海默在对权威做了一般性分析之后，具体探讨了资本主义社会权威关系的产生与表现。资本主义社会产生于资产阶级反对传统权威的斗争中，资产阶级思想家用理性取代权威，为权利和真理确立合法源泉。资产阶级哲学家反对把上帝作为绝对的权威来接受，除人类理性外任何权威都不能成为人们做出抉择、进行活动的依据。哲学家的这一行动成为启蒙运动，宣扬了人类的自由精神。传统社会用出身、习俗、年龄等划分等级的方式被个人的理性和实践所取代。但是，资本主义社会人们的社会生活真的像资产阶级哲学家宣扬的那样摆脱了权威，完全获得自由和独立性了吗？不能否认资产阶级反对传统权威的斗争使人们获得追求自由和独立的信心，一定程度上说人们获得了个体理性的解放。人们不再信仰任何等级的、道德的、宗教的权威。但是在现实中，解放所表现出的不过是大多数人又被套进工厂制度的绳索中。个人虽然不再相信任何权威，任何判断都来自于他自己的理性，但是人们还是不得不接受残酷的现实。资产阶级哲学家面对这样一个问题只能通过思维的手段来沟通主体与现实世界之间的鸿沟，一方面承认个体的主体性与理性的自由意志，另一方面，又引出了无法被人类意志所把握和企及的"物自体"，人们对现实的社会存在无能为力。

在资本主义社会，表面上企业家和制造商们拥有自由决断、自由选择的权利，他们的生产行为不再受制于任何人的权威规定，但是他们依然没有获得自由的感受，他们还要受制于包括市场交换在内的无数不可控制的事件的影响。面对复杂多变的社会现实，人们往往把外在世界作为异己的存在，对此人们所谓的自由只不过是借助积极或消极的方式使自己与这种现实相适应。这种观念的产生正是因为资本主义社会解放的个人无法与他人达成共识和联合，个体缺乏足够的能力去调节和改变强大的外部世界。在资本主义社会，人人都谋求自身的利益，而不同的个人总是从自身的理性出发依赖于偶然性的盲目力量来为自身谋求微小的利益，而不是对整个社会进行统一的、整体的改造。人们完全把社会现实当作高高在上的盲目力量，把与其他人的关系交给经济过程中的必然性去支配。人们也认识到虽然他们不能控制和改变经济必然性规律，但是可以利用这种必然性来获得利益。

霍克海默在分析完企业家之后又分析了工人的生活，同样指出了资本主义社会工人无法摆脱的权威。权威在哲学和理性中遭到拒斥，但是对于现实来说显得是多么虚无缥缈。很显然，工人在资本主义制度中受到更多的剥削和奴役，根本不存在所谓的自由。工人面对贫困的经济条件，不得不屈从雇主的权力和权威。

可以说，诸种权威在资本主义社会并没有从它们的宝座上被拉下来，它们只不过被掩藏在经济必然性这一匿名的力量中。人们在资本主义社会虽然反对任何个人的或政治、宗教的权威，体现了一幅自由的图景，但是，人们依然受制于经济必然性，依然体验到依赖隶属性。在资本主义社会，外部的经济世界给人们制造的必然性使人们不得不承认只有依赖于此，依赖于自由的经济契约，才能获得比不屈从于此时更多的利益。经济作为必然性使大部分人的判断变得麻木不仁，它摧毁了人类的潜能，而它本身又被当作必然的东西而接受下来。

那么，我们应如何解决这样一种根植于经济必然性所产生的权威？在霍克海默看来，显然无政府主义并不是解决的办法。无政府主义直接否定了外在的物质条件，夸大了个体的意志能力，无疑是一种唯心主义观点。真正摆脱资本主义社会权威的出路就是让权威摆脱唯我主义的利益和压榨。这也就意味着人们服从权威或命令能获得更多的共同利益，或者说权威不是为了维护某些个人或集团的利益，而是表达了普遍的利益，来自于人们共同的幸福计划。

霍克海默不仅分析了权威的外在存在及其表现，而且从更深层的心理意识层面分析了社会形成权威的根源。他认为家庭对于塑造个人的心理性格和意识起到了决定性作用。家庭的教育使人们适应了社会中存在的权威结构，社会的发展不能忽视家庭所起到的作用。在一般家庭中由于丈夫的力量与财富占据主导地位，所以丈夫往往掌控着妻子和子女，迫使妻子和子女屈从于他的命令和指导。也正是由于父亲的霸权使孩子在成长中的精神世界从小就形成了人支配他人、下属服从上级、命令和听从的思想控制。社会中存在的权威观念通过家庭这一中介被灌输到每一代人身上，让人们适应了那种听从权威的行为。进一步来说，只要社会生活的基本结构和建立在此结构上的文化没有出现任何决定性的变革，那么家庭就必定在生产着服从权威或制造权威性格类型的人。所以，霍克海默认为只有通过建立新的社会联合和组织关系才能改造传统家庭的内在结构，从而使家庭培养出真正的个人。

对宗教的思考 霍克海默指出宗教的产生根源于人们对于社会现状的不满，反映了人们对超越现存世界的欲望和希冀。今天人们更多的是采取积极的实践活动来改变不合理的现实，不再寄托于天国的审判或上帝的拯救。虽然，人类实践活动中同样包含着对未来完美正义社会的想象和渴望，但这已经抛弃了宗教的外衣，人们希望通过自己的努力奋斗来争取幸福的生活。当然，霍克海默在这里非常赞同人们对未来生活所做出的种种努力，但是他进一步警告我们：我们不要对未来社会抱有太多的乐观，我们对未来完美正义社会的想象一定程度上保留了宗教的印记，我们不能忽视自然界以及人类自身的有限性，不要被我们想象中的理想社会冲昏了头脑而被极权主义所利用，膨胀为新的宗教观念。

对形而上学的最新攻击 霍克海默具体考察了科学对形而上学的批判，但是他并不完全赞同科学对形而上学的攻击，认为它自身同样具有一定的局限性，不能为我们的行动提供完全有效的知识。

在研究这些问题之前，霍克海默首先区分了形而上学与科学之间不同的认知路径及其认知对象。形而上学追问的是本质、实体、灵魂不朽等永恒性的问题，试图揭示人的存在背后的价值和意义。形而上学用虚幻的世界来迷惑人们的生活，起到了鸦片的作用。科学反对形而上学，不去思考和追问这些无法用经验来证明的本质性或永恒性事物，就连人本身在科学看来也不过是一个物种成员罢了。科学否认人的自由意志，认为人的任何行为都可以用物理学或生物学的知识来解释。形而上学对永恒世界的揭示赋予了个人生存的意义和价值，使个体的人感受到与世界的命运联系。科学贬低了个体人的价值，使人成为无足轻重的物种。

实证主义或经验主义就坚持用科学的方法来认识人和世界，认为只有经验知识才是真正的知识，才是一切认识的出发点，敌视一切带有幻想意味的东西。所以，无论是实证主义还是经验主义都把客观出现的事实作为研究的对象，对所有能经验到、为我们所感知的事物进行归纳综合，从中发现规律。任何正确的理论必须经过事实的检验，一旦新的证据证明其理论是错误的，就必须予以抛弃。在经验主义看来，科学的方法就是客观、中立的方法，抛弃了任何主体的活动和判断，完全用事实来说话。经验主义完全拒绝主体概念，并不认为人的活动会对科学实验以及结论产生影响，对任何事物的发展不做价值性评价。

经验主义方法在看待社会问题上同样采取了科学的认识方式。它反对任何对人类社会的抽象描述，它看到的仅仅是一个个作为元素、作为事实和客体的人，所谓的社会也就是这一个个人组成的集合。科学只研究和观察这些孤立的客体以及类似于其他东西的物理事件。社会中发生的任何事情，包括每个人的日常生活、情感表达都被用科学的方式来描述。科学的方法已经发展到能冷静地把任何可以经验到的社会事实搜集起来加以整理并得出规律性结论。人们所有的行动和表达都可以通过科学加以预见和控制。人们在科学面前变成没有主体性的事物，完全屈从于现有的规律和秩序。科学对于社会变化和发展的预言只能由变化后的结果来证明其理论是否正确，它无法引导和帮助人们来选择发展的方向和目标。

霍克海默认为对待社会问题人们不应像物理学观察物体那样，而应当意识到认识对象是受主体的立场所影响的，人类的理智和意识已经重新构造了经验要素。所以，社会科学或社会理论并不能像物理科学那样进行冷静而客观的工作研究。如果把经验主义的认识方式运用到对社会的观察，那么就会失去理性的判断，完全陷入人云亦云的尴尬境地。

依照实证主义和经验主义所理解的自然科学观，社会科学的研究应当对价值与事实做出明显区分。社会科学研究的理论目的是去描述及说明经验实在，其中必须避免做出任何规范性或价值性的评判，研究要保持"价值中立"的立场。正因如此，逻辑实证主义和经验主义无法对包含价值内容的事件做出正确的判断，它们单纯的记录和计算无法为我们指明什么是对或错、善或恶，同样它们也就无法指导我们进行实践活动，因为实践总是包含着"价值判断"。

霍克海默借用了监狱的例子来说明逻辑经验主义的现实功用。他认为经验主义所要求的计算理性只能帮助囚徒们算计和权衡出更有利的生活方式来安排个人的生活，而不可能教会囚徒们改变被关在监狱中的命运。只能是让囚徒们在承认和顺应监狱环境的情况下寻找和计算出合理的生活方式，使个人利益免受侵害。逻辑经验主义只为人们提供应对现实的权宜之计，它把现实理解为其所呈现的直接形态，默认了现实的合理性。

霍克海默在这里不是为形而上学辩护，他同意科学主义对形而上学的批判，但是也指出如果科学自以为是唯一的知识形式，而蔑视其他理论形态，看不到自身理解问题的局限性，那么它就会演变为新的形而上学。就目前的状况来说，对科学的批判并不一定是站在形而上学的立场上的，目前的争论并不是简单地科学对形而上学或形而上学对科学的争论，而是对形而上学与科学的反思性批判。

在这篇文章中，霍克海默主要批判了逻辑实证主义和逻辑经验主义在分析人和社会问题上的自然科学观，从而为引出他的批判理论奠定了基础。

传统理论与批判理论　这篇文章是这本书最为重要的部分。在这篇文章里，霍克海默提出了他的批判理论。

霍克海默在分析传统理论与批判理论的区别之前，先分析了目前人们对于"理论"的看法。人们普遍按照科学的方式来理解理论。对于大多数研究者来说，理论就是由几个基本命题以及由这些基本命题推演出来的一些子命题系统组织起来的学说。理论永远是一个假设，它需要不断结合经验来检验派生命题的有效性，并根据事实的新变化不断地修正自身，使这个系统得以尽可能准确地描述和解释更多的事实。理论为了能说明更多的对象，在命题的组成部分中经验对象的名称会越来越少，会使用越来越多的数学符号，并且命题与命题之间有一定的系统次序，命题的产生总是经历一步步推演出来的过程。可以说，人们对理论的这样一种看法反映了自然科学建构理论的方式。

目前，关于人和社会的科学也试图按照这样一种自然科学的方式来建构理论。社会科学的这样一种理论建构同样需要预设一个基本的命题和原理，而这一基本的命题不可能通过完全的归纳得出，但是这并不影响这一基本命题（作为假说）在整个理论中的作用。这也就是说，基本命题这一假说不管正确与否一般并不影响整个理论体系的建构，随着理论与事实的结合，出现矛盾的地方可以进一步用来补充和改进假说。在霍克海默看来，这种按照自然科学的方法来建构理论的方式就属于传统理论的方式。这种方式的问题就在把研究对象完全概念化、抽象化，把它变成除与研究方向有关外，与其他没有任何关系的孤立的事实。正如物理学研究对象只考虑与物质有关的现象，其他就交由生物学或化学来处理一样。

对于人和社会的科学研究，根本无法得到像自然事物一样的认识客体，认识的任何对象世界都已经具有了人类活动的印记，都是一定社会生产和社会关系的产物，对象世界是无法被孤立和抽象出来的。同样，对于认识的主体来说，不要说社会科学，就连自然科学也不可能达到绝对的客观性。正如康德对于认识过程的哲学分析所指出的，人们在认识的过程中已经不自觉地用自己的头脑中存在的概念范畴来看待经验对象了，经验对象就已经不是自身本来的面目了。更何况对人与社会的科学研究，研究主体还要受到自身的阶级地位、文化背景、历史经历等多方面的影响。霍克海默反复强调：经验事实不是纯粹被给予的，实际上，它是与人的活动紧密联系在一起的，是人类全部感性活动的产物，所谓经验科学的理论也不可能成为完全正确的客观知识。对于社会的科学研究显然不能为人们的实践活动提供规范性引导，只能解决一些技术性问题。

霍克海默所认为的传统理论主要是指对人和社会进行实证主义式的科学研究。他认为，传统理论虽然是基于假说，是通过实验来不断修改基本的假说和命题，但是这种理论在当前的社会环境下是有用的工作，它以现存的经济条件为前提，服务于现存的社会经济结构。而批判理论不是服务于现存社会的理论活动，恰恰相反，当代社会认同的某些普遍原则和范畴，批判理论总是要怀疑它们。批判理论不相信现存的社会条件是完全给予的，不相信我们必然要受这些社会规律的控制，反对把社会存在的必然性当成像自然一样的必然性。批判理论缺少实用性，提出的是一种解放的理论，表达了改变整个社会的态度。

霍克海默指出传统理论与批判理论的主要区别就在于主体的态度。传统理论需要冷静、客观、价值中立的主体，防止主体任何主观因素影响到理论的研究。而批判理论却恰恰承认主体的能动性，主体就应该依据自己的立场、背景来影响和改变客体，使客体可以通过主体的活动而被加以控制和改造。批判理论不是孤立地看待认识主体，认为主体始终是处在与社会整体、与某个阶级群体密切联系着的特定的人。那么，批判理论从本质上讲表达了某一群体或某个阶级的观念和要求，并系统地阐述了实现这些未来要求和目标的历史进程。

传统理论把社会现实看作外在于人自身的东西，而批判理论要求通过人的活动来对现实发挥影响。我们认为永远会有外在于人的智力活动之外，还尚未被人们所认识和控制的外在自然，我们需要科学的研究。但是，对于社会领域来说，很多事件都是取决于人的情况、人在劳动中的关系，它们不应当被当作"外在的自然"。它们不是超历史的纯粹自然，而是我们可以通过理性来认识和把握的。

批判理论是针对未来的构造性思维活动，不是简单的经验证实。批判理论与传统理论有一定的类似之处，但是也有着根本性区别。传统理论是以揭示和解释实在客体为目的，而批判理论是以如何改造客体，如何改造现存的社会秩序为研究目的和前提的，批判理论并不把认识和行动当作不同的概念，认识中包含着对于行动的理解。在霍克海默看来，批判理论的典范就是马克思主义理论。

跋　这篇文章同上一篇一样都是来阐释批判理论的。霍克海默在这篇文章中指出，批判理论与传统理论不同，它不把外在认识对象当作纯粹的客体来理解，并不认为认识应当屈从于经验客体，而是认为外在的客体依赖于人类对它施加的力量和影响。当然唯心主义也认识到了人的能动性，但是它仅仅从认知的角度来谈人的能动性；批判理论则看到了人类有组织的活动对客观对象所产生的实质影响。所以，批判理论不仅仅关注现存的生活方式及其已经制订的目标，而且还关注人类及其所有的潜能。批判理论不仅仅是为了增长知识，它的目标在于表达和实现人们规范性的正义要求。

批判理论是基于对社会整体的历史性认识，它研究整体社会诸种发展的趋向。所以，批判理论不是简单的经济主义，不是只观察经济过程中的问题，而是从整个社会整体出发来看待经济活动。另一方面，批判理论也不是简单的伦理学，不是只研究"善"自身，它在提出规范性正义要求的同时，依据现实的历史发展进程，而不是超历史的批判。

哲学的社会功能 霍克海默主要回应了人们对哲学社会功能的质疑，提出了自己对于这个问题的看法。

首先，对于哲学"是什么"的问题，大家很难像对其他学科一样有着一致同意的明确界定。有些人认为哲学具有科学的特征，是一种科学；有些人认为哲学不是一门科学，哲学是一门与艺术有着密切联系的学问；有些人认为哲学是研究先验问题的；有些人认为哲学是研究人的内心感受的。虽然人们对哲学有着许多不同的认识，但是总体上说，哲学与现实总是表现为对抗关系，致使哲学不容易被社会所接受。

那么，哲学到底有什么社会功用呢？这必须关注当代人们的社会生活中出现的新问题。在霍克海默看来，由于技术和工业的进步，人们完全屈从于技术理性，失去了人类自身应有的情感和自由的理性意志。哲学应当与各种具体科学区别开来，不应当屈从于科学。现在很多人认为哲学应当像其他具体科学一样服务于当前的社会和历史，接受政府和工业的需要，而这样，事实上哲学虽然获得了实用性，但却等同于意识形态了。

哲学真正的社会功能应该在于批判，批判流行的东西，批判人们习以为常的观念，批判人们自认为是自然的生活模式，哲学为人们未来的生活提供合乎理性的引导。哲学批判了人们看待某一问题的片面、孤立的方式，强调从整体上辩证地看问题，教育人们正确地思维和行动。哲学并不为人们提供某一专业性知识。哲学并不为人们提供令人厌倦的抽象和空洞的道德说教，哲学也不为人们提供虚幻的乌托邦理想，哲学在批判现实、提出理念的同时，也指出了实现这些理念的现实条件和历史进程。哲学防止人们沉迷于现状而不思进取，又防止人们对未来有价值的、和平和幸福的生活丧失信心。哲学培养了人们真正的理性精神。

艺术和大众文化 霍克海默在这篇文章中批判了由工业社会所操纵的大众文化。在他看来，所谓的艺术体现了主体创造活动中的个性。主体在欣赏艺术作品时所获得的美感也应当反映主体独特的个人情感和判断。无论是创造艺术还是欣赏艺术都应包含个体独具个性的审美判断。

但是，工业社会的生产活动打破了个人的私人生活空间，强迫个人屈从于工业和商业的同一生产，人们的审美感受变得浅薄、快捷和追求感官刺激，人们的内心精神生活则濒临崩溃。

人们一旦失去了内心独特的个性判断，就会服从于环境的指令，服从于大众的判断。大众文化不再与艺术作品有审美联系，它的生产取决于商业和工业的生产计划，满足了大众们的消遣生活。霍克海默最后指出，大众文化最终会导致人们失去对于真理的理性判断，屈从于极权的统治。

【意义与影响】

霍克海默的《批判理论》一书开创了整个法兰克福学派对社会进行现实批判和综合性跨学科研究的先河，并成为批判理论的纲领性文献，为法兰克福学派规定了研究方向和批判主题。批判理论成为法兰克福学派引以为豪的理论特色。

《批判理论》一书的理论意义主要表现在以下几个方面：

第一，该书是结合具体的社会实践来理解和发展马克思主义理论的经典著作。该书彰显了马克思主义理论的价值性和批判性，提出了道义上的理论诉求。

第二，该书提出了批判理论学说，并把哲学、社会学、心理学等各门学科结合起来，对社会做综合性研究，开创了法兰克福学派对现代资本主义社会和发达的工业文明进行整体的、全方位的批判性研究的先河。

第三，该书为我们在面对新的社会矛盾和问题时，如何构建批判性的理论话语提供了借鉴。我们在理解当代社会问题时不应仅仅局限于获得"某种实际知识"，而应当具有超越和批判的维度，认清当代社会存在的不合理因素。

第四，该书在一些问题上还存在着理论缺陷和不足。霍克海默由于过分注重马克思主义理论的批判性，把马克思主义对于资本主义的研究完全归结为对资本主义社会的批判，一定程度上忽视了马克思主义理论的科学性。另外，霍克海默的批判理论更多的是作为一种批判性话语，更多的是发泄人道主义的愤懑和不满，忽视了对改变现实的实践活动的考察。

【原著摘录】

科学及其危机札记 P1－7

P4 科学拒绝以适当方式处理与社会进程相联系的问题，结果便导致一种内容和方法上的肤浅性，这种肤浅性反过来又表现在对科学涉及的不同领域之间的动态联系的忽略上，而且还以极为不同的方式影响到科学自身诸种原理的实际运用。

P5 不仅形而上学，而且还有它所批评的科学，皆为意识形态的东西；后者之所以也复如是，是因为它保留着一种阻碍它发现社会危机真正原因的形式。说它是意识形态的，并不是说它的参与者们不关心纯粹真理。任何一种掩盖社会真实本质的人类行为方式，即便是建立在相互争执的基础上，皆为意识形态的东西。

唯物主义与形而上学 P8－44

P16 由于形而上学纠缠于存在之"谜"，纠缠于世界的"整体"，纠缠于"生命"，纠缠于"其自身"，或另一些可能描述出来的对象，因而它期待能够为行动推演出一个肯定性的结论。它所企求领悟的实在必定具有一种结构，而这个结构的认识对人类生活的行为将会起决定性的作用，必定存在着与这个实在产生共鸣的态度和行为。判定一个形而上学家的标志在于：在每一问题上都依赖对事物终极根据的洞见来致力于他个人的生活。

P25 认为存在着一种绝对秩序和向人发出的绝对要求这种看法，总是做出了这个断言：去认识整体，认识事物的全体，认识无限。但假如我们的知识并非是最终的，那么，就没有任何命题能断定它具有完美知识的尊严。对无限的认识必须本身是无限的，而一种明显是不完美的知识不是绝对的知识。结果，形而上学倾向于把整个世界看作理性的产物，因为理性所完美认识的仅仅是它自身。

P30 唯物主义与唯心主义不同，它总是把思维活动理解为特定的人在特定历史时期的思维活动。它向任何思想自律的断言发起挑战。

唯物主义的兴趣并不在世界观或人的灵魂。它所关注的是变革人由之受苦受难的具体条件，这些条件，当然也必定使人的灵魂遭到挫折。这种关注可以以心理的方式和历史的方式去理喻。它不能奠立在普遍原则的基础上。

P31 它所反对的不是作为整体的唯心主义体系，而仅是唯心主义中认为存在着内在于事件中的意义这个断言。这种意义不仅表示为对现实的明确解释，而且表现在我们谈论世界或人的原初和规范的结构的任何时候。这种结构是被看作"对象"，还是被看作优先于任何作为对象的东西构成的现实之网，都是无甚区别的。

P33 其真正意义就在于：就是要与那种把特定的科学学说绝对化的企图截然对立。它要求的是要人们把每一种知识都看作那种并非想当然的纯属随意创造的产物，而是出自处于特定社会背景、特定时代人的活动表现，这种表现是人的产物，然它本身反过来又可作为生产力。唯物主义并不把自己捆死在一套物质的概念上，除了向前发展的自然科学外，没有任何权威能宣布物质是什么。不过，科学的结果总是受到条件限制的。

P43 当代唯物主义的根本特点，并不在于它与唯心主义形而上学相对立的那些形式化特质。它的特点毋宁说是在其内容，即社会的经济理论。只有当这些形式化特质从这个内容抽象出后，它们才表现出那样鲜明的特征，作为区分过去哲学观点的标志，这在今天具有重要意义。因而，各种唯物主义学说，并不是一些稳定和不变的观念的例示。社会和历史的经济理论并非产生于纯属理论的动机，而是产生于全面把握当代社会的需求。因为这个社会已达到了这样的境地，它越发剥夺大多数去享有由博大丰盛的经济力所带来的幸福。在此背景下，形成了一个将出现于现存社会状况中的更好现实的观念，而这个过渡，遂构成当代理论和实践的课题。因此，唯物主义并不缺乏理想；它的理想是由作为出发点的社会需求所构成，它是由可以预见的将来的人类力量所能达到的可能来衡量的。但唯物主义的确拒绝把这些理想看作历史的基础，因而也拒绝把它们看作现在的基础，似乎它们是独立于人而存在的观念。唯心主义在此方向上的努力与其说给观念带来荣耀，毋宁说是给历史带来荣耀。因为理想可化作推动力量，只要人们试图把它们由纯粹的观念（即便是证明了的）置入现实之中。

权威与家庭 P45－124

P75－76 由于个体本身被看作完全独立和完备的东西，人们似乎认为，假如一个人要充分发挥他的潜能，唯一需要做的不外是打碎陈旧的权威。在现实中，解放所意味的不过是大多数人又被套进工厂制度的绳索中。自我依赖的个体发现自己面对着一个外在的力量，发现他自己必须顺应这个力量。照理论上讲，个体不会承认任何权威的判断可以用来约束他，除非这个判断首先受制于理性的检验。事实上，他现在孤零零地生活在世界上，他不使自己适应，就必定会毁灭。诸种关系网本身就成为权威性的东西。中世纪把尘世秩序与上帝的意旨联系起来,而只有在这个基础上,才把尘世秩序看作是有意义的。相反,在当代,所有现实状况都是不包容任何意义而只要求人们接受下来的严酷事实。

P76 个体并不是在他与社会和自然的联系中被理解,而是被看作抽象的和纯粹的精神本质,看作那种能思考世界进而把世界认定为一个永恒原则,或作为他自身真正存在的表现的存在物。正是在这种体系中,反映出个人自由的不完满,即他在由诸种矛盾造成的混乱的非人现实中显得无能为力。

P78-79 他们也把世界体验为一个自足和异在的原则;自由在他们看来,根本上的含义是他们能够借助积极或消极的方式使自己与这种现实适应,而不是依照一个逻辑完善的规划去处理现实。在当前的经济体系中,社会就像非理性的自然一样表现为盲目的东西。因为,人不能运用他们共同的思考和决断去调节他们在与他人联合中维系生存的那个过程。相反,生活所需的所有产品的生产与分配,都发生于无数毫不相关的活动中以及个体和集团毫无沟通的相互作用中。

P95 在那些通过有意识和无意识机制,影响着大多数人的心理性格的诸种关系中,家庭占着一个非常独特的位置。家庭从襁褓时期开始,就一直塑造着一个孩子的一生,家庭在他诸种能力的发展中起着决定性作用。成长中的孩子,是按照家庭圈子这面镜子中所反映出的现实的形象,去经验着现实的影响。家庭,作为最重要的塑造力量之一,发现在自己中间出现了社会所需要的人格类型,而且在很大程度上给这个人以一种须臾不可缺少的适应性,让这个人去适应那种现存资产阶级秩序十分依赖的特定的听从权威的行为。

对形而上学的最新攻击 P128-180

P128 把科学与形而上学调和起来,是很困难的事情。形而上学论述的是本质存在、实体、灵魂和不朽,而科学对这类研究却没有多大用处。形而上学要求理解存在、把握总体,要求通过每个人都可以获得的认识方法揭示不依赖于人而存在的世界的意义。形而上学从实在的内部结构里推引出为人行事的箴言,诸如"人的最适当、最有价值的活动是致力于最高观念、致力于先验的东西或第一原因"这类箴言。一般说来,形而上学理论完全符合于下述信念,即苦难对绝大多数人是一种永恒的必然性的信念,以及个人必须永远屈服于现存权力结构的信念。

P140 在经验主义者看来,科学不外是安排和重新安排事实的体系,至于从无限多的事实中进行挑选的活动则是无关紧要的。他继续论述,就好像这个社会对事实的选择、描述、接受和综合是既无重点，又无方向似的。因此，科学被认为类似于一组容器，它被填得越来越满，并通过经常维修来保持它的良好状态。这个过程从前被等同于理智的能动性，但它与能够影响它、从而能够给它提供方向和意义的任何能动性都没有关系。唯心主义叫作理念和目的的东西以及唯物主义叫作社会实践和意识的历史能动性的东西，就它们终归被经验主义承认为认识的条件而言，实际上都是作为观察对象而不是作为构造因素和指导力量与科学发生关系。

P176－177　形而上学向人类提供不能用科学手段证实的存在并借此而用希望喂养人类，这的确是错误的；但当科学自以为是唯一的知识和理论、当它甚而至于蔑视哲学即蔑视一切对待科学的批判态度时，它也的确变成了朴素的形而上学。的确，必须把任何与确定的科学观点明显不相容的看法当作是错误的东西。甚至构造性的思想也必须从具体科学即从物理学、地理学、心理学等学科中汲取大量材料。在考虑某一问题时，构造性的思想不管传统的界线，搜集各个学科的想法。但是，它不同于形而上学的绝对直观，它并不因此而漠视或抛弃各个学科的内容，而是根据既存形势把它们编入适当的模式之中。

传统理论与批判理论 P181－229

P181　对大多数研究者来说，理论是关于某个主题的命题总汇；这些命题之间紧密相连，有几个是基本命题，其他命题由基本命题推出。与派生命题相比，基本原理的数目越少，理论就越完善。理论的真正有效性取决于派生的命题是否符合实际。如果经验与理论相互矛盾，其中之一必须重新加以检查。不是科学家未能正确地进行观察，就是理论原理出了毛病。因此，就其与事实的关系而言，理论永远是一个假说。如果理论的缺陷在我们加工材料的过程中开始显现出来，我们就必须准备改变理论。理论是储备起来的知识，它采取一种有助于使它尽可能准确地描述事实的形式。

P183　就这种关于理论的传统看法表现了一种倾向而言，它倾向于纯数学的符号系统。在理论的要素中，在命题的组成部分中，经验对象的名称变得越来越少，而数学符号则越来越多。逻辑演算本身甚至已经合理化到了如此程度，以至理论形成至少在自然科学的大量领域里变成了数学构造的事情。

P192　我们在周围知觉到的对象——城市、村庄、田野、树林，都带有人的产用的印迹。人不仅仅在穿着打扮、在外在形式和情感特征上是历史的产物，甚至人们看和听的方式也是与经过多少万年进化的社会生活过程分不开的。感官呈现给我们的事实通过两种方式成为社会的东西：通过被知觉对象的历史特性和通过知觉器官的历史特性。这两者都不仅仅是自然的东西，它们是由人类活动塑造的东西，但个人却认为自己在知觉活动中是接受的、被动的。

P200　在这种对批判理论的反应里，思想的自我意识本身被归结为发现理智立场和这种立场的社会定位之间的关系。由于批判态度的构造物旨在超出通常的社会活动方式，它与如此构想的社会学科的关系，并不比它与自然科学的关系更密切。一般说来，它与传统理论概念的对立，与其说是产生于客体的不同，不如说是产生于主体的不同。由于事实是从社会劳动中产生出来的，所以，对具有批判思想的人来说，事实不是外在的东西，不像学者或其他跟狭隘的学者一样思考的专门人才所认为的那样。后者期待一种新型的劳动组织。但就知觉给予的客观实在被认作是原则上应该由人类控制的产物或至少在将来会实际上由人类控制的产物而言，这些事实已经失去了纯粹事实的特征。

P208　在批判理论影响下出现的概念是对现在的批判。马克思主义的阶级、剥削、剩余价值、利润、贫困化及崩溃范畴是概念整体的组成部分，而这个整体的意义不应在对当代社会的维护活动中寻找，而应在把当代社会转变成一种正义社会的活动中寻找。所以，虽然批判理论一点儿也不任意地、偶然地进行思考，但对通行的思想方式来说，它似乎是主观的和思辨的，是片面的和无用的。既然它违反了通行的思想习惯，它看起来一定是具有倾向性的和不公平的。通行的思想致力于保持过去，坚持过时的制度的权利（过去的和过时的制度保证了一个由宗派支配的世界）。

跋 P230－238

P230－231　相反，批判的社会理论则把在其整体性中作为他们自身历史生活方式之生产者的人，作为它研究的对象。作为科学之出发点的现实情境并不仅仅被看作依照或然律去证实和预见的原始材料。每一原始材料都不仅仅依赖自然，而且还依赖人类对它施加的力量。对象、知觉的类型、所提及的问题以及答案的意义，都证明着人类能动性的存在和人类膂力的程度。

P233　不过，与现代的具体科学不同，批判的社会理论即便在对政治经济学进行批判时也仍然把自己看作是一门哲学。因为它的内容在于把在经济学中占统治地位的概念转化为它们的对立面：把公平交换转化为社会不公正不深化，把自由经济转为为垄断的控制，把生产性劳动转化为阻止生产的僵死关系，把社会生活的日益增长转化为广大人民的贫困化。

P235　批判理论关注的是作为一个整体的社会，但这种广泛的视野却被经济主义所忽视，而有限的现象被经济主义当作最终的裁决。在批判理论看来，当前的经济在根本上是由这样的事实决定的：人们生产的超出他们需求的那些商品不是直接地到达社会的手中而是被私人所占有和交换。这种状况的废除寄希望于达到一种更高级的经济组织原则，而绝不指望某些哲学的乌托邦。

哲学的社会功能 P239－257

P250　哲学的真正社会功能在于它对流行的东西进行批判。这并不意味着对个人观点或品质浅薄地吹毛求疵，好像哲学家就是爱逞能的人一样。这既不是指哲学家对这个或那个孤立的情况大发牢骚，也不意味着哲学家要提出纠正的方法。这种批判的主要目的在于，防止人类在现存社会组织慢慢灌输给它的成员的观点和行为中迷失方向。必须让人类看到他的行为与其结果间的联系，看到他的特殊的存在和一般社会生活间的联系，看到他的日常谋划和他所承认的伟大思想间的联系。哲学揭示出了那些，就人类在日常生活中必须依赖孤立的观点和概念而言，人类陷于其中的矛盾。

三、《否定的辩证法》

［德］特奥多·阿多尔诺　著
张　峰　译
重庆出版社，1993 年

【作者简介】

特奥多·阿多尔诺（1903—1969），德国著名哲学家、美学家、社会学家。生于法兰克福一犹太酒商家庭，卒于瑞士菲斯普。1921 年进入法兰克福大学学习哲学、心理学、社会学和音乐。1924 年写作论文《胡塞尔现象学对物体与意识的超越》，得到汉斯·孔内力乌斯认可，取得了博士学位。1931 年，他关于 S. A. 克尔凯郭尔的学术研究得到法兰克福大学一些权威人士的首肯，继而被聘为法兰克福大学的专题讲师。当纳粹德国开始崛起时，他离开德国移居英格兰，执教于牛津大学。1938 年流亡美国，与霍克海默密切合作，撰写了《启蒙辩证法：哲学断片》。1938—1941 年，他曾受聘于纽约社会研究所。1941—1948 年，他出任普林斯顿·拉杜克社会研究项目课题组组长，专司权力主义的研究。1948—1949 年，他受聘于加利福尼亚大学伯克利分校，任社会歧视研究项目课题组组长。1949 年，阿多尔诺返回法兰克福，并任法兰克福大学哲学编外教授，出版《新音乐哲学》。阿多尔诺是法兰克福学派第一代的主要代表人物，社会批判理论的理论奠基者。1950 年，他协助霍克海默重建社会研究所，同年 8 月出任社会研究所副所长。1958 年，他与霍克海默共同担任社会研究所所长。1969 年 8 月 6 日在瑞士菲斯普突发心脏病去世。

特奥多·阿多尔诺一生涉猎广泛，著述甚丰，主要的哲学、美学著作有

《启蒙辩证法：哲学断片》（1947年）、《新音乐哲学》（1949年）、《权力主义人格》（上、中、下卷，1950年）、《独裁性格研究》（合著，1950年），《多棱镜：文化批判与社会》（1955年）、《文学附注》（1958年）、《否定的辩证法》（1966年）、《美学理论》（1970年）等。罗尔夫·泰德曼编辑的《阿道尔诺全集》（共23卷），1970—1980年由休坎普·维格威公司出版。

【写作背景】

《否定的辩证法》是法兰克福学派重要代表阿多尔诺最重要的哲学著作。阿多尔诺当时生活的德国盛行本体论研究，哲学家们总是试图追求同一性，追求万事万物背后的最终原因和本质。阿多尔诺不满当时德国的哲学状况，反对形而上学，创作了批判哲学"同一性"的《否定的辩证法》。

【中心思想】

阿多尔诺在《否定的辩证法》中集中批判了哲学对同一性的追求。自古希腊以来，哲学都是追求同一性的形而上学。然而，在阿多尔诺看来，哲学的形而上学思想是行不通的，原因在于根本就不存在绝对的第一性，任何事物都是与它的对立面相互依存而存在的。任何想寻找原初事物或概念的哲学都将走上错误的道路。阿多尔诺还试图用辩证法批判传统形而上学，用辩证法的否定观来对抗同一性哲学。阿多尔诺称自己的否定的辩证法是反体系的。他高举起反体系的旗帜，向一切以绝对真理为终结的哲学体系挑战。阿多尔诺的反体系的目的在于批判第一哲学。他在这部著作中对西方形而上学思想进行了全面的批判。从具体内容上说，《否定的辩证法》的导论是阿多尔诺关于自己否定的辩证法的一种一般性解说。在第一部分，阿多尔诺说明了否定的辩证法是拒斥任何本体论的，但在这里，他却是通过批判以反对传统本体论面目出现的海德格尔哲学来实现的。在第二部分，他正面讨论否定的辩证法的主观概念与范畴，这一部分明确说明否定的辩证法反对第一哲学、二元论构架、同一性逻辑，辩证法的本质被界定为对非同一（异质性）的自觉。也是在这个意义上，阿多尔诺坚决拒斥人类中心主义，特别是反对人本主义的异化逻辑。在第三部分包含两个方面：一是1932年关于康德道德哲学与资产阶级自由观念的讨论，二是1937年关于黑格尔世界历史学说与马克思自然社会历史关系的研究。最后还有阿多尔诺作为犹太思想家的一些极其个别性的思考。

【分章导读】

导论 阿多尔诺开宗明义地宣称要讨论辩证法。在他看来，否定性等于辩证法的灵魂，但同时又不减弱它的确定性。解构辩证法外部描述的肯定性，建构一种基于否定性的具体的确定性，才是阿多尔诺总的理论目的。

在阿多尔诺看来，辩证法不是传统马克思主义哲学教科书中那种关于联系和发展的学问，而是一种革命的批判理论。他对辩证法的表述形态也由此成为一种解构式的、反体系的、不断打破自身凝固化的否定性思想活动。在《否定的辩证法》的序言和导论中，阿多尔诺所展现的否定的辩证法是一种功能性的批判话语。可以说，这是该书中写得最好的部分。

阿多尔诺认为，在形而上学的逻辑中，占统治地位的哲学观点假定事物是从一个基础中产生的，也就是讨论哲学总是从第一性的问题出发，而他要批判的正是这种第一性的哲学。但要注意，阿多尔诺并不简单地否定同一性，他否定的是作为思想专制出现的同一性。阿多尔诺认为，传统哲学始终是通过同一性逻辑建构整体的真理体系，似乎没有体系则不成哲学。阿多尔诺深刻地指出，体系的秘密不在其逻辑构架中，而在其同一性总体逻辑的世俗基础。

阿多尔诺对传统哲学另一个重要反思是对概念拜物教的批判。这里的拜物教喻指一种观念强权。批判概念拜物教并不是让我们消除概念，而要靠概念极力超越概念。这就是一种新的概念辩证法。以沃林的评点，即"伤人之手也是能够医病的唯一之手"[①]。阿多尔诺认为，哲学是一种异质的特殊经验，而不是一种同一性的理论逻辑。这是阿多尔诺在导论中主要想说的一句画龙点睛的话。

阿多尔诺主张，真正的哲学是反体系的。这也是否定辩证法的关键性规定。须注意的是阿多尔诺这里的"体系"特指那种本体论意义上的哲学逻辑体系，而不是泛指一般的哲学表述系统。依阿多尔诺之见，17世纪形成的体系哲学专门服务于一种政治目的补偿。这一观点符合马克思对资本主义生产方式的历史性批判。阿多尔诺认为逃出体系牢笼的哲学应该是批判的、不自足的，他反对体系哲学，主张一种否定性的自由的哲学。但这并不意味着阿多尔诺赞同相对主义，相反，否定的辩证法既是同相对主义严格对立的，同

---

① 沃林. 文化批评的观念[M]. 北京：商务印书馆，2000：36.

时也是同绝对主义对立的。

反对同一性思维，就是要维护思维中的异质性；反对抽象的概念拜物教，就是要关注思想中的具体个别；反对体系哲学的形式化，就是要推举真实的内容；反对总体化的形而上学，就是要将历史性作为哲学辩证法的根本。需要再次指明的是，阿多尔诺的这篇导言是《否定的辩证法》一书中写得最好的部分。这里的讨论，甚至比他后面正式言说否定的辩证法的第二部分还要深入而具体。

第一部分　与本体论的关系　阿多尔诺主要是针对对海德格尔哲学的批判。阿多尔诺否定的辩证法理论基础建立于对海德格尔哲学的深刻理解之上。用阿多尔诺自己的话来说，他对海德格尔的批判不是一般的外部攻击，而是将其放置于自身的结构中用其自身的力量来反驳它，由此而使它根本性地毁灭。

第一章　本体论的需要　阿多尔诺指出，按照一般的理解，海德格尔哲学在现当代西方思想史上历来是以颠覆传统本体论的姿态出现的，于是，我们面对海德格尔时，通常将其建构本身视作革命的内容来接受。而阿多尔诺则更关注海德格尔哲学试图遮蔽的东西，他认为海德格尔在其"哥白尼式的革命"中从来没有打算废除旧本体论，绝对哲学没有死亡，反而在海德格尔的哲学中凭借着思辨的诗意得到了盛大复活。

阿多尔诺写道：在海德格尔"革命"之后，"本体论被理解为情愿批准一种不需要有意识地证明的他治秩序"[①]。于是，阿多尔诺引述了一段他对康德哲学主体批判的批判来批判海德格尔，即"企图凭靠那种对他想拯救之物构成威胁的东西来实现这种拯救"[②]。

阿多尔诺承认海德格尔的存在本体论动摇了人类中心主义话语。但是，海德格尔的理论在支配自然构建"人类事务的秩序"中，已经出现了一种更可怕的不合理——我们在支配自然上的进步或许正在编织社会粗鄙地长成第二自然。阿多尔诺认为，海德格尔不仅没有解决问题，他甚至也没有打算真正解决问题。更重要的是，海德格尔并没有注意到在资本主义经济关系的异化中，产生了远比一般物化颠倒更深刻的主体异化状态。主体在自己打造的市场关系中，丧失了其中心地位，成为奴隶。

阿多尔诺说："自从科学不可挽回地同唯心主义哲学告别以来，成功的科

[①] 特奥多·阿多尔诺. 否定的辩证法 [M]. 张峰，译. 重庆：重庆出版社，1993：57.
[②] 特奥多·阿多尔诺. 否定的辩证法 [M]. 张峰，译. 重庆：重庆出版社，1993：63.

学只能靠陈述自己的方法力图使自身合法化。科学的自我解释产生了一个自成一类的原因。"① 但是，科学并不能体认出它自己不过是人类劳动分工的一种历史形式，它在工具理性支配世界的进程中显赫起来之后，就错把一种暂时的流行方式当作知识的永恒本质。更糟糕的是，一些人文科学也从中借用了这种实证性，研究人与社会生活的人文科学也就畸变为一种物性科学。阿多尔诺主张批评科学的过度膨胀，但从来没有打算站在科学对立面去拥戴一种非科学的思辨本体论，因为如果从科学实证主义逃到玄学，那么恰恰就是把现实世界拱手让给了粗陋的科学帝国主义。

阿多尔诺认为一种东西当被置于不能思考、不能认知、不能操作的地位时，它一定是非理性的玄学神秘物或宗教信仰的直指。但海德格尔却在哲学中称"存在哲学使这种不可操作性成为无懈可击性，它把这种摆脱合理过程变成了与反思的知性相对立的超验——这是一种暴力行为，既是机智的又是令人绝望的"②。阿多尔诺认为海德格尔的存在本体建构是一种理论暴力。

阿多尔诺认为按照资产阶级所允诺的理念，在资本主义社会生活中人们可以自由地确立他们的关系，但直到今天未曾实现任何自由，社会依然是僵化的。这是由于在普遍的商品交换关系中，一切质的要素都被碾平了。海德格尔的存在本体论实际上是一种以幻想的联系代替真实现实关系的意识形态，实际上成了现实资本主义制度的最大帮凶。

第二章 存在与实存 阿多尔诺主要对海德格尔的存在主义本体论进行了一种更加细致的"内在的批判"。

阿多尔诺认为，海德格尔完成本体论主要依靠系动词的本体化。可是，应当注意的是这个系动词的意义不是独立的，它只能在主语与谓语的关系中得以实现。依阿多尔诺的观点，海德格尔是反对实证主义的。但是，海德格尔的存在本体论实质是"改变了事物的功能并把事物趋于超越自身这一事实变成了一种基础，因而使这一事实本身也像一种物。他命令早在神话的自然宗教之前就由交合引起的畏惧恢复原状：以存在的名义把超自然力量抬高起来，仿佛人们显露的软弱无力类似于前泛灵论的原始人在风暴面前的软弱无力"③。

阿多尔诺发现，海德格尔的存在本体论的另一个重要秘密是叙述逻辑的一个布展策略：此在无非是处于一定历史条件下的具体个人。阿多尔诺认为，

---

① 特奥多·阿多尔诺. 否定的辩证法 [M]. 张峰, 译. 重庆：重庆出版社，1993：70.
② 特奥多·阿多尔诺. 否定的辩证法 [M]. 张峰, 译. 重庆：重庆出版社，1993：81.
③ 特奥多·阿多尔诺. 否定的辩证法 [M]. 张峰, 译. 重庆：重庆出版社，1993：103 - 104.

海德格尔建构存在本体的一个重要的基础是作为悬设本质的本真性。但阿多尔诺认为这种存在仍然只是一种抽象本质。从根本上看，海德格尔存在本体论的"建立纯粹是为了凭借那种认为存在物是存在的一种方式的命题，从而更专制地拒斥对于绝对存在的怀疑"①。这是一种理论阴谋。

阿多尔诺认为，存在主义的本体论是自相矛盾的——它既论及存在物，同时又使它本体论化。从实质上看，这是有限存在的时间性与本体的永恒性的矛盾。他发现，关键在于海德格尔本体论中历史性被非法引进思辨时所导致的深层悖论。

阿多尔诺最后写下了这样一句话："在存在学说的黑暗夜空中，不再有闪烁的星星。"② 这是批判诗性的诗性批判。

第二部分　否定的辩证法：概念和范畴　阿多尔诺主要阐述了自己的否定的辩证法。阿多尔诺郑重地宣布："在批判本体论时，我们并不打算建立另一种本体论，甚至一种非本体论的本体论。"③

首先，阿多尔诺毫不躲闪地说：没有存在者就没有存在。他反对任何唯心主义的无根性的虚假抽象。同时，阿多尔诺所主张的辩证法在哲学前提下不会走到黑格尔、海德格尔反面。阿多尔诺明确地说，他绝不期望一种"总体哲学"，辩证法的本质是反对任何一种从始基本体论出发的同一性哲学。他想真正打破同一性逻辑。靠什么呢？靠超出一切强制构架的无数维度的星丛。

阿多尔诺看到，否定的辩证法对同一性逻辑的破除并不能简单地抛弃同一性，他并不反对概念中包含的同一性，而是要消解绝对的同一性，他要挖掘出一种在同一性中的非同一性。他认为传统思维的错误关键在于把同一性当作目标，由此，才形成了绝对的专制性的同一性逻辑。这是他必须反对的东西。应该特别指出的是，阿多尔诺所说的非同一不是一种外在的说"不"，不是一种简单的拒绝和破坏，而是一种承认客观矛盾统一体中的异质性。他形象地说，这就是星丛。

所谓星丛，即关注异质性的非同一性，是一种辩证法的非中心、非等级、非奴役的关系，是一种承认矛盾、承认差别的新型存在与思想关系。这不仅是在主体与客体之间，而且是在一切存在关系的地方都应该构成一种相安无

---

① 特奥多·阿多尔诺. 否定的辩证法 [M]. 张峰，译. 重庆：重庆出版社，1993：115.
② 特奥多·阿多尔诺. 否定的辩证法 [M]. 张峰，译. 重庆：重庆出版社，1993：131.
③ 特奥多·阿多尔诺. 否定的辩证法 [M]. 张峰，译. 重庆：重庆出版社，1993：133.

事中彼此不存在支配关系但又存在各自介入的区别状态。对于这种全新的关系，阿多尔诺别出心裁地称之为无中心、无等级的"星丛"和"力场"的非架构状态。阿多尔诺讨论了一些辩证关系星丛，但对人类现实的社会历史生存如何星丛化，阿多尔诺始终没有正面解答。

阿多尔诺明确反对认识论中的唯心主义倾向。废除一切同一性所造成的等级制度，废除一切理论逻辑中的中心，这才是阿多尔诺否定的辩证法的根本目的。阿多尔诺主张"批判思想的目的不在于把客体放在一度被主体所占据的、现已空出的皇位上。客体在这个皇位上将不过是一种偶像。批判思想的目的是废除等级制度"[①]。

阿多尔诺还谈到了另一个重要理论命题，即物化与异化的批判逻辑。物化与异化问题，是自青年卢卡奇以来西方马克思主义哲学中始终关注的理论逻辑焦点。阿多尔诺先从认识思想史中的经验唯心主义发生缘由开始追问，他认为反对物化现实的斗争正式发端于唯心主义的观念呼喊。由此可见，阿多尔诺是反对资本主义物化现实的，因为这是同一性逻辑的现实基础，也是否定的辩证法所致力反对的。

第三部分 模式 这部分是对否定辩证法的模式的讨论。这些模式要说明否定的辩证法是什么，并将其纳入现实的领域进行探讨。这是两个相互关联的理论任务。这一部分也是阿多尔诺在确认了否定辩证法的理论规定之后，通过对一些具体的学科领域和现实事件的历史性研究，来进一步明确否定的辩证法的存在。

第一章 自由：实践理性总批判 本章主要是阿多尔诺对自由辩证法的论述。阿多尔诺在讨论现实中的否定辩证法时，将人类生存中的自由问题放在首位。在这里，他主要依托对康德道德哲学的讨论，开展一轮实践理性批判的否定性反思。

哲学进入现实社会领域，首先遭遇的便是人的自由问题。阿多尔诺清醒地看到，康德道德哲学已经深刻地意识到了资产阶级意识形态的内在矛盾。康德哲学逻辑二元性反映的正是资本主义社会现实的二元性。阿多尔诺认为，在当代社会观念中，自由观念是脆弱的，因为"自由的观念从一开始就被非常抽象地和主观地对待，以致客观的社会趋势发现很容易埋葬它"[②]。所以，

[①] 特奥多·阿多尔诺. 否定的辩证法 [M]. 张峰，译. 重庆：重庆出版社，1993：178.
[②] 特奥多·阿多尔诺. 否定的辩证法 [M]. 张峰，译. 重庆：重庆出版社，1993：210.

在资产阶级学术讨论域中，自由命题使康德的客观的二律背反降级到伪问题的领域——通过否定矛盾来掩盖矛盾。这是当代资产阶级主流意识形态的本质。

依阿多尔诺之见，这种意识形态恰恰借助于科学观念表现出来。阿多尔诺进一步指出，资产阶级意识形态的虚假性在于它所鼓吹的"个体化原则"。事实上，当代资本主义越来越发展成一个被"组织起来的社会"，在这种情况下，个人自由的实现不是变得容易而是更加困难了。

关于自由观念的形成，阿多尔诺也有自己的看法。"正是统治自然的至上权力及其社会形式，即对人的统治产生了人们意识的对立面：自由的观念。自由观念的历史原型是处在等级制度最顶端的人，不是明显不自主的人。"[①] 自由的观念是由于现实中的不自由而成的，自由是社会强制造成的痛苦的、有争议的反面形象。

阿多尔诺认为个人之所以被命名为自由，正是由于他在现实市场运作和政治法律系统中的不自由。进而，阿多尔诺认为，"主体的同一性原则本身就是社会的内在化的原则。这就是在现实主体中，在社会存在物中，不自由至今仍比自由具有优先地位的原因。在一种按同一性原则塑造的现实中，不存在任何肯定的自由"[②]。理性的同一性是资本主义经济政治（法理）同一性的同构产物，现实的不自由决定了思想的不自由，要在这种真实的不自由中谈论自由只能是一种主体式的精神分裂症。

第二章 世界精神与自然历史——有关黑格尔的题外话 本章围绕黑格尔历史哲学展开讨论。阿多尔诺谈到在现实的社会历史过程中，无论对于现实的人类个体还是整体来说，都存在着一种先在的支配主体的客观力量。在近代，则是社会历史生活中出现的由人自己所创造的社会经济力量。阿多尔诺指出，过去只是在神学中才以幻想形式出现的上帝，今天却在资本主义的市场扩张中成为真实——市场逻辑。阿多尔诺说，现实的同一性发生于"资产阶级社会——而且最早的统一性思维已经是城市的、发育不全的资产阶级的——是由无数的为了自我保护而相互依赖地自我保护的个人的个体自发性所组成的"[③]。这种非外在强制的自愿认同，构筑了有史以来最牢不可破的同一性铁笼。

[①] 特奥多·阿多尔诺. 否定的辩证法 [M]. 张峰, 译. 重庆：重庆出版社, 1993：215.
[②] 特奥多·阿多尔诺. 否定的辩证法 [M]. 张峰, 译. 重庆：重庆出版社, 1993：237.
[③] 特奥多·阿多尔诺. 否定的辩证法 [M]. 张峰, 译. 重庆：重庆出版社, 1993：313.

在资本主义社会中，人们现在依然处于一种魔法的支配之下。这种魔法是世界精神的主观形式，是它对外部生活过程的第一性的内在化。阿多尔诺这里的论述是凭借马克思拜物教理论生发出来的深层理论分析。本来按理说，人类主体的反思能力可以破除这种魔法，但是，由于反思能力的自我的颠倒，反倒增强了这种魔法。工具理性就是反思性的，反思和批判本身反倒使这种魔法更加不可摆脱。于是，在这种魔法下最可怜的莫过于自以为自由、自以为持有个性的个人了。但是，阿多尔诺明确指出：资产阶级社会产生的魔法必然会"破坏自身"。这可能是一种新的政治宣判。

在阿多尔诺看来，在资本主义市场经济所产生的魔法下，不仅个人被神秘地抹平，整个人类社会历史总体也重新颠倒为非主体的自然过程。阿多尔诺极其深刻地分析道，资本主义经济过程"如果不无视活生生的人，便不会有任何交换。这在现实的生活过程中意味着至今仍必需的社会假象。它的核心是作为自在之物的价值、作为'自然'的价值"①。这是说，在资本主义社会分工条件下，以交换为目的的生产必然导致劳动的二元分裂，人们所追求的不再是物品使用价值，而是与个体相分离的作为普遍抽象存在的价值，它却颠倒地表现为超越个人的自在之物。这个类似自在之物的东西由人自己创造出来，这种客观经济力量就成了市场的社会自然规律的本质。阿多尔诺在马克思的基础上，指认资本主义社会的自然规律是一种社会无意识，这是很深的理论逻辑批判。

在全书的最后，阿多尔诺谈论了一个最沉重的话题：人的死亡。这里关于死亡的形而上学是在法西斯在奥斯维辛集中营屠杀了成千上万的犹太人之后，真实地直面人的生存意义。这是阿多尔诺的否定的辩证法对同一性逻辑进行解构的最后一个现实策略：悲愤的追问。同时，这也是对形而上学沉思本身的最后沉思，是阿多尔诺为自己反对同一性的否定辩证法所寻求到的最重要的历史证据。然而，沉思之后的阿多尔诺绝非就此生发出绝望的虚无主义，他还在给我们遥指那布满希望星丛的美好夜空。

我们认为哲学发端于思想对感性现象背后形上本质的追问，阿多尔诺说，过去我们可以很得意于此，可是今天却不行了。20世纪40年代德国法西斯的奥斯维辛集中营是造成上述结果最重要的事件。它喻示人创造出来的东西直接导致了人本身的"自我毁灭"。阿多尔诺指认道，这是西方文明几千年来追

---

① 特奥多·阿多尔诺. 否定的辩证法 [M]. 张峰，译. 重庆：重庆出版社，1993：355.

求的同一性原则的最终结果。在这一冷漠的死亡事件面前，人们发现，"我们的形而上学能力瘫痪了，因为实际的事件破坏了思辨的形而上学思想与经验相协调的基础"①。这是说，在奥斯维辛集中营中，一切在过去形而上学沉思中使人的生存从自然中超拔出来的神圣的本质的东西同时死亡了。

阿多尔诺最后说，暴虐的奥斯维辛之后，人们在这种左右为难、举步维艰的情形下最可能生发的东西就是绝望。但是，标举绝望与虚无主义是无益的，因为这是世界的封闭和存在的终结。固然无望，可是我们还是要抗争，而这正是生命的意义，也是形而上学真正的使命。他戏称，"任何一句话都不如查拉图斯特拉的'纯粹的傻瓜，纯粹的诗人'这句话更忠实地描绘了形而上学。那种不向可耻的实体之物投降的思想将按自己的标准而灭亡，真理成了非真理，哲学成了蠢事。然而，如果不想让愚蠢在现实的非理性中取得胜利，哲学就不能退位。我宁要傻瓜也不要疯子。蠢事是某种形式的真理，只要人们不想让真理消失在非真理之中，他们就会碰到这种形式。艺术即使在其最高峰上也是外观"②。

【意义与影响】

第一，对传统哲学进行了深入的批判。阿多尔诺在《否定的辩证法》这部著作中，拒斥同一性，反对体系哲学，拒斥本体论哲学，反对基础主义，瓦解同一逻辑，强调非同一性、差异性、特殊性和多样性。这些观点都体现了阿多尔诺对于传统哲学的批判。但是在对传统哲学激进批判的同时，阿多尔诺也走向了另一个极端。他在批判资本主义的同时，也否定了马克思主义关于生产力发展和人的解放逻辑的论证，否定了马克思主义对资本主义批判的总体性逻辑。

第二，阿多尔诺通过对哲学同一性和总体性的批判，开启了一条拒绝全部工业文明进步和启蒙理性的批判资本主义的全新思路。

第三，阿多尔诺在本书中对社会意识形态领域内的压抑性统治力量和异化进行了激进的文化批判，对于今天我们反思社会主义文化建设具有借鉴意义。

---

① 特奥多·阿多尔诺. 否定的辩证法 [M]. 张峰, 译. 重庆：重庆出版社, 1993：362.
② 特奥多·阿多尔诺. 否定的辩证法 [M]. 张峰, 译. 重庆：重庆出版社, 1993：405.

【原著摘录】

导论 P1—56

P1—2　那些按哲学的习惯过去用来容纳整体的概念外壳，随着社会的广泛扩展和实证自然科学的进步，开始成了工业资本主义后期阶段上的一种简单的易货贸易的遗物。

P3　辩证法是始终如一的对非同一性的意识。它预先并不采取一种立场。

P5　作为唯心主义的辩证法，它被捆绑于绝对主体的优势，作为每一个单个概念的运动及其整个过程的否定性动力。

P9　一个在客观上为总体设定的世界将不会解放人类意识。

P10　因为概念本身是现实的要素，现实首先是为了支配自然而需要概念的形态。

P12　传统的哲学认为自己拥有一个无限的对象，靠此信念它成了一种有限的、结论性的哲学。

P16　现状的权力建起了我们的意识要冲撞的外表。意识必须极力去冲撞这外表，只有这样才会使深层的假设从意识形态中解放出来。在这种抵抗中存在着思辨的要素：那种并不具有既定事实为它规定的法则的东西，甚至在和对象最密切的接触中，在否定极神圣的先验物中也要超越既定事实。

P18—19　哲学的目标、它的开放的和不加掩盖的方面像它的解释现象的自由（哲学将这种自由和被解除武装的问题结合在一起）一样是反体系的。

P19　体系只能证明学者们胸襟狭窄，靠在概念上构造他们对存在物的管理权威来补偿政治上的无能。

P21　在唯心主义——最明显的是费希特的唯心主义——中无意识地占居了统治地位的是这样一种意识形态：非我以及一切最终在我看来属于自然的东西都是劣等的，所以自我保护思想的统一体可以毫无顾忌地去吞没它们。

P24　统一性的预先假定密切关联着这样一个设定，即存在的一切事物都和认识的原则相同⋯⋯

P30　辩证法作为对体系的批判要求有处在体系之外的东西，而使认识中的辩证运动获得解放的力量同时也是反抗体系的力量。

P36　在现存生产关系中，一度获得解放的理性概念一定害怕自己的后果将炸毁这种关系。这就是理性为什么限制自身的原因。

P42　不同的东西是质的东西。思维如不能思考质的东西，便是已被阉割的思维并且和自身不一致。

P47　概念是和非真理、压迫的原则融合一起的。

第一部分　与本体论的关系 P57－131

第一章　本体论的需要 P57－93

P58　胡塞尔的（意式）——后来在《存在与时间》中被海德格尔变成"存在的"——是全面地预先推定从局部领域直到最高领域原本是什么。这是古老的绝对哲学的第二次重演。其第一次重演是后康德的唯心主义。

P61　社会已成为自由主义一度所想象的完全功能的关联域：存在，就是相对于其他东西、与自身无关的存在。

P63　历史的第一性成了"存在"绝对地对一切实体的和现实的事物的本体论在先性。

P63－64　一切想使宇宙类似于主体或引申出它以便设定主体的观念都已被贬低为一种可与愚钝者或偏执狂的天真相比的天真，这些人把他们的村庄当作世界的中心。

对存在的信仰、一种从批判的预感中派生的模糊的世界观正如海德格尔有一次轻率地确定的那样，实际上已退化成一种对存在的奴役。

P68－69　对科学知识的工具性的反思早就不再触及科学的本质，它们只涉及可认识的东西，只涉及科学知识的有效性。

P70－71　狂妄地脱离了科学，这最终只会证实科学的普遍统治，类似于法西斯主义制度下非理性主义口号同科学技术活动相对立。从对科学的批判过渡到把科学的本质当作存在，这本身就是无视科学中任何可以是科学的东西，这种过渡在本体论的需要中使这些科学失去了本体论像是要给予它们的东西。

P71　海德格尔带着舍勒的软弱性的伤痕拒不让第一哲学草草地被物质的偶然性、眼前的无穷的短暂性所损伤。

P72　在"存在"的许多功能中所不应低估的是：尽管它夸耀自己有比存在物更高贵的尊严，但它同时仍带有它想摆脱的存在物的记忆，即一种先于差异和对抗的东西的记忆。存在的诱惑力就像在拙劣的诗风中树叶的瑟瑟声一样动人。

P73　存在既不是一个事实，也不是一个概念，因此它便躲开了任何批评，批评家所挑剔的任何毛病都可以被当作一种误解而不予理睬。

P75　存在是本质的缩略词。本体论出于自身的连贯性而陷入一块无主之地，它必须排除每一种后天的东西。

在这种本体论中显示出来的与其说是神秘的沉思，不如说是一种思维的痛苦，这种思维寻求它的对象，但每迈出一步都害怕失去它断言的东西。

P81 如果所谓的原初词（存在）不能在思维中得到规定和实现，如果它不能批判地面对它的目的，那么一切关于存在的谈论便显得可疑，存在没有被思考，是因为在它要求的这种不确定性中它不能被思考。

P90 新本体论本身就是一种替代品；许诺超然于唯心主义方式的东西仍然是一种潜在的唯心主义并且阻碍着对唯心主义进行尖锐的批判。

第二章 存在与实存 P94－131

P98 海德格尔从系动词的逻辑性中得到了本体论的纯洁性，这种纯洁性迎合了他对一切实际事物的反感。

P101 纯存在本身，没有它的另一者。他把绝对同一性中的非同一性当作一种家庭耻辱而掩盖起来。

P106 表达不可表达的东西。

P107 哲学既不是一门科学，也不是实证主义以一种愚蠢的矛盾修饰法来贬损它的那种"深思的诗"。它是一种把不同于它的东西中介起来同时又与之相区别的形式。它的悬而未决状态不过是它本身的不可表达性的表达。

在海德格尔想甩掉的传统的重担下，这种不可表达的东西在"存在"一词中成了可表达的和坚实的，对物化的抗议成了被物化的、脱离思维的和不合理的。

P108 那些打算靠放弃思想来思考不可表达之物的想法使不可表达之物虚假化了，它们用它造出了思想家几乎不想让它成为的东西：一个绝对抽象的客体的怪物。

P110 与概念和存在物相反，存在的先验性想去赎回最迫切需要的可靠性来作为非现象的东西。

P111 这个术语是骗人的，因为它诉诸每一个人的肉体利益，诉诸哈姆雷特独白的不加掩饰的关心——在死亡时个人是绝对地湮灭还是具有基督教的不混乱的希望——但用纯粹的本质取代了哈姆雷特用存在或不存在意指的东西使实存吞没在这种本质中。

P113 没有存在物，存在便是不可思议的；而没有中介，存在物也是不可思议的。但这种辩证法受到了海德格尔的压制。

P115 建立纯粹是为了凭借那种认为存在物是存在的一种方式的命题，

从而更专制地拒斥对于绝对存在的怀疑。

P123　从那种使主体成为其现在样子的非人化中进行抽象，但这种非人化却继续在人性的名义下得到宽容。

P123－124　人类学出现的形式越具体，它就越是欺骗性的，就越不关心在作为主体的人身上根本不应属于人的东西；它关心的是那种自无法追忆的时代以来一直与主体的历史形态相平行的非主体化过程。

第二部分　否定的辩证法：概念与范畴　P132－205

P135　凡在宣扬某种绝对"第一性"之物的地方都会谈到次于它的东西，谈到和它绝对异质的东西，即它的意义上的关联物。

P142　同一规定性的总体性适合传统哲学的理想，适合先验结构及其拟古主义的后期形式——本体论。

P143　交换原则把人类劳动还原为社会平均劳动时间的抽象的一般概念，因而从根本上类似于同一化原则。

P144　等价物交换的主要特点是在不同等的事物以其名义来交换时，剩余劳动价值会被占用。

P145　同一性的圆圈——它最终只是使自身同一——是由一种不宽容自身之外的任何东西的思维画出的。监禁思维是它自身的作品。

P146　人们可以看透同一性原则，但没有同一性人们就不能思维。任何规定性都是同一化。

P154　辩证法打算靠在同一性强制中贮存起来并在它的对象化物中凝结的能量来破除这种同一性强制。

P157　否定之否定也是一种同一性，一种新的幻觉，是推论的逻辑——最终是主观性原则——对绝对的投射。

P161　在非同一物的内部有它和它不是的东西的联系，这种东西也就是它的被操纵的、冻结的同一性对它隐瞒的东西。

P164　当一个范畴——如同一性和总体性范畴在否定的辩证法中——变化时，一切范畴的星丛，因而每一范畴也会有所变化。

P174　认识论的反思的主导倾向是越来越把客观性还原为主体。

P176　先验的一般性不是我的纯粹自恋的自我拔高，不是我的自律的傲慢，而是在那种靠等价原则而盛行不衰的统治中有它的现实性。

P177　主体性的第一性是达尔文生存斗争的一种精神化的继续。为了人的目的而压制自然是一种纯粹的自然关系。所以，控制自然的理性及其原则

三、《否定的辩证法》　　057

的至上性是一种幻想。

P181　客体虽然只能靠主体来思维，但仍总是某种不同于主体的东西；而主体在天性上一开始也就是一种客体。即使作为一种观念，我们也不能想象一个不是客体的主体，但我们可以想象一个不是主体的客体。

P190　成熟的马克思在他为数不多的对自由社会的评论中改变了他对物化原因、劳动分工的立场。他此时已把自由状态和天然的直接性区别开来了，他希望，计划要素将导致为生活且不是为利润而生产，因而本质上是直接性的恢复——在这种计划中，他保存了异己的事物；而在他关于实现哲学只是思考的东西的设计中，他起初保留的是中介。

P191　星丛不应该被还原为某一种本质，在这个星丛中内在地存在的东西本身不是本质。

P197　普遍和特殊的辩证中介不允许一种选择特殊的理论过分热忱地把普遍当作肥皂泡来对待。

P204　知识不像国家政策那样用一个画廊来收藏它的对象。毋宁说，知识是按对象的中介来思考它们的：否则它就会满足于描绘门面。

第三部分　模式 P206-406

第一章　自由：实践理性总批判 P206-297

P209　自 17 世纪以来，伟大的哲学把自由确定为它最特有的兴趣。

P212　世界精神本身开动了主观主义的顽固不化的科学观念，这种科学观念旨在建立一个自给自足的、经验的、理性的科学体系，而不是为了理解一个本身客观的、自上而下地被操纵的社会。

P215　个人暂时地赫然耸立在盲目的社会联系之上，但在他的闭塞的孤独中，个人只能更有助于再生这种社会联系。

P224　在自我解放的现代主体的自我反思一开始，在哈姆雷特身上，我们发现见解和行动的歧义被典范地表述出来。主体越是变成一个自为的存在物，他就越是疏远同既定秩序的未被破坏的协调，他的行动和他的意识也就越不会是统一的。

P262　在这个普遍社会压抑的时代，反社会的自由的形象仅仅生存在被压碎的、被滥用的个人的特点中。

第二章　世界精神与自然历史——有关黑格尔的题外话 P298-361

P298　不论是在个人的意识中还是在个人的共同生存中，客观的事物都具有支配个人的优先地位。

P303　因为社会的运动规律几千年来一直是从它的个体主体中抽象出来的，并把他们降低为社会财产和社会斗争中的纯粹执行者和纯粹参与者。

P303　神圣的全能的原则被世俗化为确定同一性的原则，世界计划被世俗化为发生事情的无情。世界精神像神一样受到崇拜。

P307　法是不合理的合理性的原初现象。在法中，形式的等价原则成了规范，对任何人都等量齐观。那种吞没了差别的平等暗中却助长了不平等，在只是表面上非神话化的人类中间，它是幸存下来的神话。

P346　在人类经验中，这种魔法是商品的拜物教特性的相等物。自我造成的东西成了自我再也逃避不掉的自在之物。在支配性的对这些事实的信仰中，在肯定性地接受这些事实时，主体崇拜它的镜像。

P356　资本主义的这种社会的自然规律性的本质是社会无意识运动的规律。

第三章　关于形而上学的沉思 P361—406

P365　如果否定的辩证法要求思维进行自我反思，那么这明显意味着，如果思维想成为真实的、特别是在今天成为真实的，它就必须也是一种反对自身的思维。如果思想不是用那种躲避概念的极端性来衡量的，那么从一开始它就具有一种音乐伴奏的性质。

P368　唯一的差别是，当高高在上的官员把他们的行政野蛮状态当作文化来喝彩并把其危害当作不可丢弃的遗产来维护时，他们证明了它的现实性。

P396　在完全非意识形态的意义上人们应该最迫切关心的事情已经消失了，客观上，它成了有问题的；主观上，社会之网和永远要求过高的调节压力既没有给人们留下考虑它的时间，也没有留下考虑它的力量。

P399　凡在人们确信他们的存在是无关紧要的事情的地方，他们就不会提出任何抗议；只要他们对存在的态度仍然不变，别的东西对他们来说也是空虚的。

如果一个人不加区别地，而且不着眼于可能性而指责存在物是虚无，那么他就是在为愚蠢的活动提供帮助。这种总的实践所导致的那种兽性比起初的兽性更恶劣：它成了一种施于自身的原则。

【参考文献】

[1] 特奥多·阿多尔诺. 否定的辩证法 [M]. 张峰，译. 重庆：重庆出版社，1993.

[2] 阿道尔诺. 主体与客体 [M]. 北京：商务印书馆，1998.

[3] 沃林. 文化批评的观念 [M]. 北京：商务印书馆，2000.

[4] 伊格尔顿. 美学意识形态 [M]. 桂林：广西师范大学出版社，1998.

[5] 霍克海默，阿道尔诺. 启蒙辩证法 [M]. 重庆：重庆出版社，1990.

[6] 张一兵. 无调式的辩证想象 [M]. 北京：三联书店，2001.

[7] 俞吾金，陈学明. 国外马克思主义流派 [M]. 上海：复旦大学出版社，1990.

[8] 江天骥. 法兰克福学派批判的社会理论 [M]. 上海：上海人民出版社，1981.

[9] 王凤才. 阿道尔诺"否定的辩证法"研究 [J]. 山东大学学报，1991（4）.

四、《理性和革命——黑格尔和社会理论的兴起》

［美］赫伯特·马尔库塞　著
程志民　等译
上海人民出版社，2007 年

【作者简介】

赫伯特·马尔库塞（1898—1979），当代美国著名哲学家和社会思想家，法兰克福学派的主要代表之一。1898 年生于德国柏林的一个犹太资产阶级家庭。1919 年求学于弗莱堡（又译费赖堡）大学，先后受教于现象学大师胡塞尔和存在主义创始人海德格尔，并在海德格尔的指导下，写成了博士论文《黑格尔的本体与历史性理论的基础》，获弗莱堡大学哲学博士学位。1929 年，他在弗莱堡进行哲学研究，三年后因与其老师海德格尔在政治观点上发生分歧而离开了这个城市。这时，他结识了正在为法兰克福社会研究所网罗人才的新任所长马克斯·霍克海默，并成为该研究所的正式成员。1933 年希特勒执政时，他亡命瑞士日内瓦，在法兰克福社会研究所预先设在该地的办事处供职。次年他移居美国，并于 1940 年起在美国定居。第二次世界大战期间，他曾在美国国务院情报所任职，战后任东欧组组长。此后他重返教坛，先后执教于哥伦比亚大学（1951 年）、哈佛大学（1954 年）、勃兰第斯大学（1954—1967）、加利福尼亚大学圣地亚哥分校（1967 年起）。在此期间，他对 20 世纪 60 年代末在西欧、北美出现的那场既不满意资本主义社会，又反对十月革命道路的学生运动倾注了巨大的热情。他被公认为这场运动的"精神领袖""青年造反者之父""发达工业社会最重要的马克思主义理论家"，甚至被

四、《理性和革命——黑格尔和社会理论的兴起》 | 061

拿来与马克思、毛泽东相提并论，与这两者并称为"三M"。1979 年 7 月 29 日，他在应马克斯-普朗克研究所之邀赴联邦德国访问和讲学途中，逝世于施塔贝恩克，终年 81 岁。

马尔库塞一生著述颇丰，主要著作有《历史唯物论的现象学引导》（1928 年）、《论具体的哲学》（1929 年）、《哲学与批判理论》（1937 年）、《享乐主义》（1938 年）、《理性和革命》（1941 年）、《爱欲与文明》（1955 年）、《苏联的马克思主义》（1958 年）、《单向度的人》（1964 年）、《论解放》（1968 年）等。

【写作背景】

《理性和革命——黑格尔和社会理论的兴起》（简称《理性和革命》）发表于 1941 年，当时第二次世界大战正在激烈进行中。法西斯主义把黑格尔哲学解释为反理性、鼓吹专制和服从的理论，为其反动统治服务。而斯大林主义和第二国际修正主义则贬低、歪曲黑格尔哲学，无视黑格尔哲学和马克思主义的真正联系。马尔库塞这时正在研究黑格尔哲学，研究黑格尔哲学和马克思主义的关系。面对世人对黑格尔哲学的歪曲，马尔库塞提出必须重新研究黑格尔的辩证法，重新发掘黑格尔哲学与马克思主义哲学的内在联系，恢复黑格尔哲学和马克思主义哲学中的革命的、批判的精神。

【中心思想】

马尔库塞在本书中提出了理性和革命是黑格尔哲学的基本精神，正确地阐述了黑格尔的哲学思想。马尔库塞在本书中还指出马克思主义革命理论的产生与黑格尔辩证法有密切关系，马克思主义在本质上是一个革命的、批判的社会理论。

【分章导读】

《理性和革命》发表于 1941 年，这是马尔库塞激烈抨击实证主义和第二国际修正主义最重要的一部著作。这部著作主要分为两个部分：一个部分是系统地阐述了黑格尔的哲学体系，并揭示了黑格尔哲学与马克思哲学的关系；另一个部分阐明了以辩证法为核心的马克思社会批判理论的本质。

第一篇 黑格尔哲学的基础 主要以分章节的方式系统解读黑格尔不同时期的著作，详细阐释了黑格尔哲学的基本内涵。

导言 在导言中，马尔库塞先介绍了黑格尔哲学产生的社会历史背景和哲学背景，又总结性地介绍了黑格尔哲学的核心思想。马尔库塞认为，整个德国唯心主义哲学是对启蒙运动和法国大革命的理论回应。以法国大革命为代表的资产阶级革命废除了封建专制制度，开启了人类按照自由和平等的原则自主地主宰自己命运的时代。在这样一个时代，人们已经普遍认识到人有能力、有潜力按照理性来安排外部世界，形成社会和国家，使外部世界不断符合人类自由理性的需求。这是一个"理性主义"的时代，美好的未来不需要依靠任何宗教权威，仅仅通过人类自己理性的安排和创造就能实现。启蒙运动、法国大革命就是高举人本主义的大旗，对人的尊严、价值以及理性给予充分肯定的革命。当法国人通过革命的方式来建立合理的社会具体制度，来实现人类主导自身命运的时候，德国人却是以哲学的反思和理性的艰难劳作来表达对人类主体获得解放的渴望。

在黑格尔的哲学体系中，理性是其最为核心的哲学范畴。在黑格尔看来，理性的自我运动体现了对现实的不满和否定，理性自身逻辑的力量要求不断在改变现实中使现实趋于合理性的要求。理性就是主体，进一步说"主体就是客体"，人类社会历史的演变恰恰体现了理性作为主体在现实中不断实现自身的过程。黑格尔的理性概念具有鲜明的批判和辩证的特征，它否认任何权威，体现了强调理性在变革现实中的历史力量。但是理性毕竟是一种精神力量，黑格尔对理性的过分强调使其整个体系成为唯心主义学说的集大成者。

马尔库塞进一步分析了黑格尔哲学产生的理论背景：即当时唯心主义与经验主义哲学的争论。经验主义哲学把经验和习惯作为知识的唯一源泉，忽视了理性在认识活动中的建构作用，并把人的认识和活动限制在既定的经验和有限的秩序范围内。这就从根本上否定了人类改变现实世界的力量。以康德为主要代表的德国唯心主义强调认识的普遍性和必然性来自理性。康德提出了人类头脑中先天存在直观形式（时间和空间）和理解力形式（范畴），我们人类通过这两种形式使经验世界得以可能。在黑格尔看来康德对经验主义的反对并不彻底，提出了理性不能触及的"物自体"概念。黑格尔就是彻底贯彻理性主义的原则，使理性成为现实的本质，成为推动真正现实运动的自由力量。现实的历史演变最终与理性相统一，到最后就是真理的实现。黑格尔哲学本质上就是批判和反思的哲学，后来成为反对实证主义的重要理论资源。接下来，马尔库塞分章节详细阐释了黑格尔在不同时期的重要著作中的思想。

第一章 黑格尔《早期神学著作》（1790—1800年） 马尔库塞指出黑格尔哲学的第一个时期是从1790年到1800年。这一时期，标志着黑格尔系统地论述了其哲学的宗教基础。这一时期黑格尔哲学的代表作是《早期神学著作》。

黑格尔在早期的思想中认同18世纪以来自由主义对于国家的解释，认为国家是建立在个体同意的基础上，是以保护个体权利为其合法性基础。但是黑格尔发现在现实中市民以维护个体权利的名义追求私利，置公共利益于不顾，而国家又落入一些特权阶层和集团手中，从来不会考虑公众的利益，这就造成了国家与个体之间的矛盾。这一矛盾是对传统的共同体社会趋于瓦解的反映。现实世界的矛盾和对立，使人们在思想上出现了巨大的差异。按照当时理性主义的理解，外在世界是人类通过自己的理性知识和劳动所创造的，那么为什么这个世界成为与人相对立的异己的压迫人的世界？这就导致了观念和实在之间、思想和现实之间、意识和存在之间的对立。黑格尔在早期就是要借助辩证法来重新解释现实社会中的这一矛盾结构。黑格尔在《早期神学著作》中论述了哲学中一个重要的形而上学概念"存在"。黑格尔借用亚里士多德对于"存在"的解释并把其引入自己的哲学。在亚里士多德的解释中，"存在"作为所有特殊存在者的普遍本质，它是一个运动过程，而每一个特殊存在正是通过运动过程实现自身存在的本质。在马尔库塞看来，黑格尔最初的哲学就是利用了这种本体论解释，是对亚里士多德本体论哲学的再现，黑格尔借助亚里士多德的本体论哲学为自己的哲学奠定了形而上学的基础。

第二章 哲学体系的形成（1800—1802年） 到了1800—1802年期间，黑格尔的哲学体系逐渐形成。在这个时期，黑格尔明确指出哲学就是要关注人类存在所陷入的矛盾，哲学就是要解决"精神和物质、灵魂与肉体、信仰和知识、自由与必然"之间的矛盾，理性的使命就是使各种矛盾对立实现和谐，并在一个真正的统一体中扬弃对立，重建统一整体。理性如何实现这一使命呢？在黑格尔看来，理性就是辩证思维，它不同于孤立片面的知性思维，它使对立面之间不再对立，使对立和矛盾成为实现统一的一个阶段和步骤。在这一时期，黑格尔发表了一些重要政治著作，其主要内容就是运用辩证法的批判性来分析德国的历史现实，并建构了一个按照现代社会结构来分析社会现实的批判理论。在这一时期，黑格尔还写出了他后来精神哲学体系中政治哲学部分的最初手稿，即《伦理体系》。在这一著作中，黑格尔分析了"需求体系"的矛盾以及社会被盲目经济力量所统治的问题，由此提出了建立一个强大国家的必要性。这部著作是黑格尔运用辩证法来分析社会政治问题的最初构想。

第三章 黑格尔的第一个体系（1802—1806年） 这一时期,黑格尔建立起自己第一个完整的哲学体系——耶拿体系。它由逻辑学、形而上学、自然哲学和精神哲学所构成。这个体系是黑格尔从1802年到1806年在耶拿大学的多次讲演中系统阐述的。马尔库塞在著作中只具体阐释了黑格尔耶拿体系中的"逻辑学"和"精神哲学"。

黑格尔在"耶拿体系"的"逻辑学"中拒绝接受康德关于"物自体"的解释,试图消除现象与"物自体"之间的鸿沟。黑格尔把存在作为"主体"来看待,消除鸿沟的办法就是指出客体的本质就是"概念",而"概念"作为"主体"又是以运动的方式来实现自身。黑格尔就是通过把作为至高本体的"存在"改造为一个能够自我运动的存在,通过运动过程来实现主观世界和客观世界、本体世界与现象世界的统一。当然黑格尔的体系是一个唯心主义体系,最后的统一也只能在精神运动中实现。也就是说在黑格尔看来统一的过程体现为"概念""范畴"的逻辑运动,最后所实现的整体就是"范畴"逻辑运动的必然结果。"概念""范畴"的逻辑运动是经过否定之否定的不断矛盾斗争来实现的。黑格尔最终把客观世界的发展纳入主观理性的逻辑发展中,以唯心主义的方式解决主客矛盾。

黑格尔在"耶拿体系"的"精神哲学"中结合具体人类历史的发展论述了"如何使个体走向普遍"以及"普遍性如何实现"的问题。在人类现实历史中,人既是作为自然的个体,又是作为社会共同体的一员存在,但在人类历史的发展中,个体的人走向共同体、认同共同体表现为复杂的历史过程,黑格尔认为个体的人走向具有普遍性的共同体是以语言、劳动和所有权为中介来逐步实现的,个体与共同体社会的矛盾也是普遍存在的,而矛盾的演变导致历史中不同政体形式的出现。当然按照黑格尔的逻辑,人类最终能够在不断解决矛盾过程中实现个体与共同体的统一。

第四章 精神现象学（1807年） 1806年,黑格尔在耶拿写下了《精神现象学》这部著作,以此作为他整个体系的导论。在这一章中,马尔库塞对黑格尔《精神现象学》中的一些基本观点进行了阐释。黑格尔在《精神现象学》试图恢复哲学为人类知识和"科学"的最高形式。整部《精神现象学》描述了人类意识发展的历史,具体说来,就是从意识到自我意识,从自我意识到理性,从理性到精神,从精神到绝对精神的发展史。历史的方法和辩证法的方法是理解整个过程的核心。黑格尔是把人类意识和精神的发展作为主体来理解，而这个主体成为不断"否定的力量"，它的发展是不断突破自身走向客体世界，又从客体世界回归到自身的历史过程。在黑格尔看来，辩证法成为哲学的真正方法，它表明了哲学所探讨的对象存在于一种"否定"状态中，通过它自身的存在的力量，在回归真理的过程中被扬弃掉。理性的自由在黑格尔看来就是不断走向对象世界，又不断摆脱对象世界的束缚和奴役回归自我的过程。实证主义明显抛弃了黑格尔的历史方法和辩证法，它仅仅诉诸世界中现有的事实，而看不到事实的未来发展和潜能。黑格尔在当时已经认识到了法国革命带来的不是自由的实现，而是新的专制的实现。他认识到了人类理性自由的发展总是会遇到失败、挫折和倒退，但是每一次的克服都意味着人类理性的进步，意味着朝向绝对真理迈进。

第五章 逻辑学（1812—1816年） 在这一章中马尔库塞主要阐释了黑格尔《逻辑学》这部著作。在马尔库塞看来，《逻辑学》是黑格尔哲学成熟的标志，代表了黑格尔哲学的最高水平。黑格尔的逻辑学不是传统意义上的形式逻辑。传统的形式逻辑是没有内容仅仅抽象解释思维关系的学说。黑格尔的逻辑学是解释包含实质内容的概念之间的逻辑关系。在黑格尔看来，概念就是事物的本质和真理，概念是普遍的，具体存在都是特殊的，概念运动的逻辑恰恰以具体存在的各种演变为表现形式，探讨概念运动的逻辑可以更好地理解现实的历史。黑格尔是运用本质的范畴来说明存在的内在结构，把客观性的逻辑变成主观性的逻辑，而主观性逻辑的主体就是"理念"。"理念"最初的存在或者说其"开端"就是不被限定的普遍，因为没有任何限定，它就是世界上最普遍的存在，纯粹无规定性的"无"。黑格尔的《逻辑学》跟之前的西方哲学家们一样，开始于存在的概念。存在从最初的"无"通过一系列的否定充实自身，从一个逻辑范畴到另一个逻辑范畴不断地演进，逐步获得真正的形式和内容。在这个过程中，黑格尔认为"质"是第一个范畴，随后经过否定之否定而转变为另外的范畴"量""度"等。在马尔库塞看来，黑格尔的《逻辑学》就是按照这样一种逻辑，从存在是什么开始，逐步推导出一系列范畴，通过一系列范畴最终认识真正的实在，而这个最终的"实在"在黑格尔看来就是真理，实现真理的方法就是否定之否定，就是矛盾运动。黑格尔的《逻辑学》实际上就是重新改造西方传统的形而上学，使传统形而上学的最高本体转变为一个运动的过程，正如黑格尔最终还是把他的逻辑学同神学联系起来。

第六章 政治哲学（1816—1821年） 这一章马尔库塞主要对黑格尔的《法哲学原理》一书中的思想展开分析。在《法哲学原理》中，黑格尔提出了国家与社会相分离的重要命题，并指出现代社会的本质表现为不可调和的利益斗争，普遍利益与特殊利益的矛盾斗争是主要内容。黑格尔政治哲学的一个主要内容就是思考如何解决个体利益与普遍利益的矛盾。在黑格尔看来，解决个体利益与普遍利益的矛盾，必然要从社会历史发展中的逻辑出发。在传统共同体社会是公共利益压制个体利益，两种矛盾不可避免，而现代社会是一个法律统治的社会，其内在的社会结构为解决个体利益与普遍利益的矛盾提供了条件。在黑格尔看来，现代社会以个体之间的商品交往为基础，这就为个体之间的社会性联合提供了客观条件，个体的独立意志在历史运动中必然趋向普遍自由的意志。黑格尔在《法哲学原理》中具体分析了家庭、市民社会和国家，并且运用辩证否定的逻辑来理解家庭、市民社会和国家的关系。马尔库塞认为，黑格尔的《法哲学原理》一书的结论就是为完全实现个体利益的资产阶级辩护。

第七章 历史哲学 这一章马尔库塞主要介绍了黑格尔《历史哲学》中的思想。按照黑格尔的逻辑，理性的存在是在时间和空间之中的，理性尤其要在时间中表现自身。黑格尔的《历史哲学》揭示了理性运动的历史内容，在黑格尔看来，历史显然不是历史事实的堆砌，历史事实背后包含了理性的规律和趋势。黑格尔提出"理性是世界历史的主宰"，思考人类历史活动实质上就是思考作为历史本质的理性与理性在历史中的各种表现（历史事实）之间的关系。对于历史的解释，哲学提供解释历史本质的普遍范畴，历史的现实发展反过来证明了理性的力量。理性就是推动历史发展的主体和力量，而人是思维的主体，但思维却可以超越个体自身的局限上升到"普遍理性"的高度。我们通常理解历史内容诸如民族、国家、市民社会等等，这些概念背后都包含了普遍性的内容。历史哲学就是要思考谁是历史主体，谁的实践是历史的实践等问题。在黑格尔看来，人类个体无非就是普遍理性实现自身的工具，理性在历史中的实现是通过个体的活动表现出来的。当然不否认一些杰出人物在历史中的作用，而这些人在黑格尔看来无非就是世界精神的代言人，是世界精神实现自身的工具，世界精神是世界历史的主宰和真正的主体，世界精神发展的逻辑就是世界历史发展的必然。黑格尔的历史哲学从描述古希腊城邦历史开始分别探讨不同历史时期背后所体现的时代精神。

第二篇 社会理论的兴起 马尔库塞一方面揭示了马克思辩证法对黑格

尔辩证法的继承，另一方面又准确地剖析了马克思辩证法与黑格尔辩证法的不同，最后详细论述了辩证法对于建构一种社会批判理论的重要作用。

导言：从哲学到社会理论　在导言中，马尔库塞分析了西方理性主义哲学为什么必然会向社会批判理论转变。马尔库塞认为黑格尔是近代以来理性主义的集大成者，黑格尔把世界的本质解释成为理性，使自然和历史的发展服从于人类理性自由的要求。理性主义同时也成为理解社会的哲学基础，这意味着社会政治秩序的合理性来自人类理性的必然实现。马尔库塞认为马克思的社会批判理论继承了黑格尔的理性主义。马尔库塞把以黑格尔为代表的理性主义概括为如下几点：1. 外在世界可以被人类有意识的活动所认识和改变。2. 人类通过运用各种方式改造外部世界以满足自身愿望，但是愿望实现的程度即人类自由的程度取决于人类对自然和社会的控制程度。3. 理性是判断外部世界合理不合理的绝对权威，否认其他任何外在权威，人类完全按照理性的普遍原则来改造外部世界。4. 思维作为主体必然是自由的，自由是理性的本质。5. 理性的实现要借助特定的社会政治制度来推动。理性自由最终体现在外部世界被更正确地认识，被按照理性的方式建构起来，被理性所控制。西方理性主义哲学之所以思考社会政治问题，恰恰在于人类理性要借助人的社会政治实践来实现自身。

第一章　社会辩证理论的基础　马尔库塞区分了黑格尔哲学与马克思社会批判理论的不同，黑格尔哲学看到了主体与客体之间的对立和矛盾，他试图在思想和精神的领域内实现解决。黑格尔认为当理性认识到客体的本质就是理性自身的实现时，就是实现了主体和客体的统一，这一统一形式包括艺术、宗教和哲学。马克思认为作为历史主体的无产阶级始终远离艺术、宗教和哲学，无产阶级的存在生动地证明了真理并没有实现，客体成为奴役主体的力量，要解决主体与客体的矛盾，不能依靠哲学理论，而必须依靠无产阶级的历史实践活动。马尔库塞认为马克思的社会批判理论是把黑格尔的辩证法运用到现实社会历史秩序中，当然马克思在这一转化过程中使用了不同于黑格尔的新概念和范畴。

在马尔库塞看来，马克思所使用的概念和范畴包含了对现存秩序的总体否定。马克思把黑格尔的"哲学的否定"改变为无产阶级作为历史主体的革命实践，人类本质的实现不再是理性自我研究的逻辑，而是无产阶级革命实践。马克思使用"异化劳动"的范畴来对社会进行分析，这一范畴虽然与黑格尔有关，但不同于黑格尔的解释。马克思把"劳动"作为人类本质力量的体现，人类通过"劳动"创造产品来满足自身的理性需求，但是最终的产品及整个商品世界成为不受生产者控制反而奴役生产者的异化世界。真正自由的人应该在他自己创造的世界认识到自身，认识到外在世界是其理性需求的实现。但是事实是"劳动方式扭曲了人类的一切创造力，财富的积累加剧了贫困，技术的进步导致了'死的事物对人类的统治'"①。现实是受普遍异化的秩序所统治，它渗透到各个领域，自由和理性的实现需要废除普遍异化的秩序，废除的方式必须要经过一个广泛的革命。马克思辩证法包含了运动和创造的原则，人类的真正历史就是自由个体由分裂走向自由联合体的过程。阶级社会的存在是人类个体之间分裂的根源，无产阶级作为历史主体最终要消灭异化劳动实现最后的联合。马尔库塞还阐释了马克思运用辩证法对资本主义社会结构的分析，揭示了资本主义社会由于内在不可避免的矛盾最终走向灭亡。马尔库塞在这一章的最后指明了马克思辩证法与黑格尔辩证法的不同。在马尔库塞看来，黑格尔辩证法中的整体是理性整体，是一个被形而上学规定好的封闭的精神世界，而马克思辩证法的整体是阶级社会的整体，是由具体社会历史条件所构成的现实世界。黑格尔的辩证法以理性的方式来解释整个世界，而马克思的辩证法主要针对社会历史运动。

第二章 实证主义的基础和社会学的兴起 在这一章中，马尔库塞主要对黑格尔去世后"实证主义"以及以其为哲学基础的社会学的兴起展开了理论分析。马尔库塞首先分析了"实证主义"产生的哲学背景。马尔库塞认为，谢林提出的把哲学改造为以经验为基础的实证科学对后来实证主义的形成产生了深刻影响。当然谢林在理论中所提到的"经验"不仅是指客观事实，还包括主体自由的创造运动，但整个研究思路趋向实证化。"实证主义"之前先有了"实证哲学"，"实证哲学"的任务就是在整体上战胜否定哲学，强调研究客观社会实在的重要性。"实证哲学"到后来渗透到各种理论研究中，逐渐发展为"实证主义"。"实证哲学"与"实证主义"的共同点就是都反对形而上学的先验论。"实证主义"的目的就是使思想、理性服从客观存在的经验力量。现代社会学的出现与"实证主义"的兴起有着密切关系，也正是因为社会学受"实证主义"的影响逐渐发展为一门独立的经验科学。在这一章中，马尔库塞分别对圣西门、孔德和斯泰尔的实证主义思想进行了分析。马尔库

---

① 赫伯特·马尔库塞. 理性和革命：黑格尔和社会理论的兴起 [M]. 程志民，等译. 上海：上海人民出版社，2007：242.

塞认为圣西门是现代实证主义的奠基人。圣西门主张对社会的研究不能停留于抽象的思辨，而必须以观察和探究经验事实为基础，运用科学推理论证来研究，就像其他自然科学一样。圣西门把一切神学和形而上学的概念都拿到经验观察和科学实验面前来检验证实。在马尔库塞看来，孔德比圣西门更进一步，直接割断了社会理论同否定哲学的联系，并把它置于实证主义的逻辑轨道上。孔德认为应该把社会变成一个客观存在，变成社会学的独立研究对象。孔德还分析了实证主义理论与哲学理论的差异。实证主义只关心事实材料和有用的知识不同于哲学的抽象思辨。孔德的实证主义反对理性主义中包含的否定倾向，认为应该把理论研究界定在经验和科学观察之内，使对社会的研究趋同于自然科学研究，认为社会研究只是探求社会客观规律的科学，否认人类精神意志活动在社会中的作用。由此可以看出，实证主义在社会学中的发展最终有可能成为维护现存秩序的守卫者。当然孔德的实证主义社会学不否认社会进步，但在孔德看来，社会进步仅仅是客观规律作用的结果。实证主义对于规律的解释不同于辩证法中的规律，实证主义是以肯定一个稳定秩序为前提，辩证法更强调否定摧毁旧的秩序；前者把社会看成一个符合自然规律的领域，后者把社会看成一个由矛盾对立构成的一个体系。正是基于实证主义的这样一种思维，孔德提出了为"强权"辩护的社会学观点。马尔库塞在这一章中还分析了斯泰尔的思想。斯泰尔是德国实证主义的代表，主张把人类历史进程纳入工业和科学的目的要求中。斯泰尔的实证主义是反对理性否定观，主张采取妥协的态度，更强调适应资产阶级社会的发展，对黑格尔的理论展开攻击，反对黑格尔的否定辩证法。斯泰尔理论的一个目的就是把自然主义学派的原则作为一种实证方法，提出用具体个体代替黑格尔的抽象普遍性。最后，马尔库塞分析了斯坦恩的思想，认为斯坦恩把辩证法转变为社会学。马尔库塞重点分析了社会学这一学科，认为自孔德以来，社会学已经被限定为一门特殊科学，拥有自己的研究对象、概念结构和科学方法，服从类似研究自然现象一样的精确性标准，按照从收集事实数据到分类系统研究的方法展开。在斯坦恩看来，辩证法只是一种哲学方法而不是科学方法。斯坦恩的工作就是把辩证法的概念范畴变为社会学的概念范畴，强调研究方法的中立性。

结论 黑格尔主义的结局 在这一部分中，马尔库塞分析了黑格尔主义对西方现代思想的影响，认为黑格尔的思想除了对马克思主义产生深刻影响之外，对英国和意大利的思想发展也产生了影响。马尔库塞列举了英国的格林、鲍桑葵和霍布豪斯的政治哲学所受到的黑格尔主义的影响。最后，马尔库塞批判了以伯恩斯坦为代表的修正主义对马克思辩证法的背离，认为修正主义歪曲了马克思的思想，把马克思的辩证法改造成一种客观的"自然"规律，否认无产阶级主体在历史中的作用。

【意义与影响】

马尔库塞在本书中对黑格尔哲学的解释，虽然有许多精彩中肯的论述，但他并没有对黑格尔哲学中的唯心主义成分进行彻底批判。他虽然指出了马克思主义理论中的黑格尔思想根源，但是又走向了把马克思主义黑格尔化的极端。马尔库塞的观点在今天仍然有一定的理论意义和价值，但是他观点中的不妥之处，我们也应该做出恰如其分的分析批判。

【原著摘录】

第一篇　黑格尔哲学的基础 P19－216
导言 P19－39

P19－21　正如德国唯心主义者所看到的那样，法国革命不仅废除了封建专制制度，代之以资产阶级的经济和政治制度，而且完成了德国宗教改革所开始的以自由的个人成为自己命运的主人的使命。人在世界中的地位，他的劳动方式和娱乐方式再也不依靠某些外在的权威，而是取决于他自己的自由的理性的活动。人类已经走过了遭受自然和社会力量奴役的漫长的幼年时期，并且已经逐渐地形成了自我发展的独立的主体。从现在起，人与自然和社会组织的斗争由人自己在知识上的进步指导着。世界应该是一个理性支配的世界。

P21　以黑格尔的观点来看，法国大革命所带来的历史的决定性转变就是人类达到对精神的依赖，并且敢于使既定的现实服从于理性的原则。黑格尔进一步论述了事物的发展取决于矛盾，即理性的运用和生活中传统习惯的屈从之间的冲突。"一切都是理性思维的产物。"人类开始根据他们自由的合理的思维的要求，而不是仅仅根据现存的秩序和流行的价值观来组织安排现实。人类是理性的存在物。人的理性能够使他认识到自己的潜力和人所在这个世界的潜能。因此，不会任由他周围的现实所摆布，而是有能力主宰它们，使其符合理性的更高原则。如果他为理性所驱使，他将会获得揭示理性与现存国家关系对立的那些概念。他会发现历史是为自由而持续地斗争着，发现人类作为实践手段和私有财产的个体需要，也会发现所有的人都有一个发展人类自身能力的平等权利。然而，实际上却是奴役和普遍的不平等：大多数人没有一点自由，并且私有财产都被剥夺殆尽。由此而导致要变革不符合理性的现实，以便达到使现实逐渐同理性一致的想法。在这种既定的状态下，现存社会秩序必须重新安排，专制主义和封建主义的残余必须被废除，（资本主义）的自由竞争必须建立，在法律面前人人平等，等等。

P24—25 理性的生命表现在人的不断斗争中，这种斗争表现在，认识现存一切和按真正的认识去改变现存。理性在本质上也是一种历史的力量。这种历史的力量的现实作为一个过程而在时空世界中发生，并且在最终，成为整个人类历史。理性表现了历史这种关系是精神的。这种精神意味着历史的世界，这个历史的世界被认为是与人类合理的进步有关的。这个历史的世界不是作为一连串的行动和事件的组合，而是作为一个永不停止的使世界适合于不断增长的人类潜在能力的斗争。

第二章 哲学体系的形成（1800—1802年）P51—66

P66 黑格尔当时社会哲学的最初草稿，已提出了他整个体系的基本概念：规定的社会秩序、奠基于抽象和定量的劳动、奠基于通过商品交换而实现的需要的统一，它不能确定和建立一个合理的共同体。社会秩序仍是无政府的和无理性的秩序，被盲目的经济决定论所统治着——它仍是一个循环的专断主义的秩序。在这种专断主义中，所有的进展都只不过是一个暂时的对立统一体。黑格尔建立一个强大和独立的国家的要求，产生于黑格尔对现代社会不可调和的矛盾对立的洞察。在德国，黑格尔是第一个获得这一洞察力的人。他提出强大的国家的理由是因为他认为，强大的国家对于他所分析的个人主义社会的对立结构是一个必然的辅助物。

第二篇 社会理论的兴起 P217—349
第一章 社会辩证理论的基础 P223—272

P224 此外，我们必须回顾一下黑格尔哲学对赖以存在的主客体关系的一个特殊表述。主体（意识）和客体之间的传统认识论的对立，黑格尔把其说成是一个特定的历史对立的反映。客体首先作为一个愿望的客体而出现，作为一个努力获得和占有的东西，以满足一个人的需要。在占有的过程中，客体明显成了人类的"对立物"。当人与其愿望和运动的对象发生联系时，人类已不再"拥有自身"，而是依靠一个外在的力量，人类必然与自然、机遇和其他财产的利益相对立。超越意识与客观世界的关系所包含的这一点的发展是一个社会的过程。它首先导致了意识的完全分离，人类被他本身所创造的事物所奴役。理性的实现因此包含着对这一奴役的克服，意味着主体在所有的客体中认识和拥有自己的某些条件的建立。

P235　马克思在1844—1846年间的著作认为，现代社会的劳动形式形成了人类的完全"异化"。异化范畴的运用把马克思的经济分析同黑格尔哲学的一个基本范畴联系了起来。马克思认为，劳动社会分配的进行，并未考虑到个体的能力和整体的利益，而是完全依据资本主义社会商品生产规律的作用。在这些规律的作用下，劳动产品、商品似乎决定了人类活动的性质和目的，换句话说，服务于生活的物质变成了统治生活的内容和目的，人类的意识完全成了物质生产关系的牺牲品。

P252　马克思把其理论建立在这样一个假设的基础上：劳动过程决定了人类存在的整体，因而也决定了社会的基本形式。对于马克思来说，这一过程仍须做出进一步精确的分析。早期著作把劳动视为人与自然斗争的普遍形式。"劳动首先是人与自然之间的一个过程，在这个过程中，人通过自己的行动调节、规范、主宰自身与自然之间的物质相互作用。"就此而言，劳动是社会所有形式中最基本的。

P267　马克思的辩证法的历史特征包含着普遍的否定性，也包含着自身的否定。特定的关系状态就意味着否定，否定之否定伴随着事物新秩序的建立。否定性和其自身的否定是同一历史过程的两个不同领域，这两个不同的领域被人类的历史活动连接起来。"新的"状态是旧的状态的真理。但真理并不是固定地和自动地从先前的状态中产生；只有依靠人的自主活动取消现存状态的整体，它才能产生。真理，简言之，不是一个脱离历史现实的领域，不是一个外在的有益的历史领域。可以肯定，它是超越特定历史现实的，但这仅是就其从一个历史阶段向另一个历史阶段过渡而言。否定和否定之否定是在同一整体内的一个具体事件。

第二章　实证主义的基础和社会学的兴起 P273-324

P275　实证主义哲学从两条阵线展开了对批判的理性主义的反击。孔德反对哲学的法国形式，反对笛卡儿和启蒙运动的继承者。在德国，斗争直接指向了黑格尔的体系。谢林从绯特烈·威廉四世那里接受了一个明确的任务：摧毁黑格尔主义的"罪恶的种子"，同时，斯泰尔作为另一个反黑格尔者，则在1840年成为普鲁士专制政府的哲学代言人。德国的政治领导者清楚地认识到，黑格尔的哲学，远离了他所辩护的以具体形式呈现出的国家，所包含的是否定国家的工具。在这种情况下，实证哲学把自身作为十分恰当的意识形态的救世主而被提出来了。

P279 首先，圣西门满足于他所提出的激进的自由主义原则。个体得以解放并使他们能够从事劳动，同时，社会则是把他们独立的努力编织成一个和谐的整体的自然整体。政府是与潜伏在工业资本主义背后的革命和无政府的危险相对抗的邪恶的必需品。圣西门则着手于工业社会的乐观主义态度——他认为，所有生产力的迅速进步，不久将淹没正在形成的对立并且革命将在这一社会体系内兴起。新的工业秩序是一个实证主义秩序，代表了人类的一切为快乐和富裕生活而努力的主张和结果。它并不必然要超越特定之上，哲学和社会理论所需要的就是理解和组织事实。真理将从事实中得到并只能从事实中获得。圣西门因此成为现代实证主义者的奠基人。

P320 我们可以看到，斯坦恩认为社会过程是国家和社会之间的斗争，或是统治阶级的一部分人为了国家权力而进行的斗争，国家的原则就是"把所有的个体提高到完全自由的程度"，而社会的原则就是"使那些个体征服其他个体"。历史就是这种斗争在不同程度上的不断再现。通过导致社会结构的变化使历史获得进步。

P325 在西方理性主义中，黑格尔哲学主张进步的理念，并精心设计了其哲学的历史命运。他的哲学试图在现代社会的对立发展中，唤起理性的权威和力量。在其哲学中，存在着一个危险的因素，它危及现存的秩序，那就是把理性的准则用于分析国家的形式。只有当国家符合理性时，黑格尔才赞同这个国家，也就是说，国家必须达到保护和实现个体自由和人的社会潜能时，他才支持这个国家。

结论 黑格尔主义的结局 P325－349

P325 黑格尔把理性的实现同一定的历史秩序联系在一起，即这个独立的民族国家出于法国革命而出现在欧洲大陆上。这样做后，黑格尔就把其哲学置于历史的决定性的检验之下。因为这样的秩序中可能发生的任何基本变化都必将改变黑格尔的理念与现存的社会和政治形式间的关系。这意味着，例如，当市民社会产生了否定个体的根本权利和废除了理性国家的组织形式时，那么，黑格尔的哲学必然要同新的国家相矛盾。这一点上，国家也将抛弃黑格尔的哲学。

P329 把一个真正自我和一个经验的自我并列起来，在含义上是暧昧的。它可能涉及了二元论的含义，涉及了处在经验实在中的人们的实际痛苦。这些人和要求实现共需要的真正自我相对立。另一方面,相反概念可能对有利于国家的绝对"理想"的生活表示不赞成。鲍桑葵的政治哲学动摇于这两极之间,他采纳了卢梭的具有自由趋向的义务教育的革命原则,但在讨论的过程中,在强制的方法面前,目的和自由消失了。

P333-334 这是把常识重新当成认识的研究原则,为了可以清除"现成的"客体和过程的否定的总体的更高真理的利益,已经开始了辩证地推翻"固定不变的东西"的工作。现在,为了维护事物的可靠而稳定的形成状态而抛弃了革命的利益。根据修正主义者的观点,事物的这种现成状态将慢慢地向一个合理的社会进化。"阶级利益退却了,共同利益日益占据统治地位。与此同时,变法变得更强有力了,并且支配着经济力量的斗争,逐渐控制了许多过去属于特殊利益进行着盲目战争的领域。"

P334 由于抛弃了辩证法,修正主义者歪曲了马克思所理解的统治社会的规律的性质。我们可以回忆马克思的观点:社会的自然规律反映了资本主义再生产的盲目而非理性的过程,社会主义革命将使社会从这些规律中解放出来。与此相反,修正主义者争辩说,社会规律就是保证向社会主义不可避免地发展的"自然"规律。"马克思和恩格斯的伟大成就就在于他们比其先辈更为成功地把历史纳入了必然性的领域,并把历史提高为科学。"因此,修正主义用实证主义社会学的标准来检验批判的马克思主义理论,并把其改变成自然科学。与实证主义反对"否定哲学"的内在趋势相一致,流行的客观条件被具体化,人类的实践不得不屈从它们的权威。

P341 所有的根本动机表明,秦梯利哲学是黑格尔哲学的绝对的对立者。正是由于这种对立使其理论直接成为法西斯主义的意识形态。思想与行动的统一和实在与精神的统一,使思想无法占据和实在对立的地位。如果理论不是直接的实践或不是直接在行动中完成的理论,那么,理论在某种程度上将成为拒绝所有的思想的实践。秦梯利的精神理论表明了"反理智主义"预示了法西斯主义哲学的典型的相对主义特点,在否定所有超越当下境遇需要的特定计划中,我们可以注意到这一切。行动设定了自己的目的和原则标准,它们从不能被任何的客观目的和原则所制定。秦梯利所建立的"法西斯主义的基础"为了成为正宗的法西斯哲学而废除了所有"计划"。法西斯主义是不受任何原则束缚的,与权力的变化相一致的过程变化,是其唯一不变的计划。对于未来来说,没有一个决定是有效的,"领袖的真正决定就是那些同时被系统地阐明完成的决定"。

P341　这一论述揭示了极权主义国家的一个根本特征,即它的意识形态是自相矛盾的,秦梯利的现实主义主张实践对思想的极权统治,后者的独立最终消失了。对于任何存在于法西斯政治的实践目的之外或之上的真理的忠贞都被宣布是无意义的。理论本身和所有的精神活动都屈从于政治变化的需要。

P342　黑格尔的政治哲学以这样一种假设为理论根据:如果个体的根本权利和自由得到保证,那么市民社会才能够继续发挥作用。黑格尔的政治理论使王朝复辟国家理想化了,但他把王朝复辟国家视为现代纪元最终实现的具体化。所谓的现代纪元不过就是指德国宗教改革、法国革命和理想主义文化。另一方面,极权主义国家也表明了这样一个历史发展阶段,即在这个历史发展阶段中极权主义国家所取得的成就形成了对市民社会存在的威胁。

五、《单向度的人：发达工业社会意识形态研究》

［美］赫伯特·马尔库塞 著
刘　继 译
上海译文出版社，2008 年

──【作者简介】──

　　赫伯特·马尔库塞（1898—1979），当代美国著名哲学家和社会思想家，法兰克福学派的主要代表之一。1898 年生于德国柏林的一个犹太资产阶级家庭。1919 年求学于弗莱堡（又译费赖堡）大学，先后受教于现象学大师胡塞尔和存在主义创始人海德格尔，并在海德格尔的指导下，写成了博士论文《黑格尔的本体与历史性理论的基础》，获弗莱堡大学哲学博士学位。1929 年，他在弗莱堡进行哲学研究，三年后因与其老师海德格尔在政治观点上发生分歧而离开了这个城市。这时，他结识了正在为法兰克福社会研究所网罗人才的新任所长马克斯·霍克海默，并成为该研究所的正式成员。1933 年希特勒执政时，他亡命瑞士日内瓦，在法兰克福社会研究所预先设在该地的办事处供职。次年他移居美国，并于 1940 年起在美国定居。第二次世界大战期间，他曾在美国国务院情报所任职，战后任东欧组组长。此后他重返教坛，先后执教于哥伦比亚大学（1951 年）、哈佛大学（1954 年）、勃兰第斯大学（1954—1967）、加利福尼亚大学圣地亚哥分校（1967 年起）。在此期间，他对 20 世纪 60 年代末在西欧、北美出现的那场既不满意资本主义社会，又反对十月革命道路的学生运动倾注了巨大的热情。他被公认为这场运动的"精神领袖""青年造反者之父""发达工业社会最重要的马克思主义理论家"，甚至被拿来与马克思、毛泽东相提并论，与这两者并称为"三M"。1979年7月29日，他在应马克斯-普朗克研究所之邀赴联邦德国访问和讲学途中，逝世于施塔贝恩克，终年81岁。

马尔库塞一生著述颇丰，主要著作有《历史唯物论的现象学引导》（1928年）、《论具体的哲学》（1929年）、《哲学与批判理论》（1937年）、《享乐主义》（1938年）、《理性和革命》（1941年）、《爱欲与文明》（1955年）、《苏联的马克思主义》（1958年）、《单向度的人》（1964年）、《论解放》（1968年）等。

【写作背景】

工业文明高度发展必定带来物质文明的极大丰富，人类放纵地享受着物欲所带来的快感，同时又疯狂地追求物欲，醉心于消费。为了满足这种畸形的消费需求，人类加速了对资源、能源的掠夺，片面追求经济的快速增长，以期利润最大化。而高速的经济发展伴随着过度的资源消耗，从而导致了资源与发展之间的供求紧张。科技的发展，物欲的膨胀，人们肆无忌惮地热衷于消费，金钱变得尤为重要，拜金主义横行，人们想尽一切方法获取金钱，成了金钱和物欲的奴隶，这就导致了人的异化，使人自身与人类的本质剥离。尤其是工业文明所带来的人的异化，人与人之间的疏远、隔阂，过分享受物质生活，而忽视对精神生活的追求，这些都阻碍着人性的良性发展。在这个时期，人类似乎进入了一个发展的怪圈，物欲的满足几乎成了工业文明时期唯一、合理、普遍的价值观。科技高速发展对全世界来说，是为人类谋福利的，应该使人类的生活变得更为舒适、便利。但在这个时期，先进的技术、发达的经济并没有给人类带来福利，相反，由于科技超出了人类的控制范围，导致了人类和科技之间主次颠倒、本末倒置的现象，科技成了束缚人与人性的罪魁祸首。在人与科技的关系中，科技成了人的支配者和统治者，人沦为科技和工具的奴隶。随着工业文明的进展，越来越多的问题与挑战摆在了人类面前，人类似乎已经无暇顾及也无力解决如此多的难题了。马尔库塞亲身经历并且目睹了工业文明所带来的一系列文化弊端。他对此极为痛心疾首，所以一生都致力于解决工业文明给人类带来的弊端，并相信工业文明发展所带来的文明成果可以解决或者消除人的异化问题，这种理论观点与马克思关于人的异化问题的解决方式有相似之处，两者的理论观点一脉相承。

【中心思想】

导言之外,《单向度的人：发达工业社会意识形态研究》（简称《单向度的人》）内容分三部分：单向度的社会、单向度的思想、进行替代性选择的机会。第一部分有四章，分别为"第一章　控制的新形式""第二章　政治领域的封闭""第三章　不幸意识的征服：压抑性的俗化趋势""第四章　话语领域的封闭"；第二部分有三章，分别为"第五章　否定性的思维：被击败了的抗议逻辑""第六章　从否定性思维到肯定性思维：技术合理性和统治的逻辑""第七章　肯定性思维的胜利：单向度的哲学"；第三部分有三章，分别为"第八章　哲学的历史承诺""第九章　解放的大变动""第十章　结论"。

《单向度的人》是马尔库塞最具政治影响力的一部著作，被誉为西方20世纪60年代末大学生运动的精神源泉。这部著作也标志着马尔库塞的思想发展的转折。首先，他放弃借用马克思主义术语，构建了属于自身的新的理论体系。其次，这部著作代表了马尔库塞以悲观主义情绪进行社会批判的理论达到高峰。通读《单向度的人》这部著作，可以明显发现马尔库塞的哲学社会理论在相继吸收海德格尔、黑格尔、马克思、弗洛伊德等哲学家的成果上最终形成、建立了自己的完整体系。

马尔库塞认为资本主义造成了人的单向度，他认为"发达资本主义以前的社会是双向度的社会，人们可以合理地并且批判地考虑自己的需求。而现代文明，在科学、艺术、哲学、日常思维、政治体制、经济和工艺各方面都是单向度的"[①]。什么是"单向度的人"呢？简单地说，就是对社会现实没有任何批判精神，只是一味地认同的人。在马尔库塞的理论观点中，人有两种"向度"或者"维度"。其中对社会的认同，且与现实社会保持一定的向度，这种意义上的向度就是否定、批判、超越现实的向度。在西方资本主义社会中之所以会有单向度的人的出现，就是因为资本主义社会是一个新型集权主义社会，它压制了人们的思想，使人们失去了对现实、对社会的批判能力。"单向度"这个专业术语，正是展现了马尔库塞对西方资本主义社会现实的强烈批判，他认为人们虽然对现实社会各方面有所评判，但是其中很多评判都是持肯定或者认同态度的，这种评判几乎没有任何的否定性和批判性，这说

---

① 赫伯特·马尔库塞. 单向度的人：发达工业社会意识形态研究 [M]. 上海：上海译文出版社，2008：34.

明了人们对现实社会的认识是单一的。

《单向度的人》研究的视角立足于"发达工业社会的意识形态"，其单向度理论把弗洛伊德和马克思的理论结合起来，深刻揭露了西方进入工业文明之后人的异化状态，犀利批判了由于工业文明发展、技术的飞快进步所导致的人的单向度性、政治领域的单向度性、思想文化领域的单向度性。

── 【分章导读】

导言　批判的停顿：没有反对派的社会　这部分阐述了马尔库塞单向度理论的立足点，即发达工业社会意识形态研究。马尔库塞认为，发达的工业社会造成了政治、经济、文化、思想等各个方面的一体化，导致了人与社会的单向度。造成这种后果的重要原因就是技术的高度发展，技术的高度发达是工业社会的重要特征，它极大地丰富了社会的物质文明，提高了人们的物质生活水平。同时，发达的工业文明也给社会带来了一些负面影响，且这种影响是广泛而深入的，有些影响甚至是消除不掉的。在导言部分，马尔库塞不仅阐述了他的理论的现实依据，而且更重要的是阐述了科学技术对人的思想行为、政治体制、文化观点等方面的负面影响，他认为正是发达的技术剥夺了人的第二个向度，所谓"第二向度"，就是人具有的否定和批判的能力。失去了这种能力的人，成了马尔库塞所说的"单向度的人"，成了工业文明的服服帖帖的工具、奴隶。在这种意义上，人被剥夺了本该属于自身的自由，也被迫放弃了本应追求属于自身的真正的幸福。发达的工业社会不仅给人们带来了一系列的负面影响，也给政治制度与社会带来了很多弊端。马尔库塞认为，正是由于科学技术的发展，改变了人们的生活形式，同时也改变了政治制度与社会组织的形式，它使人们失去了对社会的否定、批判能力，而一味地认同于社会现状，几乎没有任何反思、反抗的能力。在马尔库塞看来，科学技术的发达并没有给人们的生活、社会、政治带来福利，反而在制约着社会的发展，阻碍着人们摆脱被劳役、被异化的惨状，也为人们追求真正的自由、幸福设置着重重障碍。在发达的工业社会中，技术的发展日渐脱离人的控制而自成一个系统，这个系统反过来控制着人们。马尔库塞认为，这种现象造成了一种极权主义，形成了个体与群体、个人与社会之间的对立，甚至造成不同社会形式之间的对立。因此，马尔库塞对这种现状极为不满，他致力于寻求解决科学技术发展所带来的困境与难题的救世良方。

第一章　控制的新形式　在这一章中，作者阐述了发达的工业社会对人的控制。他认为科学技术本来是为人类谋福利的，但是在工业社会里它却是在剥夺着人的自由、思想。人被迫纳入社会的一体化之中，没有批判、否定的能力。工业社会带来的丰富的物质满足了人们的消费需求，但是却摆脱不了被技术控制、异化的命运。发达的工业社会以一种新的形式支配着人们，这就是马尔库塞所阐释的"极权主义"。他认为这种形式在新的意义上是技术的形式，技术在满足人们需求的同时也在控制着人们，人们认识不到这种现象是不合理的，当然也不会对这种不合理的现象有任何的反抗。但是，马尔库塞却认为这种不合理性当中也有合理性，就是工业文明在物质层面满足了人们的欲求，极大地丰富了人们的物质生活。在这一章中，马尔库塞主要阐述了在发达的工业社会，由于技术的发展所造成的人的异化，造成了人的一种单向度的思想和行为模式，他认为这种单向度阻碍着人们的发展。这种模式，马尔库塞认为，它的内容超越了已经确立的话语和行为领域的观念与目标，不再受到排挤，而是沦为已经确立的话语和行为的领域，被既定制度的合理性及其量的延伸的合理性进行重新定义。在马尔库塞看来，科技异化为意识形态，这种意识形态造成了人的单向度。对于科技异化为意识形态，在这种情况下，它就具有了工具性和奴役性，也就具备了统治人、奴役人的能力。马尔库塞认为，发达的工业水平，由于其组织技术基础的方式，必然会造成一种极权主义，这种极权主义在他看来，就是以科学技术为基础的，工业社会成了极权主义的社会，技术成了控制社会的形式和手段。马尔库塞认为这种控制使社会中的所有矛盾似乎都是不合理的，所有的对抗似乎都是不可能的。生活在这种极权主义社会中的人们丧失了批判、否定、反抗社会现实的能力，集体陷入一种无意识状态，被社会剥夺了自由和幸福，剩下的只是机械地服从社会。除此之外，马尔库塞认为科技也在异化着人的需求，人的真正需求就是追求真正的自由，但是工业社会却剥夺了人们的自由，科技虽然为人们创造了大量的产品，但是却使人们失去了对这些产品的判断能力，人们真正的需求被虚假的需求取代。此外，马尔库塞认为，科技也在异化着人们的幸福，生活在发达工业社会中的人们，是技术的奴隶和工具，失去了对真正幸福的认识。在极权主义的社会中，人们所认识的幸福在马尔库塞看来是没有任何反抗能力地顺从于社会，是对物质生活的满足，是一种群体的幸福，而非个人的幸福。

第二章　政治领域的封闭　第二章分为三部分：社会变革的遏制，遏制的前景，福利国家和战争国家。马尔库塞在第一章中阐述了工业社会是一个极权主义的社会,但是这种极权主义社会也是一种"新社会",这种社会中,马尔库塞认为传统的麻烦之点不是正在被消除,就是在被隔离,而引起动乱的因素也会得到控制。这种"新社会"不仅消除了危害它持续存在的其他政治派别,也包容了与它对立的那些阶级。在这种意义上,马尔库塞认为马克思主义的理论、无产阶级的革命理论已经过时了,而且是被排斥的,无产阶级不再是革命的主体力量,也不再是发达工业社会制度的对立面,造成这种后果的原因就是技术共同体使在工作中的人们一体化。马尔库塞认为资本主义社会有两个明显的特征,就是工业社会的文化实质上就是一种技术文化,另外也是一种生产力的文化。他认为发达的科学技术构成了一个严密的整体,科技不仅是控制人的工具,同时也是控制社会与政治的工具。马尔库塞认为科技造成了政治领域的封闭,其实也是一种单向度性,政治的这种单向度性对于社会中对立阶级之间矛盾的消除是具有负面影响的。他的这种论断是具有积极意义的,表达了一种救世情怀。马尔库塞并没有忽视发达工业社会在经济上取得的成果,反而给予一定的赞赏,称其为"丰裕社会"。马尔库塞认为这种社会建立在资本主义的生产力及福利国家的基础之上。对于发达工业社会所取得的成果,马尔库塞认为其不应当受到追捧。在一定程度上,他把这些成果看作是对劳动阶级进行控制的工具和支配手段。对于福利国家的出现,马尔库塞认为这是工人阶级为此革命、艰苦奋斗的结果,这就意味着福利国家的出现,并不能改变工人阶级被控制、被压迫的地位,因此,马尔库塞认为他们会受到对立阶级的破坏。总的来说,马尔库塞对发达工业社会政治领域的单向度的理论,似乎没有触及问题的本质。

第三章 不幸意识的征服:压抑性的俗化趋势 在这一章中,马尔库塞主要对文化领域的单向度性进行阐述。阐述了文学的某些重要观念、重要形象及其命运将表明技术合理性的进步正在如何清除"高层文化"中的对立性因素和超越性因素。对于这一问题,马尔库塞认为,它们实际上是屈从于流行在当代工业社会发达地区的俗化趋势的。在马尔库塞看来,高层文化在工业社会之前的社会中是与当时的社会冲突的,它与其所处的社会是相矛盾的,除此之外,高层文化不是大众文化,而只是为极少数的具有特权的人服务的,只有少数有身份地位的人才能享受这种文化。马尔库塞认为,文化与社会是两个对立的领域,这两个领域是一直并且是同时并存的,原因就是一方面对于高层文化来说,它本身具有一种随遇而安的特征,另一方面对于现实社会来说,它几乎不受到理想和真理的限制与妨碍。因此,马尔库塞得出这样的结论：在发达的工业社会中，高层文化并不是在堕落成为大众文化；相反，高层文化是受到现实社会的拒绝与排斥的。工业社会消除了高层文化和现实社会这两者的对立状态，也就消除了文化的双向度。这样，高层文化与现实社会一体化了，文化丧失了本有的批判功能，同时也没有了对于人的积极的作用，人们苦闷、彷徨、忧虑的内心没有了寄托与慰藉。更可悲的是，工业社会的一体化使人们没有意识到高层文化的消失并没有什么不合理的，马尔库塞认为，这种现象就是技术的合理性的一个特殊表现。

第四章　话语领域的封闭　马尔库塞认为话语领域的封闭主要源于遍布各个角落的宣传和无处不在的舆论。在工业社会中，科技的发达也造就了发达的媒体，生活在工业社会中的人们逃不出媒体的包围。马尔库塞认为，社会的宣传机构限定了单向度的表达自身的领域，在这个领域中，语言是同一性的、一致性的。人们只能以这种同一性的、一致性的语言对现实社会进行评价、判断，在马尔库塞看来，正是由于媒体的一致性造成了这种现象。因为，是无处不在的媒体在暗示人们什么是他们需求的，什么又是他们不需求的，生活在单向度社会中的人们由于没有判断、反抗的能力，对媒体的暗示只是一味地顺从。马尔库塞认为，这就是权威言论的力量，权威的干预使语言丧失了发问、质疑、辩驳、攻击的向度。因此，在封闭的话语领域内，权威的言论起着关键性的重要作用，也就是说，知识掌握在权威手中，权威就是"真理"。生活在工业社会中的人们，早已习惯屈从于权威的力量，所使用的语言也是被权威操纵的语言，也早已失去了本属于它的批判功能。这样的后果，只能是话语领域的封闭。马尔库塞认为，话语领域的封闭最终导致的后果就是文化的单向度性，除此之外，也会导致政治领域的封闭，而且由权威的力量所控制的文化，也只能以一种封闭的形式出现在人们面前、现实社会中。

第五章　否定性的思维：被击败了的抗议逻辑　马尔库塞认为哲学源于辩证法，在学习发展的过程中，人类理性也在进行着辩证的发展，而理性又分为理论理性和时间理性，这两者之间存在着冲突和矛盾，且它们也内在地具有否定性因子。这种否定性因子以否定性思维和肯定性思维的形式展现，这两种形式不断地进行着辩证的发展，直至结合在一起。否定性思维和肯定性思维发展到工业社会，就变成了技术合理性，马尔库塞认为，这是两者发展的最后形式。

马尔库塞对一系列向度的阐释，如存在与非存在、潜能与现存、爱洛斯与逻各斯等,通过对这些向度之间斗争的论证,得出了否定性思维沦为了单向度社会的工具的结论。此外,马尔库塞在此基础上,也就发达工业社会中的社会意识形态的一体化进行了进一步的论证。马尔库塞认为,在单向度的思维占支配地位之前,否定性的思维与肯定性的思维是相抵触、相冲突的。在发达的工业社会,由于技术对人、社会的控制,否定性思维是占支配地位的。对于存在与非存在之间的斗争,在发达工业社会中,真理被普遍认为与存在具有同等性,由于存在被界定为一种价值标准,因此存在较之非存在更有存在的合理性。在这种情况下,所谓的为真理而斗争,在某种意义上就是为存在而斗争。存在既然有其存在的合理性,那么非存在就被迫失去了它存在的意义,即使非存在的意义依然存在,但是它的意义或者是被忽视掉,或者是被掩盖掉。从这个角度上讲,发达社会中的真理的性质就发生了转变,成了本体论,进而产生了更深层次的单向度,由此,本体论、存在成了单向度的统治,认识论、非存在被忽视或掩盖。对于爱洛斯与逻各斯的阐释,马尔库塞认为,欲望与现实、主体人的有限的能力与现实之间的矛盾与冲突印证了存在是充满着否定的,但是人们的这种认识是不正确的,原因就是自由与劳动也是相互冲突抵触的。对于马尔库塞来说,自由的向度和劳动的向度是不可共存的,冲突的结果只能是劳动的向度战胜自由的向度而成为单向度的统治。本来,存在与非存在,潜能与存在,爱洛斯与逻各斯这几个向度的冲突与矛盾在哲学中是不可调和的,这就是真理。但是在发达的工业社会中,这些向度的矛盾与冲突却被调和、抵消了,这就意味着真理不再是真理,真理也被工业社会异化了,也成了现实社会进行控制的工具。也就是说,唯物主义是错误的思想,唯心主义反倒成了正确的思想。本来唯心主义是脱离经验世界的,但是它又对经验世界进行阐释和批判,意图证明经验世界与它是冲突的、矛盾的。此外,唯心主义也脱离了现实世界,但是却意图从偶然中建构其理性,这导致了它的本质性的向度与表面性的向度相混,从而失去了本身所具有的矛盾性。马尔库塞认为,在这种前提下,唯心主义对经验世界、现实世界的阐释和批判被超然的偶然的批判所取代,成了纯粹的主体。由此,马尔库塞得出这样一个结论:存在与非存在,潜能与现存,爱洛斯与逻各斯等这些向度之间的冲突被调和,失去了否定性,工业社会在思维上走向了单向度。

第六章　从否定性思维到肯定性思维:技术合理性和统治的逻辑　马尔库塞认为,人类历史不断发展,到进入科技发展时期,此时的社会统治基础也会跟着改变，且实现了更高程度的新的合理性，这种更高程度的新的合理性，就是马尔库塞所说的技术合理性。这种技术合理性并不是说它就是合理的，或者说是优越的，它有其自身的局限性，这种局限性表现在，它促使科学技术扭转被役使的地位，反过来对人们进行奴役、控制。这样，技术被物化，人被异化，人被技术束缚着失去了自由。马尔库塞对出现这种现象的原因进行了阐释，他认为这与发达工业社会的技术所处的支配地位密不可分。马尔库塞通过对技术合理性的方法论的起源的阐述，论证了科学技术是如何成为合理性的问题。他认为，数学可定量化具有的特征促进了科学技术的发展，并使科学与伦理学相脱离，成为一种被抽离了价值的、与主体人分开的纯粹的理论。但问题是，可定量化的客观世界使得科学的客观性对主体人的依赖性越来越大，科学问题不得不被放在数学和逻辑学中进行解决，因而对于自然科学来说，在其发展的过程中总有人类的烙印，从这个意义上讲，自然成了一种工具。科学在本质上是中立的，它没有任何实际的目的，也不属于应用科学，因此科学本身没有任何功利性。但是，马尔库塞认为，科学虽不具备上述两个特征，但是科学却具有内在的有效性，因此它可以延伸到技术上，同时，科学所具有的类工具性的特性，又使它具有可操作性。对于技术合理性如何在社会中取得统治地位、如何控制社会及技术被物化和工具化这三个问题，马尔库塞认为一方面科学可以充当自我推进、有效控制的领域的概念工具，这样理论上的操作主义就与实践上的操作主义趋向一致，科学可以以这种方式为社会对人的统治提供纯概念和工具。由此，科学先作为一种理论理性参与到实践理性中来，并经自身合理性转向技术合理性。另一方面，科学技术为人们的不自由提供了合理性，正如马尔库塞所说的那样，人们自主，自己决定自己的生活，但是在技术上是不可能的。之所以不可能，就是因为人们的不自由受制于为他们提供丰富物质生活的技术，技术不断往前发展，人也不断地被异化、被工具化。

最后，马尔库塞得出这样一个结论：在技术合理性阶段，人被技术奴役，技术成了人的主人，他认为这是技术合理性被物化和工具化延伸到社会控制形式上所导致的。因此，马尔库塞认为，在发达工业社会，之所以出现单向度的思想，就是由于科学技术占统治地位造成的，在这一点上，表明了他与马克思对待问题的角度的差异。马克思认为，单向度社会的出现，与技术关联很少，关键是与其所处社会的政治经济制度密切相关。此外，马尔库塞把历史发展的动因归结于技术，而不是社会生产方式。从这个方面看，就说明了马尔库塞对待问题的方式是颠倒的。

第七章 肯定性思维的胜利：单向度的哲学 马尔库塞认为，技术合理性在发达工业社会中占统治地位，这并不能说明单向度的思想取得了胜利，除技术的原因外，他指出单向度还表现在人们的语言行为当中。因此，如果要了解单向度思想产生的根源，就必须对人们的日常语言、行为进行深刻的分析与批判。马尔库塞对实证主义和分析哲学进行了研究，以此为理论依据来对人的语言行为进行详细的剖析。他认为实证主义的研究领域非常狭窄，只在经验事实范围之内，因此实证主义认为关于认知的思想依靠经验事实才能生效，所以它着重强调的是具有确定性和经确定的物理科学。从这个程度上讲，实证主义对纯思辨的理论是持反对态度的，这样的负面影响是使哲学的思想倒向了证明性的思想，且把客观世界视为技术的一种工具，把除技术之外的真正合理的思想领域排除在合理和科学之外。因此，实证主义所获得的仅仅是一种事实而非事因，它所推崇的经验世界也只是有限经验的结果，对此，马尔库塞认为，实证主义从其本质上说，就是一种单向度的思想。进而，他从语言分析的视角对语言现象进行了详细的分析。马尔库塞认为语言分析的目的就在于调整混淆的思想和语言，对思想和语言中的反常行为和模糊成分进行纠正。正是因为日常语言中隐藏着大量的虚假、混乱信息，所以马尔库塞认为必须对其进行哲学的分析，消除混乱信息。

最后他分别分析了实证主义与语言分析的后果，把批判最终指向了这两者。马尔库塞把发达工业社会出现的单向度思想的原因归结于实证主义和语言分析这两者上，他认为实证主义的对象仅仅是经验世界，因此它把否定性思维排除在外，这样实证主义就沦为了现实社会的辩护工具。此外，他认为实证主义内部存在着大量的虚假信息，必须附于语言分析才能完全清除掉这些虚假信息。但是，马尔库塞在阐释其理论的同时，也存在着这样一个矛盾，他没有认识到正是语言分析导致多向度的语言变成了单向度，对于其理论存在的这种矛盾，马尔库塞是意识到的，由此他提出了哲学的历史使命和任务，他对哲学的理解是非常深刻的，但是仅仅寄希望于哲学，也还是行不通的。对发达工业的彻底批判，要遵循马克思的理论，即从所处社会的生产关系中着手，否则就不能对该社会进行全面、彻底的批判。

第八章 哲学的历史承诺 马尔库塞对实证主义和分析哲学中的不合理因素进行了批判，他的意图就在于使人们认识到批判的重要性，改变人们、社会被肯定性思维控制的状态。马尔库塞认为哲学最主要的功能就在于它可以批判现实社会，理性思辨和否定批判是哲学的重要的思维方式。通过这两种思维方式，对现实社会进行批判，对现存的不合理的方面进行否定。马尔库塞的这种理论，是超越于现实基础之上的，这个救世良方的提出，表达了他对被技术所异化、工具化的人们尤其是工人阶级的关怀情怀，但是这个救世良方是马尔库塞空想出来的。如果要按照他的思想构建一种他所认为的合理性的社会，那么这个社会只能是乌托邦世界。对于这个解决困境方法的提出，马尔库塞在此之前对分析哲学中的错误理论进行批判，他的目的在于证明普遍概念的抽象性与普遍概念本身具备的可能性。他通过揭露实证主义哲学与语言分析哲学的语言转译的骗局，在此基础之上，提出了某些判断不同历史真正价值的标准。马尔库塞意图以对实证主义哲学和语言分析哲学的深刻批判，使处于顺从一体化社会中的人们认识到批判思维的重要性，恢复人们的否定的批判性思维，并鼓舞人们将理论与实践相结合，摆脱被异化、工具化的状态，扭转被控制、被统治的局面，从而获得真正的自由，追求真正的幸福。抛却对马尔库塞所评定的乌托邦思想不论，他提出的这种解决方式还是值得肯定的，因为他认识到了发达工业社会中存在的不足与缺陷，虽然没有提出合理的解决方法，但是他的这种理论仍然极具借鉴意义。

第九章　解放的大变动　马尔库塞对单向度的社会和单向度的思想表示了极大的愤懑，他迫切地希望把人们从单向度中拯救出来，通过探索他逐渐认识到只有解除人们的压抑感，唤醒人们对现实的批判能力，发达工业社会所带来的一些负面影响才有可能得到解决。因此，马尔库塞提出了一个解决方案，这就是文化革命。问题在于，处于现实社会中的人们已经习惯顺从于社会的一体化了，没有任何的反抗能力，因此，由谁来担当文化革命的主力军成了问题。马尔库塞认为只有少数杰出的人物，即发达工业社会中的精英可以承担起文化革命的主力军，其获得解放的方式也发生了改变，由斗争变为"大拒绝"，拒绝技术理性的压抑，拒绝技术的控制与统治，拒绝对工业社会的服从。他的救世良方并非建立在马克思主义学说的基础之上，而是以自己创建的新的理论，即以社会批判理论为武器进行文化革命，但是他的这种理论把文化革命囿于纯粹的意识形态领域之内，这只是一种幻想，几乎不可能在实践中实现。

因此，马尔库塞转而向艺术寻求慰藉，他认为要摆脱技术合理性控制的压抑状态，从科技进步所导致的单向度中解放出来，恢复人的本然状态，可以向艺术寻求安慰。马尔库塞认为,在发达的工业社会里,无产阶级与资产阶级的矛盾对立已经消除,两个阶级都服从于现有的社会制度,几乎都丧失了革命性。因此必须进行一场不同于暴力革命的革命,马尔库塞说这是一场本能革命、心理革命。这就是说在发达工业社会中,人们的爱欲被压抑着,人性被分裂,思想语言行为都是单向度化,因此他认为革命的关键就在于对人们的本能结构和行为心理进行改造。但是,在工业社会中,人们不可能完全不依赖技术,因此马尔库塞以幻想的方式对技术造成的人的压抑寻求超越,这种超越是局限于意识形态之内的,在这个范围内,人们的压抑心理得到释放,实现了个体与群体、爱欲与文明的和谐协调。马尔库塞为人们找到的解决问题的方式就是诉诸艺术。艺术的根本特征就是幻想和想象。因此他认为艺术使人们的心灵得到解放,给人们摆脱束缚寻求真正的自由提供了光明和希冀。在马尔库塞看来,正是通过艺术功能的调剂,人们受压抑的爱欲获得了解放,人性得到了复归。马尔库塞似乎对自己所提出的这一解决方式比较自信,但是在《单向度的人》这本书的结尾处,他看到的也只是一种革命反抗的可能性,当然这种可能性实现的希望是非常渺茫的。从结论这部分可以看出,马尔库塞对单向度社会与单向度思想的解放前景是较为悲观的,他看不到解放的未来。

第十章 结论 马尔库塞通过对西方资本主义社会的各个领域,如政治、文化、思想、语言、生活等的批判、分析,阐释了发达工业社会是怎样压制了人们的思想、行为,导致了人们对社会现实的盲目肯定与认同,失去了人们内心中应有的否定性、批判性、超越性的向度,导致社会成了单向度的社会,人成了单向度的人。这种单向度的人被发达的工业社会剥夺了本属于他们的自由和创造力,也使人们丧失了本有的、丰富的想象力,从而导致人们不再热心追求与现实社会完全不同的另外一种本该属于他们的美好生活。

【意义与影响】

第一,马尔库塞"单向度"的理论继承了马克思对资本主义社会的批判精神。在马尔库塞看来,马克思从政治经济学的角度对资本主义社会进行批判,但是马尔库塞认为,科技是推动历史和社会发展的重要因素,科技的高度发展毫无疑问对社会的发展起着重要的促进作用,但是科技的高速发展所带来的并非全部都是积极的、正面的影响,也会带来一些消极的、负面的影响。较之于马克思从人道主义角度对资本主义制度展开的激烈批判,马尔库塞继承了马克思的这种人道主义精神，他同马克思一样，大胆揭露资本主义内部存在的非人道现象，进而立足于现实，构建新的理论给予现实社会更为激烈的批判。马尔库塞所提出的很多积极的观点是非常值得借鉴的，这些观点理论都致力于让社会向美好的方向前进，致力于改善人们的生活，提高人们的生活水平，提升人们的幸福感。

第二，马尔库塞"单向度"的理论对我们正确认识科技进步所带来的一系列问题有相当大的借鉴意义，通过"单向度"理论我们可以对技术的发展做出合理的规划，避免使科技成为统治人们思想和行为的工具。对此，我们要对科技进步所带来的物质文明的丰富给予积极的肯定，同时，更重要的是把科学和技术严格区分开来，防止科学受制于技术，科学应该成为技术的先导，而不是技术控制科学。只有这样，才能有效地控制科技给人们的生存现状所带来的一切正面和负面的影响。此外，马尔库塞的"单向度"理论虽然是立足于西方资本主义社会中发达的工业社会进行理论建构的，但是也适用于社会主义，对我国的社会主义现代化建设也具有重要的借鉴价值。原因就在于，市场经济在全球范围内虽然表现形式不同，但是它的共通性却是不可抹杀的，特别是在世界经济一体化日益紧密的现代，人与人之间、社会与社会之间、国家与国家之间的政治、经济、文化的关联是无法割断的。现代化建设不是单纯追求物质的富裕，否则，人们就无法摆脱工业社会所造成的"单向度"的困境。因此，在进行现代化建设的过程中，我们一定不能忽视对人的人文关怀。

第三，马尔库塞"单向度"的理论阐扬了人本主义精神，他通过对发达工业社会中技术所带来的负面影响的批判，加深了对人性、人的本质问题的探索，表明了他的人本主义关怀精神。马尔库塞看到在发达工业社会中，人被迫沦为技术的工具，成了技术的奴隶，他极力为人们摆脱束缚、重获自由而寻求救世良方。马尔库塞对资本主义社会进行着激烈的批判，其中渗透着他的人文关怀与人道主义精神。他努力唤醒人们对社会现实的批判、反抗意识，为人的本性的复归而奔走呼号。他揭露资本主义社会的种种罪恶，帮助人们认清工业社会的本来面目。他使人们清醒地认识到，工业社会带给人们的并不是真正的自由，也并不是真正的幸福，马尔库塞引导着人们去追求真正的自由，追求真正的幸福。

【原著摘录】

导言　批判的停顿：没有反对派的社会 P1-7

P3-4　但是，在这里，发达工业社会却使批判面临一种被剥夺基础的状况。技术的进步扩展到整个统治和协调制度，创造出种种生活（和权力）形式，这些生活形式似乎调和着反对这一制度的各种势力，并击败和拒斥以摆脱劳役和统治、获得自由的历史前景的名义而提出的所有抗议。当代社会似乎有能力遏制社会变化——将确立根本不同的制度、确立生产发展的新方向和人类生存的新方式的质变。这种遏制社会变化的能力或许是发达工业社会最为突出的成就；在强大的国家范围内，大多数人对民族目标和由两党支持的政策的接受，多元主义的衰落，企业和劳工组织的沟通，都证明了对立面的一体化，这种一体化既是发达工业社会取得成就的结果，又是其取得成就的前提。

P5　面对发达工业社会成就的总体性，批判理论失去了超越这一社会的理论基础。这一空白使理论结构自身也变得空虚起来。因为批判理论的范畴是在这样的时期得到发展的，在这个时期，拒绝和颠覆的需要体现在有效的社会力量的行动之中。批判理论的范畴实质上是一些用来规定19世纪欧洲社会实际矛盾的否定概念和反对概念。"社会"这一范畴本身曾表示社会地位和政治地位的尖锐冲突，社会是一种与国家对抗的东西。同样，"个人"、"阶级"、"私人"、"家庭"曾经是指还没与已确立的生活条件一体化的那些领域和力量——紧张和矛盾的领域。随着工业社会日益发展的一体化，这些范畴正在丧失它们的批判性含义，而趋于变成描述性、欺骗性或操作性的术语。

P5-6　这种含糊不清的情况包含着一种甚至更为根本的含糊性。《单向度的人》将始终在两种矛盾的假设之间摇摆不定：(1) 对可以预见的未来来说，发达工业社会能够遏制质变；(2) 存在着能够打破这种遏制并推翻这一社会的力量和趋势。我并不认为能够做出一个明确的回答。两种趋势一起存在着，甚至一种趋势就存在于另一种趋势中……

分析的焦点是发达工业社会。在发达的工业社会中，生产和分配的技术装备由于日益增加的自动化因素，不是作为脱离其社会影响和政治影响的单纯工具的总和，而是作为一个系统来发挥作用的。这个系统不仅先验地决定着装备的产品，而且决定着为产品服务和扩大产品的实施过程。在这一社会中，生产装备趋向于变成极权性的，它不仅决定着社会需要的职业、技能和态度，而且还决定着个人的需要和愿望。因此，它消除了私人与公众之间、个人需要与社会需要之间的对立。对现存制度来说，技术成了社会控制和社会团结的新的、更有效的、更令人愉快的形式。这些控制的极权主义倾向看起来还在另外的意义上维护着自己：把自己扩展到世界较不发达地区甚至前工业化地区，并造成资本主义发展与共产主义发展之间的某些相似性。

第一章　控制的新形式 P3-16

P4-5　当代工业社会，由于其组织技术基础的方式，势必成为极权主义。因为，"极权主义"不仅是社会的一种恐怖的政治协作，而且也是一种非恐怖的经济技术协作，后者是通过既得利益者对各种需要的操纵发生作用的。当代工业社会由此而阻止了有效地反对社会整体的局面出现。不仅某种形式的政府或党派统治会造成极权主义，就是某些特定的生产与分配制度也会造成极权主义，尽管后者很可能与党派、报纸的"多元论"以及"对等权力牵制"等等相一致。

P15　工业社会最发达的地区始终如一地表现出两个特点：一是使技术合理性完善化的趋势，一是在已确立的制度内加紧遏制这一趋势的种种努力。发达工业文明发的内在矛盾正在于此：其不合理成分存在于其合理性中。这就是它的各种成就的标志。

第二章　政治领域的封闭 P17-45

P19　经典的马克思主义理论把从资本主义向社会主义的转变设想为一种政治革命：无产阶级摧毁资本主义的政治设施，但保留它的技术设施并使它从属于社会主义。在社会主义革命中存在着如下连续性：摆脱了不合理的限制和破坏的技术合理性，在新社会中不仅维持了下来而且也得到了完满的实现。

P23　与此相反，技术社会发达地区的有组织的工人都过着明显缺乏否定性的生活；同社会劳动分工中的其他人的目标一样，他正在被纳入到由受到管理的人们所组织的技术共同体之中。不仅如此，在自动化最为成功的地区，某种技术共同体似乎在使工作中的人类原子一体化起来。

P40　综上所述：由技术合理性的政治所提供的遏制变化的前景，取决于福利国家的前景。福利国家似乎有能力提高受到管理的生活水准，这是一种为一切发达工业社会所固有的能力。在这些社会中，流水作业的机器装置被抬高为凌驾于个人之上的力量，它依靠生产率的加紧和提高而发挥作用。在这样的条件下，自由和对立面的衰落并非是一个道德精神败坏或腐化的问题。

第三章　不幸意识的征服：压抑性的俗化趋势 P46－67

P46　在本章，文学的某些重要观念、重要形象及其命运将表明技术合理性的进步正在如何清除"高层文化"中的对立性因素和超越性的因素。它们事实上屈从于流行在当代工业社会发达地区的俗化趋势。

P46－47　确实，高层文化过去总是与社会现实相矛盾，而且只是具有特权的少数人才能享受它的乐趣，描绘它的理想。社会的这两个对立领域一直是同时并存的：一方面高层文化总是随遇而安，另一方面现实也极少受到其理想和真理的妨碍。

P49　同马克思主义用以表示在资本主义社会中人与其自身和与其工作之间的关系的概念相对照，艺术异化是对异化的存在的有意识的超越，是"更高层次的"或间接的异化。资产阶级文学艺术中之所以会出现与新世界相冲突并否定商业秩序的反资产阶级因素，既不是由于商业秩序的美学意义低下，也不是由于浪漫主义的倒退——奉献给正在逝去的文明阶段的怀旧情感。

P52　艺术无论仪式化与否，都包容着否定的合理性。在其先进的位置上，艺术是大拒绝，即对现存事物的抗议。它那些使人和物出场、吟唱、述说和讲演的方式，是拒绝、破坏和重新创造其实际存在的方式。但这些否定的方式对与之相联系的敌对社会却大加赞赏。由于与社会生产其自身及其不幸的劳动领域相分离，上述否定方式所创造的艺术世界及其全部真理依然还是一种特权和幻影。

P64　现实的就是合理的，已确立的制度不管如何终会不负人们所望。人们被引导到生产机构中去寻找个人的思想和行为能够且必须任之摆布的有效动因。在这一转变过程中，生产机构充当着道德动因的角色。良心则依靠物化、依靠事物的普遍必然性而得到解脱。

第四章　话语领域的封闭 P68－98

P68　幸福意识，即相信现实的就是合理的并且相信这个制度终会不负所望的信念，反映了这一新型的顺从主义，这种顺从主义是已转化为社会行为的技术合理化的一个方面。它之所以是新型的顺从主义，是因为其合理性达到了前所未有的程度。

P83　语言的荣枯兴亡在政治行为的荣枯兴亡中有其对应物。在防弹掩体中出售娱乐和游戏器材，在电视中放映有关国家领袖竞选人的节目，这一切都表明，政治、商业和娱乐已完全结合在一起。然而它们的结合还带有欺骗性和严重的不成熟特征——商业和娱乐仍然是统治的策略。因此，这不是悲剧之后的讽刺剧，不是悲剧的结局——悲剧可能刚刚开始。而且，只有将成为仪式牺牲者的那种人才能在其中充当主角。

P84 功能性交流只处于单向度世界的外层，人们在单向度的世界里受到忘记过去的训练，受到把否定事物说成肯定事物的训练，以便能够在自己已经退化但又十分适应和健全的情况下继续发挥作用。言论自由和思想自由的制度并不妨碍精神同已确立现实的协调。思想本身及其功能和内容正在发生势不可挡的物化。个人同社会的协调延伸到精心制作概念的那些心灵层次，而概念的任务则被指定为理解已确立的现实。这些概念减少了它们的理智传统，并被转译为操作术语——这一转译的过程削弱了思想的否定力量，故而能够缓解思想和现实间的紧张关系。

第五章 否定性的思维：被击败了的抗议逻辑 P99-114

P99 理性＝真理＝现实的公式把主观世界和客观世界结合成一个对立面的统一体，在这个公式中，理性是颠覆性的力量，是"否定性的力量"；它作为理论理性和实践理性而确定人和事物的真理，即确定人和事物在其中显露出其本来面目的条件。

P102 逻各斯和爱洛斯这两个重要术语指明了两种否定方式。爱欲和逻辑的知识损害了对已确立的、偶然的现实的信念，并努力寻求与现实不相容的真理。逻各斯和爱洛斯是主客观的结合。从实在的"较低"层次向"较高"层次上升是物质和精神的运动。

P107 辩证思想是把"是"和"应当"之间的批判性紧张关系首先理解为存在自身结构的本体论状况。然而，对存在状态的认识——它的理论——从一开始就意欲成为一种具体实践。据被否认或被否定的事实所显露的真理来看，既定事实自身似乎也是虚假的、否定的。

第六章 从否定性思维到肯定性思维：技术合理性和统治的逻辑 P115-135

P116 否定性一面向肯定性的一面的转化突出了下列问题：在从本质上变成极权主义的过程中，"有毛病"的组织拒斥各种替代性选择。十分自然而且似乎无须进一步解释的是：制度可见的好处大家认为是值得捍卫的——在有当代共产主义这一似乎代表替代性历史选择的对抗性力量存在的情况下，尤其如此。然而，只是对于一种不情愿、也可能无力去理解正在发生什么和为什么发生的思想行为方式来说，这才是自然的。思想和行为在多大程度上同既定现实相符合，它们就在多大程度上表达着一种对维护事实虚假秩序的任务做出响应和贡献的虚假意识。这种虚假意识已经具体化在反过来再生产它的流行基础装置之中。

P125　诚然，纯科学的合理性在价值上是自由的，它并不规定任何实践的目的，因而对任何可以从上面强加给它的外来价值而言，它都是"中立的"。但这一中立性是一种肯定性。科学的合理性之所以有利于某种社会组织，正是因为它设计出能够在实践上顺应各种目的的纯形式（或纯资料——在这里，其他方面互相对立的两个术语汇集在一起了）。形式化和功能化的最重要应用是充当具体社会实践的"纯形式"。

P133　我已指出，这种颠覆性原理，即关于另一种合理性的观念，从一开始就出现在思想史中。古代的国家理想，使存在达到完善、使"是"和"应当"的矛盾以永恒轮回的方式来解决的国家理想，已经带有统治的形而上的特征。同时，它又适合于解放的形而上学——适合于逻各斯和爱洛斯的调和。这种理想设想的是停止理性的压抑性生产力，达到满意的统治效果。

第七章　肯定性思维的胜利：单向度的哲学 P136－160

P158　在极权主义时代，哲学治疗任务会是一项政治任务，因为已确立的日常语言领域势必结成一个受到全面操纵和灌输的领域。这样，政治出现于哲学之中，并不是作为特定分析戒律或分析对象，也不是作为特定政治哲学，而是作为把握未经剪裁的现实的概念而出现的。如果语言分析有助于这样的理解，如果它反而有助于把思想局限在未经剪裁的日常话语领域内，那么它至少是完全不合逻辑的，甚至是向无争议的、不现实的、只在学术上才有争议的领域的逃避。

第八章　哲学的历史承诺 P161－177

P172　由此，寻求不同哲学谋划之间的评判标准，就导致寻求在不同历史谋划同各种替代选择之间，在理解、改造人与自然的不同的实际方式同可能方式之间进行评判的标准。我将提出几个命题以表明：哲学概念的内在历史特征，决不妨碍客观有效性，而是规定了其客观有效性的基础。

第九章　解放的大变动 P178－194

P178－179　诚然，一个极权主义管理体制可以促进资源的有效开发；核军事设施可以通过巨大的购买力而为数百万人提供就业；辛劳和积弊可以是获取财富和履行职责的副产品；领导方面的严重失误和犯罪可以仅仅是生活的途径。人们乐于承认经济和政治上的狂热——他们购买它。但是，有关"另一面"的这类知识是事情凝固状态的重要成分，是阻碍质变的对立面完全一致状态的重要成分，因为它从属于一种毫无希望或完全被预先决定的存在，这种存在在一个不合理即是合理的世界上已准备好了它的归宿。

P181 科学、艺术与哲学之间存在着原始的联系（在统治和匮乏的领域内）。它是对现实的和可能的、表面的和真确的真理之间的差异的意识，是试图理解和掌握这种差异的尝试。这种差异所要表现的基本形式之一，曾是神和人、有限和无限、变和不变的区别。现实与可能之间这种神话般的相互联系曾残存在科学之中，然后又被继续导向更加合理和真实的现实。

P188-189 像技术一样，艺术创造了既同现存思想和实践领域相抵触、又在其范围之内的另一思想和实践领域。但是，同技术领域相对照，艺术领域是幻想、肖像的领域。不过，这种肖像只是形似于作为已确立现实的威胁和希望的现实。在各种掩饰和缄默的形式中，是因为艺术无力实现这种生活，甚至无力充分描绘这种生活。然而，艺术无力的、虚幻的真实性（当它今天已成为被管理社会的一个万能要素时，它比以往任何时候都更加无力和虚幻）仍然证明它那些形象的有效性。社会的不合理性愈加明显，艺术领域的合理性就愈大。

【参考文献】

[1] 赫伯特·马尔库塞. 历史唯物主义的基础 [M] //复旦大学哲学系现代西方哲学研究室西方学者论《1844年经济学哲学手稿》. 上海：复旦大学出版社，1983.

[2] 赫伯特·马尔库塞. 单向度的人：发达工业社会意识形态研究 [M]. 上海：上海译文出版社，1989.

[3] 邓小平文选：第3卷 [M]. 北京：人民出版社，1993.

[4] 俞吾金，陈学明. 国外马克思主义哲学流派新编：西方马克思主义卷 [M]. 上海：复旦大学出版社，2002.

[5] 陶渝苏. 西方发达工业社会中人的变形：马尔库塞的《单向度的人》及其意义 [J]. 贵州大学学报（社会科学版），1994（3）.

[6] 赫伯特·马尔库塞. 爱欲与文明 [M]. 黄勇，薛民，译. 上海：上海译文出版社，2005.

[7] 赫伯特·马尔库塞. 工业社会和新左派 [M]. 任立，译. 北京：商务印书馆，1982.

[8] 赫伯特·马尔库塞. 审美之维 [M]. 李小兵，译. 北京：三联书店，

1989.

［9］陈振明. 法兰克福学派与科学技术哲学［M］. 北京：中国人民大学出版社，1992.

［10］王才勇. 现代审美哲学新探索［M］. 北京：中国人民大学出版社，1990.

［11］康渝生. 马克思主义哲学的人学致思理路［M］. 北京：社会科学文献出版社，2004.

［12］塞缪尔·亨廷顿. 文明的冲突与世界秩序的重建［M］. 北京：新华出版社，1999.

［13］埃·弗洛姆. 资本主义的异化问题［J］. 哲学译丛，1981（4）.

［14］哈贝马斯. 作为意识形态的技术与科学［J］. 赵鑫珊，译. 哲学论丛，1978（5）.

［15］陈蓓洁. 马克思的"人的本质"及其哲学中的主体性问题：从马尔库塞对马克思的人道主义解读［J］. 复旦学报（社会科学版），2006（2）.

［16］傅永军. 马尔库塞"发达工业社会批判理论"评析［J］. 山东大学学报，1999（1）.

六、《历史和结构——论黑格尔马克思主义和结构主义的历史学说》

[德] A. 施密特　著
张　伟　译
重庆出版社，1993 年

──【作者简介】──

　　A. 施密特是联邦德国当代哲学家。1931 年生于柏林，2012 年 8 月 28 日去世。1931 年 5 月 19 日，施密特出生于德国首都柏林。1957—1961 年，施密特在法兰克福大学学习。在法兰克福学派的缔造者霍克海默以及阿道尔诺的指导下，从事哲学、历史和社会学研究，并学习文献学和历史学。1960 年，在阿道尔诺的指导下，他完成了题为《马克思的自然概念》的博士论文，结束了三年的研究生生活。随后执教于法兰克福大学和法兰克福劳动学院，后充任阿道尔诺的助手。施密特是法兰克福学派第二代的左翼代表，从 20 世纪 70 年代起在法兰克福大学讲授哲学史，并于 1972 年接任社会研究所所长。施密特成为法兰克福学派的正宗继承人和捍卫者，被认为是西德最具有影响力的哲学家、法兰克福学派的俊杰，肩负着法兰克福学派的未来[①]。

　　1962 年，本书作为《法兰克福社会学论丛》第 11 卷出版，成了作者的代表作。此后，他又陆续发表了《尼采认识论中的辩证法问题》（1963 年）、《康

---

　　① A. 施密特. 马克思的自然概念 [M]. 欧力同，吴仲昉，译. 北京：商务印书馆，1988：中译本序.

六、《历史和结构——论黑格尔马克思主义和结构主义的历史学说》 097

德和黑格尔》（1964年）、《论辩证唯物主义中历史和自然的关系》（1965年）、《亨利·列斐伏尔和现代对马克思的解释》（1966年）、《工业社会的意识形态》（1967年）、《经济学批判的认识论概念》（1968年）、《历史与结构》（1971年）、《论批判理论的思想》（1974年）、《什么是唯物主义》（1975年）、《作为历史哲学的批判理论》（1976年）、《观念与世界意志》（1988年）等著作[①]。

── 【写作背景】────────────────

法兰克福学派是一个包罗万象、纷繁复杂的学派，其内部理论既有脉络可循又各具千秋，既有类同的研究旨趣又自出机杼、林总不一，因此其学派成员的思想具有"家族相似"的特征。1968年"五月风暴"之后，随着"新左派"运动的退潮，围绕如何看待学生造反运动、如何看待马克思主义以及在发达资本主义社会中应当采取何种策略等问题，法兰克福学派内部产生了严重分歧，这种分歧在第二代主要成员中日益加大并逐步发生了分化，最终导致法兰克福学派开始在组织上逐渐式微并走向解体。

在现代社会科学研究方法日趋数理化，特别是结构主义者列维-施特劳斯以数学函数模式的词语系统阐述亲属结构以来，西方的人文科学正演变成无历史性的数学公式。历史思想的作用日益遭到驱逐，面对不断滋长的历史厌倦症，对历史的漠不关心、淡然无视，不仅支配着西方社会的科学思想以及为之服务的结构主义、分析哲学等这样一些科学主义的哲学流派，而且在日常生活中，也有越来越多的人正在丧失历史意识，西方的人文科学丰富多彩的内涵渐次变为整齐划一的数学模式[②]。

在这样的背景下，施密特写下《历史和结构——论黑格尔马克思主义和结构主义的历史学说》一书。尽管社会批判理论走向衰落，但其基本观点仍具有一定影响。施密特秉承其导师霍克海默和阿道尔诺的遗志，力图维护20世纪30年代初形成的社会批判理论。他着力批驳将结构看作是首要的和决定性的现象的阿尔都塞学派，反对其研究的不是过程，而是结构，不是生成，而是已生成的事物，不是历时性，而是同时性，讨论无历史性、无时间性的各种结构和模

[①] A.施密特. 马克思的自然概念[M]. 欧力同, 吴仲昉, 译. 北京: 商务印书馆, 1988: 中译本序.

[②] A.施密特. 历史和结构: 论黑格尔马克思主义和结构主义的历史学说[M]. 张伟, 译. 重庆: 重庆出版社, 1993: 2.

式，并搬用数理概念和数学符号进行表述①。他坚决拥护早期法兰克福学派"批判唯物主义"的基本立场，捍卫传统社会批判理论的基本观点。

── 【中心思想】────────────────────────────

本书主旨是批判阿尔都塞结构主义对历史的漠视及割裂历史和结构的观点，同时探讨了马克思主义的历史理论中对黑格尔辩证法思想的批判继承，是当代西方马克思主义阐述唯物史观认识论和历史辩证法的代表作之一。

本书批判性地总结了西方马克思主义中的科学主义思潮（结构主义的马克思主义）的哲学观。作为法兰克福学派第二代"正宗"的继承人，施密特通过解读和阐释马克思的自然概念，对历史唯物主义理论进行了重建，形成了一种既不同于第二国际，又有别于早期西方马克思主义的实践唯物主义理论。他关于"历史与结构统一"的观点澄清了阿尔都塞等结构主义者提出的"理论上反人道主义"的不足之处，从而破除了经济学语境对马克思人道主义思想的遮蔽，并恢复了马克思人道主义与经济学语境相统一的本来面目。

有学者认为，施密特力图使学派维护其前辈的社会批判理论，他从社会中介自然，到社会与自然互为中介，再到自然中介社会，自然包容社会，最终复活了费尔巴哈或马克思早期的自然主义与人本主义相统一的自然乌托邦，逐步向存在主义和新黑格尔主义靠拢。

全书由一篇题为《无结构的历史还是无历史的结构？》的长篇导言和"历史和结构"名下的 25 个小篇章构成，共约 11 万字。

── 【分章导读】────────────────────────────

第一篇文章　主题：无结构的历史还是无历史的结构？ 施密特主要从人能够以何种方式、在什么程度上参与历史的创造等问题出发，阐发了两种相左的理论视角。批判理论的执行者一贯认为，应该坚持从暂时性的角度去看待现存的事物，并以必然灭亡的理解去看待其不合理的方面；结构主义的推崇者却告诉我们，应该去发现和理解现实构造的内在合理性，并从中寻求立命的根据和安身的法则。在双方各执一词的理论对抗中，既有知识和意见的辩驳，也有实力和意志的较量。在施密特的时代，法兰克福学派正因后者的

---

① A. 施密特. 历史和结构：论黑格尔马克思主义和结构主义的历史学说 [M]. 张伟，译. 重庆：重庆出版社，1993：2.

影响巨大而凸显其桀骜不驯的存在价值。

在施密特以论战的姿态介入这一历史哲学的基础性问题之前,信奉"科学"的阿尔都塞与崇尚"辩证"的萨特、列斐伏尔之间早已存在着西方马克思主义的内部交战,长期关注这一争持的施密特,出于义愤执言的促使和对理论责任的承担,试图从马克思那里直接寻求方法根据和道义资源,用马克思的观点为这场争论做出评判。

施密特直截了当地指明:当代西方社会科学对历史思想的拒绝,绝不是一个纯粹的学术问题。由于"历史厌倦症"的肆虐,在科学领域中,不仅历史学家已经变得无足轻重,而且在日常生活里,越来越多的个人也正因此失去历史意识,与此同时,文化社会学则正扮演着压抑人性的不光彩角色。

这种当代意识对历史的疏远,被阿道尔诺视为资产阶级社会中的那种普遍交换规律的文化后果,而绝不是像表面上所看起来的那样,仅仅是某种形态的科学规范。施密特提醒我们,早在《启蒙辩证法》中,霍克海默和阿道尔诺便已经尝试从政治经济学角度去说明"非历史地"对待历史问题这种做法本身的历史性内涵。

施密特认为,在马克思那里,人参与历史的过程具有主、客观双重特性,正是这双重特性导致不能全面、完整、准确地理解马克思的阿尔都塞片面、断裂、错误地描述了马克思主义历史观念的结构主义特征,而引起这种误读的,正是表面上启发但实际上毒害了阿尔都塞的结构主义思想。正是出于这种误解,阿尔都塞割裂了马克思早期著作中的意识形态的问题和晚期著作中的科学的问题,于是施密特决定以正面阐释"辩证统一的马克思"的方式,对阿尔都塞做出批判,而且这种阐释必将奠基在政治经济学和认识论的双重基础之上[①]。

施密特指出,历史学家德罗伊森也是通过统一"历史认识和历史实在"把历史科学和政治联系起来的,正是这种存在于理论理性和实践动机之间的独特张力,为批判理论提供了发挥作用的契机。在理论齐备、方法具足之后,施密特浓墨重彩地将批判的矛头指向了"人文科学之父"——狄尔泰。

依施密特之见,马克思和恩格斯所开创的历史观念主要在三个方面突破了以往的历史理论:首先,他们从感性活动的立场上强调人和自然的统一性,

---

① A. 施密特. 历史和结构:论黑格尔马克思主义和结构主义的历史学说 [M]. 张伟,译. 重庆:重庆出版社,1993:6.

这便为奠基于真实内容的理论考察提供了现实基础；其次，他们从总体性思想出发，用物质生活解释意识形式，这便为心灵生活的个人体验，并最终为人的本质的现实性提供了说明；再次，他们通过研究资本主义生产方式及与之相对应的资产阶级生活方式的形成过程，揭示了狭隘的资产阶级形式的产生历史及其历史性，并对这种由普遍的物化过程所导致的全面的异化现状给予了理论上和道义上的双重否定。以此为依据，施密特宣称，兼具主、客观双重特性的自由的社会个人正是马克思贯彻始终的立足点和理论诉求[1]。

施密特的结论是，相形之下，狄尔泰旨在将人文科学奠基在心灵生活的结构关系之上的理论努力显得脆弱而又自相矛盾，因为狄尔泰的历史思想作为一种逻辑上优先于实际事件的静态本体论，很难用人性的一致性对不同的个性、相异的文化和多样的历史做出统一的解释。因此，在施密特看来，与马克思的历史观念相比，以狄尔泰为代表的结构主义思想在知识水平上和道德水平上尽皆落于下风。

在澄清了马克思的历史观念，并使其优越性在同结构主义的比较中得以彰显之后，施密特进一步认为，将理性运用于现存的现实本身的形式时，可以并且有必要借助唯物主义的分析从中推导出其未来的样子，因为这正是马克思所要倡导的革命的人道主义及其唯物主义基础。施密特强调，马克思不仅始终如一地保持了这种人道主义冲动，并且也未行以讹传讹、谬种流传的做法，将社会形态的变迁结构主义转而理解为普遍的历史演进过程。

第二篇文章 历史和结构 本章分为 25 个小篇章，是施密特分别于 1970 年 1 月在海德堡大学和 1971 年 6 月在乌尔姆环境规划学院、图宾根大学以及科隆艺术理论研讨会上所做的系列讲演。施密特首先以科学与历史、逻辑与认知等基础性问题为切入点，对以结构主义为特征的当代科学主义思潮做了方法论批判。随后，他分别以人道主义的葛兰西和结构主义的阿尔都塞为例，从正反两个方面，对他们各自视野中的人类资本主义处境进行了诊断。贯彻始终的，正是施密特所要阐明的那种为马克思主义所批判继承的黑格尔主义的历史观。

科学是历史活动的自觉产物 在马克思和恩格斯的思想中，历史扮演了什么样的角色？施密特从《德意志意识形态》中找到了答案："我们仅仅知道

---

[1] A. 施密特. 历史和结构：论黑格尔马克思主义和结构主义的历史学说 [M]. 张伟，译. 重庆：重庆出版社，1993：13 - 21.

一门唯一的科学，即历史科学。"施密特认为，这是马克思和恩格斯持之以恒的观点。在这种观点看来，现代科学作为资产阶级世界的产物，不过是思辨唯心主义崩溃之后的替代品，只有将科学与历史相联系，才能够认识这种思想结构的世俗基础，只有考虑到解放的物质条件，才能对现存事物抱以必然灭亡的理解。因此就批评家们而言，能否认识到只有通过实际地推翻现实的社会关系才能促成对现实存在的精神的批判，是偏执的空想家和真正的革命者之间的最显著差异。而就理论活动而言，是仅仅在先验原则的基础上想出各种各样的体系，还是从历史运动的批判意识中引导出科学，则是现实辩护与革命科学之间的最重要区别[①]。

资产阶级生产关系的"生成"和"存在" 与历史编纂学不同，革命科学视野下的历史，是生产关系的真实历史。当资本生成的条件过渡为资本存在的结果时[②]，这种生产关系的现代形式便可以由自身加以说明，正是从发展过程的完成的结果出发，人们才开始对生活形式进行思索。施密特认为，对马克思来说，分析这个制度的固有表现，就可以揭示资产阶级经济的规律，并从现存事物中引导出其对过去的扬弃和对未来的先兆。

逻辑的东西对历史的东西在认识上的优先性 从庞大的商品堆积这一直接给定的日常事实出发，马克思从资本主义社会中抽象出商品这一重要形式，并通过对该形式的分析，上升出交换、货币、流通、资本等具体范畴。施密特强调，马克思的《资本论》并不是从资本主义关系的发展史出发的，因为如果不首先在理论上把握资本的本质，就不会在展开资本形成的一些历史前提的内容方面取得成功。通过研究已经完成的资本世界，马克思得以在抽象理论层次上严格遵循资本的逻辑，并得以排除各种非本质事件的干扰。施密特解释，这种逻辑的方法不过是摆脱了偶然性的历史的方法，通过这种逻辑的方法，研究对象获得了一种修正的却也是典范的形式。这种对经验材料的修正，得益于自由地驾驭经验材料并能动地处理历史内容的方法——辩证的方法。

黑格尔的分析理性和辩证理性 施密特认为，作为研究方法的抽象，是马克思从黑格尔的思想体系那里继承得来的。由于只不过是抽象的产物，逻辑在认识上的优先性不应被理解为在实在中的优先性。同样，这种抽象的普

---

① A. 施密特. 历史和结构：论黑格尔马克思主义和结构主义的历史学说 [M]. 张伟，译. 重庆：重庆出版社，1993：30.
② 马克思，恩格斯. 马克思恩格斯全集：第 46 卷：上 [M]. 北京：人民出版社，2008：457.

遍性是认识的必需，却不是思维的必然。这种建立在抽象结构基础上的分析的知识是有局限的，如果满足于将抽象的结构与感性的材料相结合，那么这种方法即使在黑格尔那里也是错误的。

从抽象的东西上升到具体的东西的马克思主义的方法 在历史科学的视野中，科学知识应该被叙述出来，而不应该只是停留在描述的水平上。马克思之所以拒斥古典经济学式的分析的方法，是因为这种抽象将生动的整体割裂成了孤立的要素，而只有以一个混沌的关于整体的表象为出发点，这一逻辑的过程才能达到一个具有许多规定和关系的丰富的总体①。通过将完整的表象蒸发为抽象的规定，具体而丰富的知识，正是由于思维对感性事实的再现而成为可能。在知识与被认识事物之间，也因此存在着一种非同一性，具体的总体已经成为思想的总体，并以概念的方式被叙述出来。

在思辨的辩证法中的"研究"与"叙述" 在黑格尔的体系中，以经验主义和具体的历史为一方、以哲学理论为另一方，两者之间的关系作为辩证法所要阐明的主题贯彻始终。这一主题对马克思的科学概念和辩证的叙述具有重要意义：感性认识和理性认识并不是非此即彼的关系，纯粹的直接性是不可能的，因为理论的元素是使经验从感性堆积的给予物上升为知识的前提。在作为唯心主义者的黑格尔那里，成熟的科学理论一旦取得了独立于经验材料的自律性，就会变成一种完备的、思辨的科学，其现实基础将被贬低为外在的开端，但体现科学理论自身逻辑性的"公理"只不过是其开端进程的隐秘的渴望，这种刻意疏远历史的纯粹的概念，势必也将受到制约其开端进程的历史的制约。

从"体系"到历史 施密特认为，就把关于资产阶级社会的理论描述为一个自我说明的封闭体系而言，马克思与黑格尔具有共同之处。但在马克思那里，这一体系所要说明的是资产阶级社会这种无情无义的自在物对人的异化，因此马克思的理论应当被理解为批判的理论，正是这种以说明的方式进行的批判，引导我们从逻辑问题返回历史—理论问题。

科学的出发点问题 黑格尔早已认识到，应当将开端的东西视为其一切后继者的基础，在这个意义上，将商品形式的劳动产品选作考察资产阶级社会关系的起点，决定了马克思必须从对商品的分析展开其论证。在黑格尔主义那里，抽象的概念以一种内在的必然性上升到那些具体的、分化的、丰富

---

① 马克思，恩格斯. 马克思恩格斯全集：第46卷：上［M］. 北京：人民出版社，2008：38.

的知识。而在马克思的理论中,资产阶级社会的客观对抗性就体现在商品的价值实现过程之中,而这也正是实际的历史。在与商品分析相关的各种范畴和洞察到资产阶级世界的客观对抗并预示其崩溃的理论后果之间,存在着一种必然的联系。为开端所暗示的东西,经由结局得到了证实。

"进步—倒退的"方法 黑格尔认为,哲学首先必定是一种探求,只能从假设的和有问题的真开始①,因此,哲学上的前进便表现为向后寻找根据的回溯。这种回溯将会表明,被用来作为开始的东西,并不是任意的假定,而是一种最初的、素朴的、部分的真,回溯到根据,便是要回溯到原始的和真正的东西。科学往往止步于形成一套内部融贯的理论,而作为实在的客体的内在的、类似规律的连贯性才是科学所要探求的东西。真正科学的理论,必须通过向作为根据的开端的回溯,揭开笼罩在逻辑的连贯性之上的神秘面纱。

资本主义在世界史中的位置 马克思强调,恰如其分地理解过去和未来,有赖于对现代的正确理解,而作为历史上最为发达和复杂的生产组织,资本主义一经呈现为一个功能系统,便可以被用作透视历史的理论形式,这一见解与那种肤浅的进化论不同,在马克思这里,对人脑的解剖为解剖猴脑提供了一把钥匙。资本主义于是成为一个俯瞰世界史的制高点,为确切地解释潜藏在其系统性之下的那些推动力提供了理论工具。

伴随资产阶级生产方式而来的意识形态包含真理的要素,按照这种意识形态,资本条件下的个人活动表现为自由,然而这种自由并不充分,处在竞争状态的资本相互之间施加的强制,使得作为资本的财富得到自由成为一种绝对统治,因此对资本主义现实的考察便成为作为科学的理论有必要向其回溯的根据。

结构主义的马克思解释的正确方面和不正确方面 施密特承认,在马克思以成熟的资产阶级社会现实为考察对象的《资本论》中,认识的进展不是历史主义的,而是直接同事件的发生过程的顺序相平行的,在这一点上,结构主义的解释是正确的。施密特认为,正是在这种结构主义的视野当中,资本并不是一种物,而是建立在物的媒介之上的人和人之间的社会关系。在这种关系下,人才成了商品世界的承担者。施密特强调,就结构主义的解释而言,《资本论》中有待认清的是历史与体系之间的关系,因为脱离了历史的维度,结构主义的解释无法对资产阶级社会这种现实存在的历史性做出有根据的说明,它由于缺

---

① 黑格尔. 逻辑学 [M]. 北京:商务印书馆,2003:70.

乏那些直接的、经验的、丰富的材料，便沦为一种空洞的、先验的结构，并因此丧失了马克思在其著作中所贯彻始终的那种批判的价值性。

葛兰西的真正的历史人道主义 葛兰西作为一个布哈林机械论的批评家，受新黑格尔主义的影响，把马克思主义理论表征为一种真正的历史主义……真正的历史人道主义、实践哲学。他把思辨知识分解成现实的历史和历史编纂学两个方面。与葛兰西内在的和极端的主观主义的现实概念相一致，他把它还原为纯粹历史的或历史性以及纯粹人道主义[①]。

唯物主义经济学的范畴和规律 唯物主义经济学的范畴和法则通过一部分一部分地抽象，以一种间接的方式、一种增强的总体直接地或广泛地表达出19世纪的各种生产关系。但这些关系一经在科学上确定下来，就变得愈加贫乏，以致失去其历史多样性和外在的偶然的和非本质的各种要素。在唯物主义看来，在一定的变化范围内，本质与现象的具体历史模式合二为一，现象的变化扩展到本质自身。与资本主义时代背景相参照，自马克思和列宁以来，资本主义是在本质上还是仅仅在现象上发生了变化，与马克思所揭示本质的经济现象是否相一致，西方无产阶级相对贫困化的范畴与这个问题息息相关。

葛兰西的历史编纂学概念 葛兰西把《资本论》理解为与历史的结果相一致的历史编纂学，历史编纂学不需要太高的抽象水平，它要求一种考虑各个个别事实具体内容的语言学方法。葛兰西批评布哈林"给予对整个历史了如指掌印象的一个机械的公式"[②]的抽象社会学理论，指出其未论及历史过程构成理论过程，并改变它的范畴。当葛兰西达到辩证法时又完全丧失辩证法。指责布哈林机械地把马克思主义分解为作为社会学出现的发展理论和粗鄙的唯物主义（荒谬地自命为是辩证的）两个组成部分，指出这种割裂恰是哲学的具体历史化和哲学与历史的同一化。

作为一个克罗齐的批评者的葛兰西 克罗齐主张从思想中铲除一切超验的、神学的和传统形而上学的残存成分，得出了激进的历史主义结论：历史总是当代史，即政治。葛兰西批判克罗齐并未达成其意图，依然囿于思辨之中，"在他（克罗齐）的哲学中保有全部超验性和神学，几乎没有摆脱最粗陋的神秘外衣"[③]。葛兰西认为，不管历史如何演变，总是有规律可循，而非学

[①] A. 施密特. 历史和结构：论黑格尔马克思主义和结构主义的历史学说[M]. 张伟，译. 重庆：重庆出版社，1993：74.

[②] 葛兰西. 狱中笔记选[M]. 北京：中国社会科学出版社，2000：427-428.

[③] 葛兰西. 实践哲学[M]. 重庆：重庆出版社，1990：253.

者或哲学家所说的偶然选择的结果。他把现实概念回复到"纯粹的历史或历史性以及纯粹的人道主义",主张实现一种严格的"内在论的现实概念"的新黑格尔主义方案。在施密特看来,葛兰西接受克罗齐的知识论与历史主义同一、哲学同历史著作同一,可能部分地证实马克思早期著作。但他对《资本论》中有现实意义的问题几乎没什么贡献。

葛兰西论马克思主义学说的科学—理论地位　葛兰西的政治经济学超越了作为公开声明的世界观的解释。为了解答如何评价马克思作品的科学—理论地位,葛兰西参阅了1913年列宁所写的《马克思主义的三个来源和三个组成部分》一书,认为这三个源泉作为先进的要素必然在结构中予以再现,马克思主义的整体的综合要素同一于从德国古典哲学提出的思辨形式借助于法国政治学和英国古典经济学转换成的历史形式[①]。

葛兰西对历史唯物主义同政治经济学批判的关系的解释　葛兰西综合考察了马克思理论中的哲学、经济学和政治学的各要素间的关系。他辩证地重新确定由李嘉图经济学开创的规律概念,追溯现代资产阶级经济学的源泉问题。他认为,资产阶级无远弗届,由世界市场发展为人们的这种自发形成的世界历史性的共同活动的形式[②],作为与之相异的力量,孤立地研究在历史主义意义上的演变趋势的必然规律。葛兰西的规律性和必然性等历史理论范畴,在形式和方法论方面大多出自政治经济学的领域。葛兰西的历史与理论的同一、纯粹的过程、实践思想以及有关在费希特意义上的主体优先性的确认,使他被结构主义判别为朴素的历史主义。

对马克思解释的一些困难　马克思综合性内容的著作,不会一蹴而就、一目了然地全部显露出来,只能假以时日,逐渐阐明。以前因种种原因未加重视的方面,只有理论或实践需要的倒逼促使其拂去遮蔽,显现出来。最新的结构主义的马克思解释方面借鉴了上述方法,而又不满足其作用,他们希望提出一个"完全新的"马克思,以此彰显他们在寻求达到以往努力的光辉顶点。

在老社会民主党眼光中的《资本论》　除兰普雷希特、施莫勒、马克斯·韦伯和佐姆巴特等资产阶级学者外,第二国际的一些重要理论家也认同马克思的功绩首先具有历史编纂学性质。正式的学术界几乎未承认历史唯物主义

---

① 葛兰西. 狱中笔记选 [M]. 北京:中国社会科学出版社,2000:400.
② 马克思,恩格斯. 德意志意识形态 [M]. 北京:人民出版社,2003:32.

对科学的历史编纂学的重要意义。在老社会民主党中，梅林和考茨基以具体感性的资料证实唯物主义方法，并驳斥了"（马克思和恩格斯）只是零零落落地绕进了历史学……以支持他们创造的历史理论"①。

阿尔都塞的再解释 阿尔都塞学派的功绩在于指出第二国际的著作家们所把握的历史对马克思和恩格斯的概念框架的建构作用和《资本论》中历史思想如何发生，历史的要素与结构分析的要素如何关联。学派的后存在主义一代开创了旨在建立概念的精确性和科学的客观性对批判的政治经济学的极其精细的研究，认为建立一个更为人道的社会，仍然只是一个道德公设。资本主义的抽象理论与历史之间的割裂和这样一种理论忽视这种充分发展形式的起源方面的程度同步发展。

"新科学精神"的哲学：作为科学的建构史的认识论 作为科学的建构史的认识论，结构主义马克思主义者从最抽象的意义上认为，理论与历史的不成熟的和谐从一开始就应当排除。寻求建立基于科学史上的认识论及科学进步的直觉内容需要考虑其产生的精神氛围。当代认识论最重要的奠基人之一——巴歇拉尔以"科学发现的哲学"抵制了实证主义的历史与科学哲学的融合。传统的历史著作尽管与各种具体科学紧密联系，但它鲜有通过科学的断裂、危机和突变来发现自己的真正动力，展现的新的东西仅是旧东西的改进了的变体。巴歇拉尔著作的特征是包含着有关科学史的历史过程的仅仅一般性的思辨，巴歇拉尔主义者们的认识论问题来源于专门的实体问题。

阿尔都塞理论中巴歇拉尔主义的各种预先假定 在巴歇拉尔看来，当代科学与以往科学没有任何连续性，认识论上的断裂把科学划分为各个历史阶段的片段，因而，认识论也可称作元理论的学科。这种思维旨趣不在于确立传统的科学实践的主导形式，它只是收集了较为广泛的历史素材，以此帮助它达到明确的自我意识。通过厘清理性与科学之间的关系，巴歇拉尔发展了一种明显不同于笛卡儿主义的认识论，他强调意识与事实二者之间的协同性，即一切科学活动是服从于在理性的东西与经验的东西两极之间发展的历史辩证法，在此过程中，理性的真理同经验的真理一起发挥了作用。

构成物和唯物主义科学史 知识的进步是跳跃式地发生的，我们所谓的发展或生成的东西呈现为唯一的和新的瞬间。巴歇拉尔主义者把非连续性的观点与连续性的观点并列起来，展示了科学的进步总是通过一个与遗留下来

---

① 弗兰茨·梅林. 论历史唯物主义 [M]. 北京：三联书店，1958：36.

的问题域的决裂而达致的，新东西产生于突然的渐进性中断，这个突然的中断因内在的矛盾运动引起直线发展。黑格尔概括这个过程："底物在这种演变中持存。"认为"连续性只是作为不连续东西的统一的紧密连贯的统一"，他更倾向于使用不连续这个术语来形成辩证的统一[①]。

作为科学史家的孔德、黑格尔和马克思 孔德在对科学等级做总的探索中，主张每一门科学都能用历史的叙述和学理的叙述两种全然不同的方式叙述，之后的进一步扩展不过是它们的结合。但是两种方式之间，在对意识的认知上，日益用学理的顺序替代历史的顺序，前者使我们的才智达到完美的状态。孔德尖锐地批评了臆测的历史叙述方式，这种方式要严格遵循某种假设的和抽象的东西，使得科学史与社会生活过程相脱离。

黑格尔和马克思与孔德持有类似的观点，黑格尔在哲学史过程与思想总体性的哲学的本身过程之间进行了明晰的区分。马克思同样严格地保持历史与体系间的分离，叙述方法是建立在研究方法基础上的，但在形式上，二者是不相同的。马克思借助经济学史构思资产阶级经济制度，其结构的叙述逻辑，与将经验材料提供给研究方式的历史过程不同，在三卷本的《剩余价值论》和《资本论》中都证实了马克思对理论的历史源泉的研究的重视程度。

结构主义的科学史和历史哲学 自然科学史叙述的历史的内容同它在逻辑上排列过的、系统化了的内容相符之处甚少。孔德、黑格尔和马克思高度认同结构主义的科学史同辩证法是相容的，用科学史的观点来阐释历史，将使历史丧失其戏剧性内容，变得干瘪和苍白。虽然孔德、黑格尔和马克思具有不同的意向，但他们依然是历史哲学家。孔德将科学的学理结构置于它的时间发展之前，把三阶段规律描述为人类智力发展的规律[②]。

黑格尔是具有思辨体系的思想家，同时也是历史理论家，其自身已打上现代意识的烙印。在他看来，追求世界历史的理性观不应止于一大堆事实及一些虚构的概念，"在历史中，思想是从属于既定的事物和存在的事物的"[③]，对事实进行历史的、经验的处理，存在纳入理性的固有进步中，只有不拘泥于普遍发展的形式原则，才能拥有确定的标准。对相互联系的过程的所有断裂和跳跃，黑格尔把它理解为"只不过是普遍精神的一些要素，普遍精神通

[①] A. 施密特. 历史和结构：论黑格尔马克思主义和结构主义的历史学说 [M]. 张伟, 译. 重庆：重庆出版社, 1993：108.

[②] 孔德. 论实证精神 [M]. 北京：商务印书馆, 1996：41-51.

[③] 黑格尔. 历史哲学 [M]. 上海：上海书店出版社, 2003：8.

过这些要素提高到并使自身转变为一种自我领悟的历史总体性"。黑格尔成功地使历史过程遵循于一个统一的考察方法——与资产阶级经济学相一致，偶然事件的表象是一种深层规律的客观表现。

在《资本论》中，马克思摆脱了每一本经验主义的、节略的历史著作的弊病。一种结构的历史——发生的分析总是以有疑问的结构理论为前提的。把现实的历史归结为范畴的顺序或现实的历史适应时间次序都是有失偏颇的，科学的实际出发点与认识的出发点不是同一的，原理同历史的关系只有通过材料的研究才能探讨和把握。

总结 我们从结构主义的支持者和反对者的事实出发，认为马克思在《资本论》中结构分析的方法与历史发生的方法同时并用。马克思把他和恩格斯所确立的科学称为"历史运动的自觉产物"，这只是在年代学上效法它的历史过程，而非认同它的对象与历史编纂学相一致。《资本论》作为建构的历史，形成一个长时期的静态结构。研究其固有规律只需把握住资本的本质，而非讨论它的历史起源。资本主义的历史与制度间的矛盾，反映了研究方式与叙述方式的分野，表明黑格尔的系统概念对马克思经济学的构成起到了重要的建构和批判作用①。

虽然葛兰西的真正历史主义或历史人道主义将理论过程与历史的实际进程以及历史编纂学视为同一，而巴黎人将马克思主义的学说视作同真实的历史思想和人道主义相反的纯粹的理论，葛兰西广泛关注马克思的科学—理论地位及关于历史唯物主义与政治经济学批判的内在联系。阿尔都塞追随"青年马克思"崇拜，指明在《资本论》的哲学范围内，他对马克思的再评价是有益的。

【意义与影响】

本书围绕历史和结构的关系，深度研究了马克思主义经典作家文本，阐述了马克思理论具有的历史和结构的双重特征，批判性地总结了西方马克思主义中的科学主义思潮尤其是结构主义的马克思主义的哲学观点。作者主要从认识论和历史方法两方面阐述和评析了葛兰西和阿尔都塞各自的相关理论，其意义和影响主要如下。

---

① A. 施密特. 历史和结构：论黑格尔马克思主义和结构主义的历史学说 [M]. 张伟，译. 重庆：重庆出版社，1993：125.

第一，该书批判了以结构主义为代表的西方社会科学中的非历史倾向，阐明了马克思主义唯物史观和历史方法的重要论断。从批判反历史主义思潮入手，高度重视历史科学的重要性，认为马克思受惠于黑格尔，以黑格尔的"巨大的历史感"为基础批判继承了黑格尔的历史学说，遵循历史发展的脉络，以研究方法为基础进行叙述，通过逻辑顺序展开。认为只有理解现代，才能理解历史[①]。

第二，该书的谬误在于，首先，施密特以马克思早期著作（如《1844年经济学哲学手稿》）为蓝本，曲解马克思主义"更多是一种激进的人道主义冲动"，将马克思主义归结为人道主义。而在马克思后期著作中，对抽象的人性、人道主义采取了一种鲜明的批判立场。其次，施密特沿袭了霍克海默的观点，认为马克思主义是批判的理论而不是一种世界观，相悖于马克思主义作为批判的武器，作为一个严整的世界观[②]，指导无产阶级争取解放的客观实践。

20世纪80年代以降，施密特的著作被陆续译介到国内来。在《历史和结构——论黑格尔马克思主义和结构主义的历史学说》中，施密特提出"如今的马克思主义理论家的任务在于坚决地否定对历史的结构主义否定"的论断，并大量援引马克思主义经典作家的论述，较接近本意地阐述了马克思主义唯物史观和历史方法的一些重要问题，这对我们具有一定借鉴意义。同时，阅读这部著作，对了解西方马克思主义、结构主义等流派的历史哲学思想也有一定参考价值[③]。

──【原著摘录】────────────

主题：无结构的历史还是无历史的结构？P1-26

P1 当代社会科学高度精练、趋向量化的研究方法，正日益把历史思想的作用驱走，而它在有关的启蒙运动和德国唯心主义中，在狄尔泰和传统的人文科学中，在生命哲学甚至在存在主义中曾起过作用。赫伯特·吕梯（Herbert Lüthy）提出了一个激烈而贴切的当代"社会科学数学化"的特征。

---

① A.施密特.历史和结构：论黑格尔马克思主义和结构主义的历史学说[M].张伟，译.重庆：重庆出版社，1993：8.
② 列宁.列宁全集：第20卷[M].北京：人民出版社，1982：186.
③ A.施密特.历史和结构：论黑格尔马克思主义和结构主义的历史学说[M].张伟，译.重庆：重庆出版社，1993：8.

P5 以辩证的意义出现在《对历史的运用与妄用》一书中、对历史怀有敌意的、并为"生成的文化、强有力的生命之流"服务的一种历史观,将绝不能声称它是可与数学相比拟的抽象"科学"。

P6 马克思以不同于黑格尔但又受惠于黑格尔的方式,把历史过程的主观—客观的"双重特性"置于自己思考的中心。

P6 阿尔都塞甚至更明确地解释说:"自马克思以来,我们已经知道,人类主体,经济的、政治的或哲学的自我不是历史的'中心'——甚至同启蒙运动的哲学家们和黑格尔相反,历史并没有'中心',但是除了意识形态的迷惑外,具有一个根本无须'中心'的结构。"

P11 德罗伊森是谨慎的,没有以武断的方式去规定历史过程。"历史理论……必须给自身提出形成历史的思维和研究的原则的任务。"它包括它的"方法论……历史研究的主体的系统化,以及一些描述历史研究结果的题目"。

P12 狄尔泰,这位生命哲学的哲学家,试图为人文科学提供一种永恒的、从心理学上和人类学上奠基的并同无界限的相对主义相结合的模式。马克思主义的批判证明,这个努力必定是多么脆弱和自相矛盾。

P12-13 按照马克思和恩格斯的说法,自然和历史都属于同一个世界,一个由集体的实践确立其认识的(而且日益现实的)统一的世界。"只要有人存在,自然史和人类史就彼此相互制约。"

P14 实际上,由于对物质生产过程的严肃认真的叙述,"独立的哲学失去生存环境"。现在,马克思和恩格斯指出,揭示例如"实体"和"人的本质"的形而上学概念所指向的"现实基础"——"每个个人和每一代当作现成的东西承受下来的生产力、资金和社会交往形式的总和",就成为是可能的。

P18-19 按照狄尔泰的观点,在每个人中最初发现的东西以提高的形式显露在表现"整个时代的文化素质"的"代表人物"身上,"各个人种、民族、社会、阶级、职业形式、历史阶段——所有这一切都是……在一致的人性之内划分各种区别",因为一致的人性在每一个时代具有一种特殊的表现。

P23-24 这些段落应该使人明白,历史哲学仅仅构成马克思的历史思想的一个方面,尽管是必不可少的方面。它更多的是一种激进的人道主义冲动,这种冲动为马克思乐意接受,并且是从实质性的研究中产生的,而不是从一种抽象理论的发展图式中产生的。

六、《历史和结构——论黑格尔马克思主义和结构主义的历史学说》

历史和结构 P27-126

科学是历史活动的自觉产物 P27-29

P27 新的科学，一般来说，是资产阶级世界的产物，尤其是思辨唯心主义崩溃的产物，它从根本上改变了历史概念。马克思和恩格斯写道，历史"不再像那些本身还是抽象的经验论者所认为的那样，是一些僵死事实的搜集，也不再像唯心主义者所认为的那样，是想象的主体的想象的活动"。

资产阶级生产关系的"生成"和"存在"P29-32

P31 政治经济学批判作为一种方法论上基本观点，它分析资本和"资本生成的史前阶级"，认为后者虽处于资本彼岸，但仍然依靠资本本身得到保护和增长。因此，对于马克思来说，"要揭示资产阶级经济的规律，无须描述生产关系的真实历史"。

逻辑的东西对历史的东西在认识上的优先性 P32-37

P35-36 从抽象意义上说，唯物主义哲学需要一直接触客观实在——它具有它的自我运动——并且它的一些范畴也不表现无时间的本质（本体论的结构），而相反"对于这个历史上一定的社会生产方式即商品生产的生产关系来说，这些范畴是有社会效力的，因而是客观的思维形式"，这是正确的。

黑格尔的分析理性和辩证理性 P37-39

P37-38 逻辑的优先性应该在认识的意义上来理解，并非似乎各种范畴是以它们为中介的实在的存在基础。同样，一种构成科学对象的"叙述方法"，而在形式上有别于（在最广泛意义上经验的）"研究方法"的马克思主义的概念，是来自黑格尔体系，这显而易见。

从抽象的东西上升到具体的东西的马克思主义的方法 P39-42

P40 诸如分配、交换和消费等一些特定的构成要素并非是以外在于它们的方式被组织起来的僵死材料的混沌总和。相反地，照马克思所说，它们构成客观的"一个总体的各个环节、一个统一体内部的差别"。而这是由生产的延伸要素所确立的。

在思辨的辩证法中的"研究"和"叙述"P42-45

P45 按照黑格尔所说，在每一门科学的开端，它都把自身定向于"特殊事物的结果"的公理。一旦展开了这些公理就由它们自身的逻辑性所支配。但是黑格尔暗示，这种脱离一切历史发展的"纯粹的"概念固有性的氛围，总是包含着一种虚幻的（马克思也许会说是"意识形态的"）因素。同历史疏远的体系，但依然是要受历史制约的。

从"体系"到历史 P45－50

P45 马克思认为,虽然这个体系是活生生的个人的自觉行为的直接成果,但它盲目粗暴地置身于反对它的创造者。因为,用经济学术语说,劳动产品的价值性质首先在市场上的价值量中显示出来,价值交换"不以交换者的意志、设想和活动为转移",这些价值量具有"物的运动形式。不是他们控制这一运动,而是他们受这一运动控制"。

P48 马克思本人用以下方式描述了他为自己所提出的任务的特点:"应该首先出版的著作是对经济学范畴的批判,要不然,如果你愿意的话,就是对资产阶级经济学体系的批判的说明。这同时是对上述体系的说明,并通过说明对它进行批判。"

科学的出发点问题 P50－52

P52 在黑格尔主义的意义上,概念上仍然是未定的和内容上贫乏的某种抽象的东西,通过极其巧妙的抽象,以一种内在的必然性从此上升到更具体的、更分化的知识。结果,在由商品分析产生的各种范畴,资产阶级世界的客观对抗的洞察同它的崩溃的预示之间在那里存在一种发展—逻辑的联系。开端暗示的东西,由结局证实了。

"进步—倒退的"方法 P52－55

P55 的确,他写道,为了"揭示资产阶级的经济规律","描述生产关系的真实历史"是多余的。但是,他继续写道,明显脱离了任何历史的东西的逻辑方法,"表明必然包含着历史考察之点,也就是说,表明仅仅作为生产过程的历史形式的资产阶级经济,包含着超越自己的,对早先的历史生产方式……对这个制度以前存在的过去",是确切的。

资本主义在世界史中的位置 P55－66

P57－58 从世界史的观点考察,资本主义标志着一个制高点。一旦呈现为一个功能系统,它在理论上可用作为解释其过去以及未来发展的一条原则,并因此也可确切地解释潜藏在其系统性之下的那些推动力。

P58 马克思主义经济学既是一个体系,同时又不是一个体系,因为形成资产阶级社会总体的东西同样就是不断驱赶它的东西。

结构主义的马克思解释的正确方面和不正确方面 P66－73

P68 因此,在他看来,连资本都不是一种物,"而是一种以物为媒介的人和人之间的社会关系"。把人降低为只是"商品世界的承担者",是一种否定的、已在历史上被超越的,而不是一种科学规范的状况。

P73　谁认清了《资本论》中历史与"体系"之间的客观矛盾关系，谁就不会混合，同一或者分离历史的东西与逻辑的东西，反而将按照认识过程在那时所达至的水平，寻求确定这些要素的分量和位置。

葛兰西的真正的历史人道主义 P73—74

P74　在葛兰西看来，思辨知识（如在《德意志意识形态》论述费尔巴哈的部分中所解释的）分解成现实的历史和历史编纂学两个方面。

唯物主义经济学的范畴和规律 P74—77

P76—77　然而，应该记住：在经验上或在历史上所获得的发现，至少就直接意义上说，是不能够动摇或证实有关社会总体性的论断的。教条地设定一种完全不受根据新出现的事实作修正的影响的总体知识，同样是无法接受的。

葛兰西的历史编纂学概念 P77—79

P79　葛兰西正确地指责布哈林机械地把马克思主义分解为两个组成部分：一种作为社会学出现的发展理论，它按照自然科学标准行事，并（同某些当代著作家一样）导致一种空洞的历史形态的类型学；另一种是狭义的哲学，它相当于一种粗鄙的唯物主义（荒谬地自命为是"辩证的"）。

作为一个克罗齐的批评者的葛兰西 P79—83

P82　葛兰西认为，不管过去如何走向未来，"总将具有历史必然性的特征，而不是所谓的学者和哲学家们声称的偶然选择的特征"。

葛兰西论马克思主义学说的科学—理论地位 P83—85

P85　他进一步推测，"（马克思主义的）整体的综合要素该同一于固有性的新概念中，这种新概念已从德国古典哲学提出的思辨形式借助于法国政治学和英国古典经济学转换成一种历史形式"。

葛兰西对历史唯物主义同政治经济学批判的关系的解释 P85—92

P88　葛兰西认为马克思直接从自然科学借用"规律性"和"必然性"的历史理论范畴，是不大确实的。确切地说，在这方面它们更多出自政治经济学的领域，尤其在形式和方法论方面，是大卫·李嘉图将它们提供给经济科学的。

对马克思解释的一些困难 P92—94

P93　马克思作品的唯物主义成果，并未（或仅仅是部分地）同在他的政治上有重要结果的并经常行证的序言和跋中作为固定的自我理解偶尔描述的内容相一致。

在老社会民主党眼光中的《资本论》 P94—95

P94—95　第二国际的一些重要理论家也维护这个论题：马克思的功绩首

先具有历史编纂学性质。

阿尔都塞的再解释 P95-96

P95-96　阿尔都塞学派已经做出的无可争辩的功绩，在于有力地指出了在这个问题上所呈现出来的困难。它的代表人物属于后存在主义一代，这一代——厌倦于对"青年马克思"的空洞崇拜——开创了对批判的政治经济学的极其精细的研究。

"新科学精神"的哲学：作为科学的建构史的认识论 P96-100

P100　因此，根本没有最终判断能施加于这些事实上。事实出自各种理智解释，而后者比起最近的知识水平来常常是较陈旧的，并且出自完全不同的科学领域或技术领域。

阿尔都塞理论中巴歇拉尔主义的各种预先假定 P100-105

P104　巴歇拉尔，依据他的一个法国解释者盖里的说法指出：一种新的思想形式是综合地产生于"唯理论"与"唯实论"之间"对话"。

构成物和唯物主义科学史 P105-108

P108　黑格尔对有的逻辑所做的各种思考具有相当多的用处，不仅由于它们搞清了在科学史过程中从旧理论产生新理论（或原理）的巴歇拉尔和阿尔都塞的问题，而且更重要的，是由于它们阐释了一般历史问题。

作为科学史家的孔德、黑格尔和马克思 P108-113

P110-111　孔德强调设想内容更为丰富并奠基于社会学上的科学史的重要性。换言之，谁要变得真正熟悉所研究的一门分支学科，谁就必须掌握它的历史。……黑格尔与马克思对孔德所讨论的问题，持有类似的观点。

结构主义的科学史和历史哲学 P112-123

P113　最清楚地显示出，所叙述的历史的内容同它在逻辑上排列过的、系统化了的内容相符何其少的，就是自然科学史。

P116　肯定地说，黑格尔成功地使历史过程服从于一个统一的考察方法，对于这种考察方法而言，与资产阶级经济学一致——偶然事件的表象是一种深层规律的客观表现。

【参考文献】

[1] A. 施密特. 历史和结构：论黑格尔马克思主义和结构主义的历史学说 [M]. 张伟, 译. 重庆：重庆出版社, 1993.

[2] A. 施密特. 马克思的自然概念 [M]. 欧力同, 吴仲昉, 译. 北京：

商务印书馆,1988.

[3] 阿尔都塞. 保卫马克思 [M]. 北京:商务印书馆,1984.

[4] 马克思,恩格斯. 马克思恩格斯全集:第46卷:上 [M]. 北京:人民出版社,2008.

[5] 马克思. 1844年经济学哲学手稿 [M]. 北京:人民出版社,2000.

[6] 卢卡奇. 社会存在本体论导论 [M]. 北京:华夏出版社,1989.

七、《马克思的自然概念》

［德］A. 施密特　著
欧力同，吴仲昉　译
商务印书馆，1988 年

---【作者简介】---

　　A. 施密特是联邦德国当代哲学家。1931 年生于柏林，2012 年 8 月 28 日去世。1931 年 5 月 19 日，施密特出生于德国首都柏林。1957—1961 年，施密特在法兰克福大学学习。在法兰克福学派的缔造者霍克海默以及阿道尔诺的指导下，从事哲学、历史和社会学研究，并学习文献学和历史学。1960 年，在阿道尔诺的指导下，他完成了题为《马克思的自然概念》的博士论文，结束了三年的研究生生活。随后执教于法兰克福大学和法兰克福劳动学院，后充任阿道尔诺的助手。施密特是法兰克福学派第二代的左翼代表，从 20 世纪 70 年代起在法兰克福大学讲授哲学史，并于 1972 年接任社会研究所所长。施密特成为法兰克福学派的正宗继承人和捍卫者，被认为是西德最具有影响力的哲学家、法兰克福学派的俊杰，肩负着法兰克福学派的未来[①]。

　　1962 年，本书作为《法兰克福社会学论丛》第 11 卷出版，成了作者的代表作。此后，他又陆续发表了《尼采认识论中的辩证法问题》（1963 年）、《康德和黑格尔》（1964 年）、《论辩证唯物主义中历史和自然的关系》（1965 年）、

---

① A. 施密特. 马克思的自然概念［M］. 欧力同，吴仲昉，译. 北京：商务印书馆，1988：中译本序.

《亨利·列斐伏尔和现代对马克思的解释》（1966 年）、《工业社会的意识形态》（1967 年）、《经济学批判的认识论概念》（1968 年）、《历史与结构》（1971 年）、《论批判理论的思想》（1974 年）、《什么是唯物主义》（1975 年）、《作为历史哲学的批判理论》（1976 年）、《观念与世界意志》（1988 年）等著作。

【写作背景】

法兰克福学派是西方马克思主义的重要学派，它在建立时就规定了自己的研究方向：重新考察马克思主义，建立自己的马克思主义，以分析当代的社会问题，完成对当代工业社会进行批判的批判社会理论。施密特所写的这本书，正是想以马克思的《1844 年经济学哲学手稿》，特别是以作为《资本论》准备材料的《经济学手稿》以及《德意志意识形态》《资本论》为依据，通过考察马克思对"自然"这个概念的解释，来论述马克思的唯物主义的特色和本质，并阐述法兰克福学派的批判的唯物主义的观点[①]。

【中心思想】

本书是法兰克福学派主要代表人物 A. 施密特的代表作。作者企图以马克思的《1844 年经济学哲学手稿》作为《资本论》准备材料的《经济学手稿》，以及《德意志意识形态》《资本论》等为依据，通过对马克思关于"自然"这个概念所做的解释，来论述马克思唯物主义的特色和本质[②]。这个概念在马克思的思想中，乍一看只不过具有它的表层意义。马克思在写作中极少讲到自然，可是这并不能说明在他的社会理论中自然所占的位置并不重要。事实上恰恰相反，这正是马克思的独到之处。马克思的自然概念不同于其他的种种自然观，他强调自然的社会——历史性质。他把自然看成是和人的活动相关的，是人类实践的结果。

【分章导读】

第一章 马克思和哲学的唯物主义 施密特主要从两个方面进行了阐释：马克思唯物主义的非本体论性质和对恩格斯的自然辩证法的批判。

关于马克思唯物主义的非本体论性质，施密特认为，恩格斯提出世界的

[①] A. 施密特. 马克思的自然概念 [M]. 欧力同，吴仲昉，译. 北京：商务印书馆，1988：中译本序.

[②] A. 施密特. 马克思的自然概念 [M]. 欧力同，吴仲昉，译. 北京：商务印书馆，1988：内容摘要.

统一性在于其物质性的命题，是错误的本体论命题，实际上所谓世界的统一性命题本身就是唯心主义的命题，辩证唯物主义不需要这样的本体论。物质仅仅是抽象体，它实际上并不存在，而只存在种种具体的物质形态。如果以物质作为解释世界、解释宇宙进化的最高原则，那就和低劣的唯心主义毫无二致了①。马克思把自然——人的活动的材料——规定为并非主观所固有的，并非依赖人的占有方式出现的，并非和人直接同一的东西。但他绝不是在无中介的客观主义的意义上，即绝不是从本体论意义上来理解这种人之外的实在②。

马克思的唯物主义不是从本体论和物理学角度，而是从经济学角度去看待自然的，它是一种"非本体论"哲学，是经济唯物主义。它不想探究宇宙之谜，不想编造抽象的世界观，也几乎不用"世界观"这种表述。它只想为解除人间的饥饿与痛苦而奋斗，而没有恩格斯的唯物主义那种禁欲主义的色彩。任何不能给人带来果腹之物的哲学，都说不上是什么科学的世界观③。施密特指出："正由于马克思不允许贬低物质问题的重要性，所以和那些把在历史上尚未解决的问题说成已经实现了的人比起来，马克思更忠实于被唯心主义辞藻的外衣遮蔽着的人这个内核。马克思认为，精神的内容本身并不就是意识形态，而只是社会现实的未得到实现的要求。"④

施密特由此抨击恩格斯的自然辩证法理论。他认为恩格斯由于把人和自然看成相互分离的领域，就企图在自然界寻求纯粹客观的辩证法，于是追随黑格尔之后，把辩证法扩大到自然界中去，用来自《自然辩证法》的三条规律"本体化"作为解释世界的原则，而陷入了"物活论"；马克思就从来"不抽象地列举辩证法的'规律'和'原则'"。第一，恩格斯在这里把"自然的世界和人类历史的世界"看作两个割裂的区域时，一开始就妨碍他达到事物的辩证法；第二，思维的运动在马克思那里绝不只是对事物的单纯反映。马克思看来，把意识内部建立的关系不加批判地二重化，完全具有意识形态的性质⑤。

---

① A. 施密特. 马克思的自然概念 [M]. 欧力同, 吴仲昉, 译. 北京：商务印书馆, 1988：中译本序.
② A. 施密特. 马克思的自然概念 [M]. 欧力同, 吴仲昉, 译. 北京：商务印书馆, 1988：14.
③ A. 施密特. 马克思的自然概念 [M]. 欧力同, 吴仲昉, 译. 北京：商务印书馆, 1988：中译本序.
④ A. 施密特. 马克思的自然概念 [M]. 欧力同, 吴仲昉, 译. 北京：商务印书馆, 1988：34.
⑤ A. 施密特. 马克思的自然概念 [M]. 欧力同, 吴仲昉, 译. 北京：商务印书馆, 1988：51.

第二章　自然的社会中介和社会的自然中介　施密特主要从两个方面进行了阐释：自然和商品分析，人与自然的物质变换概念——历史的辩证法和否定的本体论。

关于自然和商品分析，施密特认为，人在给自然以形式的、有目的的活动中，超出了物质存在的、自然发生的和抽象的直接性。马克思完全在黑格尔的含义上把生产活动同时理解成消费活动，生产活动既是被加工的物质的消费，也是活动本身的消费。生产过程具有三个抽象的要素：生产活动本身、质料和形式。质料有别于原料和工具，形式构成劳动的物质要素的物质关系本身。通过劳动，不仅被加工的原料，而且用于加工的工具也从其可能性转化成现实性，依据其对物质的关系被消费掉。

施密特认为整个自然只有在社会过程的、各时的历史框架中才是有意义的。但总还有并非是劳动产品的，因而并非是自然物质和人的附加物相结合的生产资料投入劳动过程，这种生产资料既不创造使用价值，也不创造交换价值。施密特认为马克思非常强调形式和物质之间的漠不关心。在强调这点时，他谈到自然物质固有的形式和人中介过的有规定性形式之间的区别，这区别应成为一切劳动的出发点。

由自然物质和劳动所构成的产品，在它与新的劳动过程合为一体时，绝不可以不管那个产品究竟已包含多少劳动或怎样的劳动。物质的中介之最高形式，同时也是作为对人有使用价值的物质之直接存在的最高形式；在它是可能的条件下，人的劳动能使自在的自然变成为我之物①。

关于历史的辩证法和否定的本体论，施密特认为，马克思使用"物质变换"的概念，就给人和自然的关系引进了全新的理解。马克思首先和自培根以来的、在这点上有所发展的启蒙主义持有共同观点，即必须在根本上从对人的效用性观点去考察自然。马克思在把劳动过程作为人与自然之间的物质变换来表述的地方，总是满足于列举在一切生产过程中所说的抽象的"有目的的活动或劳动""对象""资料"等要素，而把它各时的历史规定性置之度外。

历史状况的变迁对劳动过程的各要素的性质绝不是完全无关的。马克思绝不是积极的本体论者。因为马克思也未必完全说清了唯名论与唯实论的关

---

① A. 施密特. 马克思的自然概念 [M]. 欧力同，吴仲昉，译. 北京：商务印书馆，1988：63-75.

系。当自然所设定的劳动生产率不再是同样由自然所设定的人支配人的源泉时，当历史上发生的东西已经不能作为"自然发生的东西"而使自己永恒化时，生活依然被它的最一般的必然性所规定，即被人与自然的物质变换所规定。劳动过程嵌入伟大的自然联系之中。自然，它作为社会和社会每度占有的那部分自然的高度统一，最后又战胜人的一切干扰而自我保持，被人渗透了的自然物质再度沉入自然的、最初的直接性中去。历史过程的一般规律和特殊规律的区别，并不对应于两个无中介地并列存在的实在层。而马克思虽然承认人与自然的物质变换之形式规定性有历史的变化，但更注意它的与此无关的质料方面①。

第三章 对社会和自然的探究以及认识过程　施密特主要从四个方面进行了阐释：自然规律和目的论，关于马克思的认识论概念，世界的构成与历史的实践，关于唯物辩证法的范畴。

关于自然规律和目的论，施密特认为，可以把社会看成总是面对它的与自然规律相同一的规律的，可是社会的每一历史结构规定着人对自然规律的揭示形式，规定着自然规律的作用方式与适用范围，而且，还规定着人对这些规律的理解程度和社会利用的程度。

在黑格尔和马克思那里，劳动所追求的目的、内容是受到限制的，二者在客观上受到所处理的材料与规律的限制，在主观上受到人的欲望与需要的结构的限制。由于人摆脱掉对神化了的、自然的隶属，人的劳动就甩掉了最初的本能形式，有意识、有目的的生产出场了，它代替了专门以肉体器官为中介的对自然的素朴的利用。

施密特认为工具本身已经是产品，它自身已是可以用工具创造出的主观的东西和客观的东西的统一。由于在这种统一中并未达到作为总体的自然，所以在劳动的时候，工具能以作为物质进入产品的方式被消耗掉。人的有限目的的活动并没有使自然结构支离破碎。要说明这点，并不需要任何超自然的原理（即使它作为历史的活动"否定者"——自然）。目的对于自然来说是疏远的，但它最初也不只是利用自然，而是具有其自身的原因②。

关于马克思的认识论概念，施密特认为，进行认识活动的意识是社会意识

---

① A. 施密特. 马克思的自然概念[M]. 欧力同，吴仲昉，译. 北京：商务印书馆，1988：78-94.

② A. 施密特. 马克思的自然概念[M]. 欧力同，吴仲昉，译. 北京：商务印书馆，1988：99-110.

的一种形式，它是不能离开心理学与人类历史加以规定的。感性的以及理性的理论作用，是人的本质的一个方面，是通过历史性的劳动而得到发展的。显然，马克思的观点首先是和他的哲学自关于费尔巴哈的提纲以来的发展相一致的，与瓦格纳相反。从认识要素的性质与关系来看，如果断言认识的种种要素是不同规定的历史产物，那么对康德意义上的意识进行形式分析已经不可能了，即认识那同事实的、内容的诸问题相分离的认识，已经不可能了[①]。

关于世界的构成与历史的实践，施密特认为，社会实践使认识的诸要素统一起来，并作为它们相互转化的中介。人的理论态度是在人的劳动状况的结构所每度展现的形式中形成的。人在劳动中既作为感觉主义的唯物主义者发挥作用，又同时作为主体的唯心主义者发挥作用。

施密特认为，根据写入所有辩证唯物主义教科书的说法，即所谓在马克思看来，历史的实践是认识的基础、是真理的标准。这种说法只有在一定条件下才能保持其真正的意义。关于世界的可认识性问题，它在马克思那里，只有在世界是人的"产品"的时候才具有意义[②]。

关于唯物辩证法的范畴，施密特认为，历史的范畴——其中也每每表现自然——对自然的客观结构的关系问题，也是实践的认识论作用的问题之一。经济学范畴随着它们所表现的历史关系的消失而失去其有效性。相反，逻辑学的范畴虽担负着经验的、人类的先决条件，但它具有一般更普遍的有效性，它们是类的历史的凝结物。

施密特认为，马克思和恩格斯虽然以达尔文为例，强调了这种观点的正确性，可是，恐怕绝不可以这样认为：他们由于认为自然经历了一定的历史发展，所以认为在一定社会条件下产生的关于自然的理论，会随着这些社会条件的消失而站不住脚[③]。

第四章 人与自然的关系和乌托邦 施密特认为，人和自然的关系问题，是社会理想中的关键性问题，马克思虽然完成了社会主义从空想到科学的发展，同黑格尔一样，反对空谈抽象的社会理想，但"马克思关于人自身的自然以及人对外界自然关系的理论"，以及马克思年轻时关于"人的自然本性的

[①] A. 施密特. 马克思的自然概念 [M]. 欧力同，吴仲昉，译. 北京：商务印书馆，1988：112-117.

[②] A. 施密特. 马克思的自然概念 [M]. 欧力同，吴仲昉，译. 北京：商务印书馆，1988：120-130.

[③] A. 施密特. 马克思的自然概念 [M]. 欧力同，吴仲昉，译. 北京：商务印书馆，1988：131-134.

完全解放""自然的人化同时也是人的自然化的梦想",则是一种乌托邦,甚至可以说马克思是"哲学史上最大的乌托邦主义者"。马克思的乌托邦理论表明:马克思既是乐观主义者,又在"欧洲悲观主义者的传统中占有一席地位",他和弗洛伊德一样,并不把一切献给理想,他们的学说相互交映[①]。在恩格斯看来,随着生产资料的社会化,一切都变好了,这就从必然王国向自由王国转变了。但马克思认为:自由王国不只是代替必然王国,同时它又把必然王国作为不可抹杀的要素保存在自己里面。建成更理性的生活,诚然要缩短再生产的必要劳动时间,但是绝不能完全废除劳动。在这点上反映出马克思的唯物主义的二重性。他的唯物主义能在不可扬弃中被扬弃,他使自由与必然在必然的基础上相互调和。

施密特认为,正像马克思试图揭示的那样,人类历史受其相应制度的制约而发生质的更迭,但在物的自然规律性联系中却不存在根本的变化。这也是马克思的观点,即自然在其种种规律中完成了的存在的东西,特别是自然力量本身所引起的变化,如果同受社会制约的变化以及社会本身的变化相比较,那是不值一提的[②]。

附录 论辩证唯物主义中历史和自然的关系 施密特认为,今天的辩证唯物主义关于本体论的讨论,完全脱离了马克思的著作,也和对资本主义生产方式的分析没有任何关系。施密特认为,辩证法只有作为历史的方法才是可能的。

【意义与影响】

第一,本书在整个西方马克思主义哲学思想史上具有举足轻重的地位,是西方马克思主义哲学中一部经典著作。本书是 1957—1960 年在霍克海默与阿道尔诺指导下,作为施密特的哲学博士论文完成的。1962 年作为《法兰克福社会学论集》第 11 卷出版发行。此后被译为多个语种,在我国也有众多读者,施密特的观点也在学界引起了广泛的研究和讨论。

第二,施密特是较早的系统地研究了马克思的"自然概念"的学者,提出了很多富有新意的观点。《马克思的自然概念》一书中,为了纠正卢卡奇把

[①] A. 施密特. 马克思的自然概念[M]. 欧力同,吴仲昉,译. 北京:商务印书馆,1988:中译本序.

[②] A. 施密特. 马克思的自然概念[M]. 欧力同,吴仲昉,译. 北京:商务印书馆,1988:135-175.

自然完全消融在社会历史中的唯心主义错误，施密特把马克思的"自然概念"提升到一个非常重要的位置，认为只有澄清了这一概念的独特内涵，才能说明唯物史观和哲学唯物主义的关系，从根本上捍卫马克思的历史唯物主义。

第三，《马克思的自然概念》这部著作对当代中国学者具有特殊的意义。中国特色社会主义建设是政治、经济、文化、社会和生态五位一体的格局，研究马克思的自然概念，对于我们认识人与自然的关系具有重要的现实意义。

值得指出的是，这部著作也包含了一些对马克思和恩格斯思想的错误理解，一些结论具有片面性。如书中的"自然概念"的逻辑线索并不是首尾一致的，存在着两个自然的逻辑线索的重叠与交错，一个是马克思唯物史观意义上的自然，一个是旧唯物主义的自然物质本体论意义上的自然[①]。

【原著摘录】

第一章 马克思和哲学的唯物主义 P5—58

P8 费尔巴哈由于把黑格尔的思辨做了唯物主义的颠倒，因而跳出了作为黑格尔左派之特征的在唯心主义内部批判唯心主义的框框。倘若用马克思的话说，他抛弃了"醉醺醺的思辨"，而转变为"清醒的哲学"。《巴黎手稿》高度赞扬了费尔巴哈著作的意义："实证的人本主义和自然主义的批判是从费尔巴哈才开始的。费尔巴哈的著作越是无声无息，这些著作的影响越是实在、深刻、广泛而持久。他的著作是继黑格尔的《现象学》和《逻辑学》之后包含着真正理论革命的唯一著作。"

P10 费尔巴哈对黑格尔的批判是从对一切唯心主义体系的诘难开始的，即是从自然概念开始的。在黑格尔看来，自然对理念来说是一个派生的东西，"自然在时间上是最先的东西，但绝对先在的东西确是理念；这种绝对先在的东西是终极的东西，是真正的开端，起点就是终点"。

P12 在费尔巴哈看来，思维和精神不是绝对的主观，而是与其他各种自然性质相并列的人的一种性质，一切意识都是有肉体的人的意识。因此，把人作为一种有需要的、感性的、生理的存在这人本主义理论，是一切主观性理论的前提："只有人才是费希特的自我根据、基础，才是莱布尼茨的单子的根据、基础，才是绝对者的根据、基础。"

P14 马克思比费尔巴哈前进了一步，不仅把感性直观，而且还把整个人

[①] 段方乐. 施密特自然概念的双重逻辑［J］. 人文杂志，2006（2）.

类实践导入作为认识过程的一个构成环节中去，这就同时满足了费尔巴哈的下述要求：必须把新哲学"在根本上同旧哲学"区别开来。

P17—18 这种人的外部实在既独立于人，同时又以人或者至少能以人为中介。马克思用下面一些同义术语来表述它："物质"、"自然"、"自然材料"、"自然事物"、"大地"、"劳动对象的存在基因"、"客观的"或"实在的劳动条件"等。按照马克思的观点，人构成这实在的一部分，所以他的自然概念和"全部实在"是同一的。

P18 这种包罗万象意义上的自然是认识的唯一对象。一方面它包含了人类社会的各种形态，同时，它又依附于这些形态而出现于思想和现实之中。在这点上，马克思受到费尔巴哈的感觉主义的影响，从把感性作为"一切科学的基础"出发，认为唯物主义学说和科学态度简直是一致的："科学只有从感性的意识和感性的需要这两种形式的感性出发时，因而只有从自然界出发，它才是真正的科学。"

P20—21 这里，马克思在三条战线上进行战斗。在批驳斯宾诺莎的实体概念时，他抨击自然无须人的中介而自在存在的观念；在批驳费希特的自我意识、整个德意志的唯心主义的主观概念时，他批判了使意识及其机能独立于人的观念，认为进行中介作用的主体不只是精神，也包括作为生产力的人；最后，他在黑格尔的绝对，即实体与主观的统一之上，看到了这两个因素所结成的统一不是具体地、历史地产生的，而是"被形而上学地改装了"的统一。正如自然不可能脱离人那样，反过来，人和他的各种精神活动也不可能脱离自然，人的思维能力是一种自然史的产物。因此，马克思说思维的过程就是自然的过程。

P21 如果在唯物主义里找统一的概念，把唯物主义的历史纯粹看作是一种内在思想的发展，那么这种人一开始就走错了道……唯物主义在它的方法上、在它的特殊兴趣上，最后在它的内容的重要特征等方面，都会随着历史的变化而变化。即便是唯物主义，也和一切哲学一样，总是人的生活过程的一种思想形态。

P25 既然马克思一开始就承认物质的实在已被社会所中介，因而恩格斯就有权利提出他的表述：物质本身只是一个抽象，只存在物质的特定的存在形式。

P29—30 马克思看到神的概念是对支配的最抽象的表达，它总是和下述的独断论的观点结合在一起的：世界具有统一的精神总体的意义。假如神存在，那么革命的人将不再是最初的世界意义的创造者，也将不能被认为是那种能使各个人在其中既感振奋、又受尊重的有意义的社会总体的创造者。

P31　马克思的唯物主义并不理会关于心灵的精神或物质的本性问题；即使对这种问题做出唯物主义的回答，也往往会给社会带来唯心主义的，也即贻害人的作用。而马克思的唯物主义首先关心从这个世界上消除饥饿和痛苦的可能性问题。

P34　正由于马克思不允许贬低物质问题的重要性，所以和那些把在历史上尚未解决的问题说成已经实现了的人比起来，马克思更忠实于被唯心主义辞藻的外衣遮蔽着的人这个内核。马克思认为，精神的内容本身并不就是意识形态，而只是社会现实的未得到实现的要求。

P38　诚然，一方面社会历史是"自然史的一个现实的部分"，由于人类以前的历史中作为特征的各种事实，在其中继续存在着，因而，马克思能够把生产工具（凭借对它们的制造和使用而从本质上把人和动物区别开来）称为人的"延长了的自然的肢体"。和动物一样，人也必须适应环境。

P40-41　关于自然史和人类史的关系问题，还同马克思批判意识形态方面有关。事实上，迄今把战争、迫害和危机等受历史和社会制约的事件，歪曲成是不可避免的自然事实，这就是维护统治权力的一个强有力的因素。

P44　（之）所以说是一门科学，这是因为在它的差异内部，"自然界的社会的现实"和同时发展着的人的自然实在，将通过工业越来越相互适应。因此"属人的自然科学或关于人的自然科学"都将成为同一门科学。

P44　在试图阐述马克思的自然概念之前，不能把恩格斯对辩证唯物主义的自然概念的最初解释撇开不谈……即使恩格斯背离了自己使自然科学辩证法化的主张，拒不使用自然哲学的概念，但是，由于他超出了马克思对自然和社会历史的关系的解释范围，就倒退成独断的形而上学。

P46　马克思使他们共同制定的研究费尔巴哈的纲领具体化了，同时还使得对于《德意志意识形态》来说是极为重要的关于自然和社会实践的关系这一问题具体化了……与此相反，恩格斯借助辩证法的范畴，去解释以既成形态存在的现代自然科学的各种成果。

P48　恩格斯承认：在世界的物质统一之内，有形式的区别。在他看来，物质的较高存在形式以及运动形式的确是由较低的形式产生的，但是，不能把前者完全还原成后者。不存在物质运动的终极的根本形式。

P52　在马克思那里，自然和历史难分难解地相互交织着；相反，恩格斯把二者看成是唯物辩证法的方法的两个不同的"适用领域",把辩证法的各个要素从具体的历史内容中分离出来,完全紧缩成首先来自《自然辩证法》的三个与实在相对立的被实体化了的"根本规律",于是辩证法成为在马克思那里所绝没有的东西,即世界观、解释世界的积极原则。

P55 围绕布洛赫哲学的争论表明:离开人的思维活动和生产可以独立实现的自然辩证法观点,必然转向对"自然主体"的泛神论、物活论的理解,随之也就放弃了唯物主义的立场。

P57 由于在自然本身中只能见到辩证法的萌芽,所以,超出旧机械唯物主义的辩证法要素,在恩格斯那里完全不能得到它的地位。恩格斯在认识论中所主张的自然的运动规律,究竟是机械的或本来就是辩证法的,这问题对于在认识论自身中非辩证法的赤裸裸的客观主义来说,显然已是第二位的问题了。

第二章 自然的社会中介和社会的自然中介 P59-95

P59 内在于物质中的各种可能性能否实现,或能在多大程度上实现,这当然是总归依物质的、科学的生产力的状况如何而定的。但物质的结构并不是一成不变的。物质的概念是从自然科学的历史过程中不断丰富起来的,这个历史过程极为密切地和社会实践的历史结合着。

P64 在马克思看来,辩证法的思维过程与物化了的意识不同,它不进行任何抽象的二者择一,正如人为了免于陷入谬误,不允许把事物形而上学地僵死地看成是一成不变的东西一样,反过来,也不允许把事物完全消融到使它受中介的社会过程这要素中去,因为这意味着仅把前提倒过来,同样是形而上学的谬误。重要的是阐明关于在每时每刻形态中的物的存在之直接性和中介性的具体辩证法。

P67 在唯物主义者马克思看来,自然及其规律是不依赖于人的一切意识和意志而独自存在的,但只有运用社会的范畴,有关自然的陈述才能定型、才能适用。如果没有人为支配自然而努力奋斗,就谈不上自然规律的概念。自然的社会烙印与自然的独立性构成统一,在其中主体方面完全不起像卢卡奇归诸它的那种"创造的"作用。

P70 生产过程具有三个抽象的要素:生产活动本身、质料和形式;质料有别于原料和工具,形式构成劳动的物质要素的物质关系本身。通过劳动,不仅被加工的原料,而且用于加工的工具也从其可能性转化成现实性,依据其对物质的关系被消费掉。

P73　马克思非常强调形式和物质之间的漠不关心性。在强调这点时，他谈到自然物质固有的形式和人中介过的有规定性形式之间的区别，这区别应成为一切劳动的出发点。

P75　物质的中介之最高形式，同时也是作为对人有使用价值的物质之直接存在的最高形式；在它是可能的条件下，人的劳动能使自在的自然变成为我之物。

P78　马克思使用"物质变换"的概念，就给人和自然的关系引进了全新的理解。他首先和自培根以来在这点上有所发展的启蒙主义持有共同观点，即必须在根本上从对人的效用性观点去考察自然。

P79　人的生存构成自然的一个片段，而人的活动自身则是"人的生存的自然条件"，因而是自然的自身运动。

P84　历史状况的变迁对劳动过程的各要素的性质绝不是完全无关的……诚然，思维使得一切经济形态所共有的一般规定确定下来，"但是所谓一切生产的一般条件，不过是这些抽象要素，用这些要素不可能理解任何一个现实的历史的生产阶段"。

P87　当自然所设定的劳动生产率不再是同样由自然所设定的人支配人的源泉时，当历史上发生的东西已经不能作为"自然发生的东西"而使自己永恒化时，生活依然被它的最一般的必然性所规定的，即被人与自然的物质变换所规定。

P91　劳动过程嵌入伟大的自然联系之中。自然，它作为社会和社会每度占有的那部分自然的高度统一，最后又战胜人的一切干扰而自我保持，被人渗透了的自然物质又再度沉入自然的最初的直接性中去。

P95　在交换过程中，作为人和自然的直接交换的产物的使用价值，转变成"同它的自然存在脱离一切关系的作为交换价值或一般等价物的存在"，返回到被该社会的物质变换所中介了的直接性去，再度成为使用价值。随着流通转向消费，对商品的自然规定性利用就完全抹杀了商品的社会规定性，因为商品的使用价值和商品生产中所需要的劳动时间量无关。

第三章　对社会和自然的探究以及认识过程 P96－134

P100　诚然，可以把社会看成总是面对它的与自然规律相同一的规律的，可是社会的每一历史结构规定着人对自然规律的揭示形式，规定着自然规律的作用方式与适用范围，而且，也还规定着人对这些规律的理解程度和社会利用的程度。

P104　由于人摆脱掉对神化了的自然的隶属，人的劳动就甩掉了"最初的本能形式"，有意识、有目的的生产出场了，它代替了专门以肉体器官为中介的对自然的素朴的利用。

P110　人的有限目的的活动并没有使自然结构支离破碎。要说明这点，并不需要任何超自然的原理（即使它作为历史的活动"否定着"自然）。目的对于自然来说是疏远的，但它最初也不只是利用自然，而是具有其自身的原因。

P112　现在试图越出前面的论述，把注意力转向马克思的认识论立场中显而易见的东西。它们在研究马克思的文献中仍然遭到严重误解。

P113　进行认识活动的意识是社会意识的一种形式，它是不能离开心理学与人类历史加以规定的。感性的以及理性的理论作用，是人的本质的一个方面，是通过历史性的劳动而得到发展的。

P116　从认识要素的性质与关系来看，如果断言认识的种种要素是不同规定的历史产物，那么对康德意义上的意识进行形式分析已经不可能了，即认识那同事实的、内容的诸问题相分离的认识，已经不可能了。

P119　马克思以实践概念为中介，既恢复了唯心主义的生产因素，也恢复了外在存在不依赖于意识的因素，这时候世界的构成问题，在马克思的理论中采取了唯物主义的形式而得到复活。

P125　根据写入所有辩证唯物主义教科书的说法，即所谓在马克思看来，历史的实践是认识的基础、是真理的标准。这种说法只有在一定条件下才能保持其真正的意义。

P127　马克思在康德和黑格尔之间的转换中占据中介的地位，而确定这一地位是极为困难的。他对黑格尔的主观和客观的同一性进行唯物主义的批判，虽然把他和康德联结起来了，可是在他那里，与思维不同一的存在不是再次作为不可知的"物自体"出场的。

P130　历史的范畴——其中也每每表现自然——对自然的客观结构的关系问题，也是实践的认识论作用的问题之一。

P133－134　由于人的活动，就建立了因果观念的基础，这个观念是：一个运动是另一个运动的原因。的确，单是某些自然现象的有规则的依次更替，就能产生因果观念。

第四章　人与自然的关系和乌托邦 P135－177

P135　正由于马克思在否定一切抽象的乌托邦这点上完全和黑格尔相一致，恐怕他就成为哲学史上最大的乌托邦主义者。

P139　在马克思、恩格斯看来，这里的问题并不只是反对真正的社会主义者所谓自然界构成和谐的统一的观点，从而以完全相反的观点，即以自然界实际上并不是和谐的观点去与之对立，而且他们还指出了真正的社会主义者们的这种幻想之心理学的理论根源。

P145　在恩格斯看来，随着生产资料的社会化，一切都变好了，这就从必然王国向自由王国转变了。但持怀疑态度的更为辩证法的马克思认为：自由王国不只是代替必然王国，同时它又把必然王国作为不可抹杀的要素保存在自己里面。建成更理性的生活，诚然要缩短再生产的必要劳动时间，但是决不能完全废除劳动。在这点上反映出马克思的唯物主义的二重性。他的唯物主义能在不可扬弃中被扬弃，他使自由与必然在必然的基础上相互调和。

P149　自然被人的目的降低为单纯物质而对人进行报复，结果，人只有通过不断增大对自身本性的压抑，才能取得对自然的支配，而这在本质上隶属于文明的发展，隶属于对自然的有组织的支配不断增大。

P154　总是残存着的必然王国，作为被人化了的东西，它和以它为基础的自由王国一样，能成为人自我实现的领域，这一点，马克思已在"草稿"中明确说过。

P158　在《资本论》中，马克思深入地研究了扬弃受工艺学所制约的分工。在这种场合下，技术的社会组织中存在着相对漠不关心的内在于技术中的一定的事情，这对马克思来说是显而易见的。

P166　诚然，即使对于直接接近自然的可能性的一切迷信已被消除，即使自然将继续作为人的资料与材料，在历史上为人的自我实现服务，也仍然存在不可避免的问题：即一切自然物都具有作为商品的性质，而任何东西在其固有的规定性上都不是通用的，只有在它对别的东西成为交换手段的时候，才在具有价值的世界中制约着自然存在，并制约着我们对它的关系。

P170-171　一般来说，所谓只要人类的历史存在，必然王国就存在，这的确意味着人对自然主要是采取占有、干涉、斗争的态度。这是本书在各有关地方所指出来的，但马克思对于生产过程几乎总是从它的单纯的和抽象的要素来论述的，而不是从它的特有的历史规定性来论述的，这不无道理。

P174　这也是马克思的观点，即自然在其种种规律中完成了的存在的东西，特别是自然力量本身所引起的变化，如果同受社会制约的变化以及社会本身的变化相比较，那是不值一提的。

附录　论辩证唯物主义中历史和自然的关系 P178－212

P179　今天的辩证唯物主义关于本体论的讨论，完全脱离了马克思的著作，也和对资本主义生产方式的分析没有任何关系。苏联哲学家们一方面议论世界总体的动力结构，一方面又使马克思当作首要问题的人的世界越来越从他们的视野里消失掉。

P185　在《资本论》的"草稿"中，有一节在理论上很重要，它解决资本主义生产之前的各种生产形式问题。在此节中，资产阶级历史以前的自然之非历史的性质讲得很清楚。这一节表明，辩证法必须转化为历史的叙述（如从其本来意图来看，在黑格尔那里已经是这样），而不应蜕化为空洞的模式。

P189　因而，如果马克思没有像新浪漫派的意识形态那样，把工业阶段以前的自然的生活过程加以非理性主义的深化，那么，他也没有考虑传到把各阶段的"要素的"相互作用、把"自然的自我媒介"——在这阶段的劳动必然把自己作为这种东西展示出来——实体化，成为从世界观上来把握自然的一元论。

P194　资本在它自己所开创的基础上扩大再生产，而且，它倘若一旦在历史上发展起来，那就要以"资本生成的史前阶段"——作为"在现实的资本存在时就消失了"的阶段为自己的前提。

P199　的确，恩格斯作为立足于自然科学的唯物主义者，应该和黑格尔的这种信念相决裂。诚然，恩格斯完全像黑格尔的"理性的物理学"那样，拘泥于从经验获得的自然科学成果，因而拘泥于自然"自身内在的必然性"中可作为一个整体来叙述的普遍的东西。

P204－205　尽管恩格斯受到前述的恶的矛盾的束缚，但他还是从中解脱了。这与其是由于他扎根于黑格尔的《自然哲学》，莫如说是由于他扎根于黑格尔的《逻辑学》，特别是扎根于黑格尔的有的逻辑学，这种有的逻辑学在黑格尔的《哲学入门》中是作为特征性的东西，仍是在"本体论的逻辑学"标题下来解决的。

P208　而我们探讨马克思涉及辩证法问题的方法时，首先引人注目的是他和恩格斯相反，他绝没有陷入把辩证法法典化，绝没有把自然和历史设想为分离的对象领域，用辩证法的运动形式去规定它们的关系。

P210　现在更清楚了：恩格斯对辩证法的问题的提出是倒退的。如果"唯物主义的自然观"不过是"对自然界本来面目的朴素了解，不附加以任何外来的成分"的话，这就意味着从他自己和马克思在《德意志意识形态》对费尔巴哈的论战中已经达到的立场，倒退回素朴的实在论去了。

【参考文献】

[1] A. 施密特. 马克思的自然概念 [M]. 欧力同, 吴仲昉, 译. 北京: 商务印书馆, 1988.

[2] 恩格斯. 自然辩证法 [M]. 于光远, 等译. 北京: 人民出版社, 1984.

[3] 张一兵. 给予与创造: 认识本质的历史把握: 解读施密特的《马克思的自然概念》[J]. 天津社会科学, 2000 (5).

[4] 张一兵. 施密特《马克思的自然概念》的文本解读 (笔谈) [J]. 社会科学研究, 2006 (2).

[5] 段方乐. 施密特自然概念的双重逻辑 [J]. 人文杂志, 2006 (2).

[6] 张金鹏. 施密特对马克思政治经济学理解的偏差 [J]. 社会科学研究, 2006 (2).

八、《公共领域的结构转型》

[德] 尤尔根·哈贝马斯 著
曹卫东 等译
学林出版社，1999 年

---【作者简介】---

尤尔根·哈贝马斯是德国当代重要的哲学家之一，法兰克福学派第二代的中坚人物，历任海德堡大学教授、法兰克福大学教授、法兰克福大学社会研究所所长以及德国马普协会生活世界研究所所长。1954 年在波恩大学以论文《绝对性与历史，论谢林思想的二重性》获得哲学博士学位。1949—1954 年，哈贝马斯先后在哥廷根大学、苏黎世大学和波恩大学学习哲学、心理学、历史学、德国文学和经济学。1955 年，哈贝马斯来到法兰克福，进入霍克海默和阿道尔诺领导的社会研究所。正是法兰克福学派对马克思主义学说的重视引发了他对马克思主义理论的兴趣。1964—1971 年，哈贝马斯担任法兰克福大学哲学和社会学系教授。20 世纪 60 年代中期，哈贝马斯发表的许多政论性文章在青年学生中产生了巨大影响。他的思想和理论成为 1968 年学生抗议运动的精神力量。1983 年，哈贝马斯重新回到法兰克福大学任哲学和社会学教授，直到 1994 年退休。哈贝马斯被誉为"当代的黑格尔"和"后工业革命的最伟大的哲学家"，他继承和发展了康德哲学，致力于重建"启蒙"传统，视现代性为"一项尚未完成的计划"，提出了著名的沟通理性理论，对后现代主义思潮进行了有力的批判。

哈贝马斯一生著作等身，主要著作有《公共领域的结构转型》(1962 年)、

《理论与实践》（1963 年）、《社会科学的逻辑》（1967 年）、《作为"意识形态"的技术和科学》（1968 年）、《认识与兴趣》（1968 年）、《晚期资本主义的合法性问题》（1973 年）、《重建历史唯物主义》（1976 年）、《交往与社会进化》（1979 年）、《交往行为理论》（1981 年）、《道德意识与交往行为》（1983 年）、《现代性的哲学话语》（1985 年）、《新的非了然性》（1985 年）、《后形而上学思想》（1988 年）、《纠补的革命》（1989 年）、《在过去与将来之间》（1990 年）、《文本与语境》（1991 年）、《论话语伦理学》（1991 年）、《在事实与规范之间》（1994 年）、《包容他者》（1996 年）、《真理与论证》（2000 年）、《人类的未来》（2001 年）、《过渡时代》（2001 年）、《时代诊断》（2003 年）等。

【写作背景】

第二次世界大战以后，资本主义国家开始了大范围的国家干预，国家干预主义渐趋强化。资本主义发展进入国家垄断资本主义阶段。这一时期，国家干预社会领域与公共权限向私人组织转移（即社会的国家化和国家的社会化）同步进行，国家的政治意识形态通过广告传媒等大量公共手段向私人生活领域渗透，日益控制人们的日常思想行为模式。人们逐渐丧失了理性批判的自由，这一变化也逐渐破坏了资产阶级公共领域的基础——国家和社会的分离。正是在这样一种背景下，哈贝马斯考察了资产阶级公共领域的历史起源，呼吁重建具有批判功能的公共领域。

【中心思想】

《公共领域的结构转型》一书是哈贝马斯的成名之作。该书以社会学和历史学的视角，探讨了自由主义模式在资产阶级公共领域的产生、发展、瓦解的历史及其社会结构、政治功能、观念与意识形态等。该书集中阐述了资产阶级公共领域中的自由主义因素及其在社会福利国家层面上的转型。

《公共领域的结构转型》由七章构成，但从内容上来看主要分为两个部分：一个部分是论述资产阶级公共领域的产生与政治功能，另一个部分是论述资产阶级公共领域的结构转型以及政治功能的转变。整部著作是围绕"公共领域"问题展开的，论述的目的就是批判当代资本主义公共领域政治功能的衰落，重构公共领域的政治批判功能。

首先，我们来看资产阶级公共领域的产生以及自由主义理想模式下的公共领域。资产阶级公共领域是一种特殊的历史形态，它最早是在十七八世纪的英格兰和法国出现的，随后与现代民族国家一起传遍 19 世纪的欧洲和美国。早期资产阶级公共领域最初的形态是在阅读日报或周刊、月刊评论的私人当中，形成一个松散但开放和弹性的交往网络。通过私人社团或者学术协会、阅读小组、共济会、宗教社团等组织起来，以剧院、博物馆、音乐厅、咖啡馆、茶室等为场所和公共空间，自发聚集在一起交往和对话，交流的聚焦点由艺术和文学转到了政治。

资产阶级公共领域产生和发展的基础是市民社会。哈贝马斯指出，公共领域中参与批判的讨论者必须具备一种主体的独立自主意识，而商品经济的发展为这一主体的形成提供了经济基础。公众的主体意识具体表现为，作为商品所有者，他们在处理劳动领域和商品交换领域中的关系时认为自己是独立的。商品经济的发展，使商品交换和社会劳动领域从国家指令的直接控制当中解脱出来，作为商品所有者他们可以根据赢利原则自由抉择，而无须听从任何人，只需遵守似乎隐藏在市场内部、发挥经济合理性的无名规律。作为私人自律的标记的"物主"意识在市场上的这种独立性中反对国家进行干预，每个人为了维护特殊的利益对国家权力机构提出批判。在市民讨论者看来，公共事务中有悖于市场规律的政策同样有悖于人性的要求，反之亦然。

其次，随着商品交换的进一步发展，私人偶然的信息交流变成新闻，这推动了印刷业的发展，并促进了报刊、新闻之类的公共领域所需要的媒体的出现。与此同时，由于非个人化的国家机构的迅速扩张，导致了它以"公共权威"的面目对私人领域进行合理的干预和渗透。在这种情况下，代表"市民社会"的资产阶级就出现了，他们利用"公共观念"作为公共权威的抽象对应物，发展出市民社会的公共领域，使得"公共领域"从一种与公共权威的自由辩论发展为对权威提供合法性的约束，从宪法上规定了对公民自由权的保障以及对政治权力机关的制约。市民社会是资本主义自由市场经济发展的产物，自由竞争制度对其起到调节作用，受市场规律的支配，反对国家的强制干预，仅仅要求国家制定相应的基本法律规范来保护私人领域的自由发展。具有政治功能的公共领域的出现正是市民社会实现其自我调节机制的工具，因为市民社会可以通过政治公共领域来影响国家权力机关从而使国家权力机关的行为适应市民社会自身的发展。在市民社会领域中，公众为了维护他们的私人利益能够自动汇集起来形成共同的利益目标，与代表公共性的国家权力机关相抗衡。

资产阶级公共领域最初形态是作为一个公开批判的领域，它的主体是一些拥有不同经济利益的私人，而这些代表不同利益的私人能汇集在一起形成对公共权力的公共批判，必然要通过某一空间意义上的场所，运用一些能展开公开批判的工具。作为私人的公众在公共领域中讨论的方式表现为公开批判，利用的机制就是公共媒介（新闻报刊），其目的不是要分权，而是要为公共权力提供一个"合理"和"合法"的行为标准。政治公共领域是成熟的资产阶级公共领域，它正是从文学公共领域中产生出来的。由于资产阶级知识分子的参与，原先属于贵族们的特权的自由辩论很快就会发展成为公开的批评，从而成为没落的宫廷代表型公共领域向新兴的资产阶级公共领域过渡的桥梁。随着资本主义的进一步发展，经济和政治很快就取代文学成为公共领域的主题，已经具备公众和论坛的公共领域实现了其文学功能向政治功能的转变，参与讨论的公众开始占有受上层控制的公共领域（例如议会）并将之建成一个公共权力的批判领域。

在哈贝马斯看来，资产阶级公共领域的基础是国家和社会的分离，它来自社会再生产和政治权力的分离。在封建时代，国家就是社会，社会就是国家。只是随着市场经济关系的扩张，等级统治才真正被冲破，市民社会才有可能从底层生成，资产阶级的公共领域才有可能逐步被建构。

但是，现在资产阶级公共领域的基础随着社会福利国家的出现发生了变化，国家和社会一定程度上又融合在一起。资产阶级公共领域的结构和职能发生了转型，以前作为公众进行批判工具的大众报刊现在成了被某些利益集团操纵的商业宣传工具和公共权力美化自身的广告工具，"公众"也变成了被这些传媒所控制的、没有独立意志的"大众"。本来政党是公共领域的工具，现在与公共权力机关发生密切关系，把大众纳入其权力的争夺中，使其成为获胜的筹码。批判的公共性现在成了操纵的公共性，一个由组织的私人构成的公众群体将取代已不存在的、由作为个人进行活动的公众群体。这样公众实质上不再具有独立意志，而是被组织意识形态整合的产物，不再是作为个体存在，个体意识走向了内心世界。本来公共性是私人之间表达意见进行批判的领域，现在成了各个党派利益集团妥协平衡利益的领域，看起来具有"公共性"行为的领域，实质上是虚假的、象征性的，是经过人为设计、精心策划的产物，人们只需听从，无须批判。民众意见当独立于组织之外，已经不再具有任何作用，同时，大众自身已经无法正确地确认自己的意见和倾向，在权力的压迫之下已经没有能力表达自己，失去了以前所具有的自由。公共性现在无法再起到证明政治统治合法性的作用。权力一旦被资产阶级所独占，资产阶级的公共领域也就开始了腐败。哈贝马斯对公共领域的重建就是要恢复作为主体理性的批判功能。

【分章导读】

第一章 资产阶级公共领域的初步确定 哈贝马斯把公共领域作为一个历史概念进行分析。在讨论公共领域的发生时，他追溯了这一概念的历史起源。他首先对"公共性"这一概念进行了一般性概念分析，然后考察了历史上出现的三种公共性领域：古希腊的公共领域、封建社会的代表型公共领域和资产阶级的市民公共领域。在古希腊，公共领域是自由民所共有的，它与每一个人所特有的私人领域是明确区分的。公共领域内的生活对于古希腊人来说是非常崇高的，公共领域在古希腊人的生活中占据重要地位。可以说，"公共领域"与"私人领域"的对立在古希腊人的生活中就已经出现了。

到了中世纪封建社会，不再存在古代意义上的这种"公共领域"和"私人领域"的对立模式。封建制度本身就把"所有权"与"公共性"合二为一，公有就意味着领主私人占有。虽然封建领主在一些方面体现了"公共性"特征，但在哈贝马斯看来这个社会领域只能称为"代表型公共领域"，这种公共领域只是封建君主和贵族们公开展现其权威和地位的场所。就此而言，在封建社会存在一种不是作为社会领域而是作为一种地位标志的代表型公共领域。这种代表型公共领域的出现及发展是与一整套关于所谓"高贵行为"的繁文缛节密切相关的。宫廷是贵族代表型公共领域的核心，臣民只有对具有所谓"公共性"的国家完全服从，无权过问干涉国家权力；同时，作为"公共性"的国家权力、财产、领土成为某个私人或特殊利益团体独占之物。

哈贝马斯把"公共领域"作为17世纪后期的英国和18世纪的法国出现的一个历史范畴，初步定义为和"私人领域"相对立，和"公共权力机关"相抗衡。从定义中可以看出，作为资产阶级公共领域出现的两个前提是"私人领域"即市民社会和"公共权力机关"的出现。在中世纪中期的封建社会这两个因素并没有出现，但是随着历史的发展，18世纪末封建势力、教会、贵族诸侯之间发生了分化，等级特权为封建领主特权所取代，"公共权力机关"从君主完全占有中分离出来。"公共权力"具体表现为"常设的管理机构和常备的军队；商品交换和信息交流中的永恒关系（交易所和出版物）是一种具有连续性的国家行为"①。但这种"公共权力"的合法性是建立在对暴力工具垄断基础上的。同时，随着早期资本主义经济的发展，出现了在家庭之外的经济交流，表现为私人之间自律领域，并与政府公共权力相对应，即市民社会。作为私人领域的市民，脱离了个人家庭的局限，更多地关注于公共事务，因为公共权力的管理行为与自身发生着密切联系。这样，公共领域就介于国家与社会之间出现，领域内事务就是要处理私人领域与公共权力之间的紧张关系。"公共领域"不是一个空间概念，而是表达了一种关系范畴。正是政府当局的政治政策使公众意识到了公共权力是作为自己的对立面而出现，资产阶级公共领域开始出现。资产阶级的公共领域首先是作为一种私人自律的领域，意味着不受公共权力控制和管辖；另一方面相对于个人家庭生活而言，这个领域内的公众又关注公共事务，借助新闻媒体来批判公共权力。

第二章　公共领域的社会结构　哈贝马斯通过历史性分析来研究资产阶级公共领域的社会结构或者说内在机制。公共领域作为一个公开批判的领域，它的主体是一些拥有不同经济利益的私人，而这些代表不同利益的私人能汇集在一起形成对公共权力的公共批判必然要通过某一空间意义上的场所，运用一些能展开公开批判的工具。作为私人的公众在公共领域中讨论的方式表现为公开批判，利用的机制就是公共媒介（新闻报刊），其目的不是要分权，而是要为公共权力提供一个"合理"和"合法"的行为标准。资产阶级公共领域首先不是作为具有政治功能的公共领域出现，而是一种与代表型公共领域保持一定联系的文学公共领域，其机制体现为城市中的咖啡馆、沙龙以及社交宴会，这些为市民讨论和批判公共事务提供了场所和环境，使公共观念和公共批判得以产生。参与的公众大多为受教育者，讨论的问题由对艺术、戏剧和音乐的批判逐渐转变为对经济和政治的批判，这表达了私人自身对主体性的自由意识和独立意识的渴求。原本"一般问题"的解释权由教会和国家所垄断，现在以哲学和文学作品的形式由市场制造，成为商品。这样公众可以任意解释、表述和讨论这些具有一般性、普遍性意义的问题，也可以说公众可以任意展开批判。公众之间通过书信等文学的表达方式，形成了一个广泛的建立在对人性共同关注的群体。这种文学公共领域为具有政治功能的公共领域的出现提供了普遍意识的机制和经验保障，在哈贝马斯看来更是为

---

① 尤尔根·哈贝马斯. 公共领域的结构转型［M］. 曹卫东，等译. 上海：学林出版社，1999：17.

政治公共领域发挥影响提供中介。哈贝马斯认为，文学公共领域并不是真正的资产阶级公共领域，它和宫廷王室的代表型公共领域之间还保持着一定的联系，但它却是市民公众展开公开批判的练习场所，公众在就文学和艺术问题展开争论和批判的同时也逐渐形成了批判意识并掌握了一定的公开批判的技巧。随着商品经济的发展以及国家权力对城市控制的减弱，成熟公众的业余批判逐渐变得有组织，批判活动也不仅仅局限于沙龙、咖啡馆和社交宴会等狭小圈子，而是渴望影响更多的公众。这样，杂志报纸等成为公众展开公共批判的新工具。作为私人领域的市民社会，其公众既是作为"物主"所有者，又是作为具有"人性"关系的个人。公共领域即承担了作为具有财产和教育双重身份的个人所需，并把两者旨趣结合起来。资产阶级市民在公共领域中把利益追求与价值追求统一起来，并在人与人之间就公共性问题达成一致，对公共权力发出挑战。

第三章 公共领域的政治功能 哈贝马斯先从历史角度考察了资产阶级公共领域政治功能的产生，然后具体分析了资产阶级公共领域政治功能的实质以及产生的现实基础。

哈贝马斯以英国以及欧洲大陆一些国家的政治公共领域为例描述了政治公共领域的产生。在英国政治公共领域的产生是伴随着由英格兰银行的建立、检查制度的废除、报刊的发展、议会的出现等一系列过程出现的。具有政治功能的公共领域的产生首先意味着公众拥有政治批判意识，要出现一批敢于批判现实政治的、具有批判意识的公众。而这批公众又如何能逐渐具有政治控制功能呢？这要求公众批判政治的活动被合法化和制度化。检查制度的废除，报纸杂志的合法化、议会的制度化就使得公众可以以合理的方式来影响国家的权力和政策。议会的出现或者说功能的转变为公众得以批判公共政治权力提供了中介和场所。政治公共领域成为国家机器的一个重要组成部分。

接下来，哈贝马斯从市民社会的发展来揭示政治公共领域产生的社会基础。市民社会是资本主义自由市场经济发展的产物，自由竞争制度对其起到调节作用，受市场规律的支配，反对国家的强制干预，仅仅要求国家制定相应的基本法律规范来保护私人领域的自由发展。具有政治功能的公共领域的出现正是市民社会实现其自我调节机制的工具，因为市民社会可以通过政治公共领域来影响国家权力机关，从而使国家权力机关的行为适应市民社会自身的发展。在市民社会领域中，公众为了维护他们的私人利益能够自动汇集起来形成共同的利益目标，与代表公共性的国家权力机关相抗衡。但是，哈贝马斯又指出资产阶级政治公共领域存在着内在矛盾。

首先，市民社会要求自由竞争制度，反对国家的强制干预，它通过政治公共领域实现了法律的保障。公众通过议会活动制定立法从而确立了资产阶级法治国家。资产阶级法治国家保障了个人的基本权利，保护了个人的私人领域不受侵犯，实际上从根本上保障了市民社会可以按照市场经济规律的原则自由发展。表面上看，资产阶级政治公共领域对一切人普遍开放，好像是反映了公众普遍的舆论，反映了公众的普遍要求，但是这一普遍开放性还是取决于市民社会的结构。政治公共领域本质上是资产阶级实现特殊利益的工具。也就是说，只有有产者才能进入政治公共领域，才能通过政治公共领域来保护他们现存的利益。在政治公共领域内，资产阶级通过公开批判和公共舆论的方式使他们的诉求具有了一种普遍利益的表象，并使之合法化。

第四章　资产阶级公共领域：观念与意识形态　哈贝马斯从历史的角度探讨了"公共舆论"这一范畴的产生、发展和演变。资产阶级公共领域实质上属于私人领域，之所以拥有公共性，是因为形成了服务于共同利益的"公共舆论"关注国家权力的合法行使。公共舆论使得公共领域从一种与公共政治权威的自由辩论发展为对政治权威提供合法性的约束，由此导致了从宪法上规定对公民自由权的保障。"公共舆论"成为资产阶级公共领域的核心范畴，而这种公共舆论所要起的作用就是批判和参与立法。所谓公共领域，在哈贝马斯看来首先意指我们的社会生活的一个领域，在这个领域中，像公共意见这样的事物能够形成。这也就是说，公共领域内私人可以自由聚集和组合，可以自由公开表达他们的意见，发表他们的观点，参与公共事务的讨论，形成统一的公共舆论并对国家政治行为产生影响。哈贝马斯考察了公共舆论作为范畴发展的历史。公共舆论首先是作为一种习俗和传统的偏见，维护着传统的道德秩序。后来随着资本主义的发展，资产阶级为公共舆论注入了新的阶级基础，形成了具有理性和批判意识的公众，而公共舆论成为评判一切行为、道德和法律合理性的标准。康德认为具有政治功能的公共领域依赖于自由竞争的商品所有者自律关系。具有批判意识的公众就是有产者，他们在商品交换关系中自律地形成了捍卫私人领域的共同旨趣。他们对国家权力的批判不是被组织和规范的产物，是一种自发秩序的结果。通过公共舆论把自私自利的个人的"恶"转化成了公共性。黑格尔批判了资产阶级公共领域的这种虚伪性，认为具有政治批判意识的资产者实质上是把他们的特殊利益描述成了具有普遍意义的共同利益。马克思通过政治经济学的批判摧毁了资产阶级公共领域所依靠的一切虚构，认为具有批判意识的公众对封建社会统治关系的消解并不是对政治统治的消解，相反，是对政治统治的变相继承——资产阶级法治国家以及作为其核心组织原则的公共性都不过是一种意识形态。马克思对资产阶级公共领域的深刻揭露预见性地揭示出了公共领域政治功能的转变——从一种解放批判工具变成了阶级压迫工具。虽然自由主义者托克维尔、柏克、穆勒等人对公共舆论所造成的权力集中做了相应的批判，但未能揭示出阶级实质。对于自由主义法治国家，公共领域所起到的批判功能，哈贝马斯还是比较肯定的，但是公共舆论由于受资本主义商品交换关系的制约，它逐渐丧失了公开批判公共事务的政治功能，公共舆论转变为资产阶级的观念和意识形态。

第五章 公共领域社会结构的转型 哈贝马斯从公共领域与私人领域的融合趋势、社会领域与内心领域的两极分化、从文化批判的公众到文化消费的公众三个方面分析了资产阶级公共领域社会结构的转型。

在公共领域与私人领域的融合趋势中，哈贝马斯指出了19世纪末，随着国家干预主义的出现，福利国家开始形成，公共领域的社会机构开始转型，主要表现在国家与市民社会利益渐趋吻合。一方面，私人利益开始妄图掌握国家权力为自身服务，不再对权力保持中立，公共权力领域越来越私人化、社会化，成为服务于某些利益集团的工具；另一方面，随着国家采取干预和福利政策，私人领域越来越国家化，国家拥有了更多的结构功能，对商品交换和社会劳动领域日益产生影响。作为资产阶级公共领域模式的前提——公共领域和私人领域的严格分离，现在已经发生了重叠，社会的国家化与国家的社会化同步进行，社会领域被重新政治化。在这种情况下出现了一个无法再用"公"和"私"加以区分的社会领域，私人领域不再是由一个个的个体组成，个体已经被纳入了不同的私人经济组织和集团，私人经济组织与国家之间的关系领域既不能完全归于私法领域，也不能完全算作公法领域。

在社会领域与内心领域的两极分化中，哈贝马斯指出，随着私人领域越来越受到干涉，作为私人领域核心的内心领域被排挤到了边缘地带。以前作为私人领域的商品交换和社会劳动领域变得越来越具有公共性了，而造成公共领域侵蚀私人领域的一个重要原因就是大工业、大企业的出现。大企业的出现使社会劳动领域失去了私人领域的特征，它不再是一个私人自律的领域，企业的发展关乎很多人的利益，财产所有权不再受某个人支配了，并且大企业承担了更多的社会功能，企业职工的私人生活受到大企业的福利照顾。以前家庭私人领域所承担的功能被社会福利国家所承担，家庭的一部分领域被社会福利国家所占据。社会福利国家承担了私人领域中健康保障、生活救济补助以及教育等功能。家庭失去经济职能的同时，也失去了塑造个人内心的力量，私人生活越来越公共化。

在从文化批判的公众到文化消费的公众中，哈贝马斯指出原来私人能够意识到自己作为资产者和个人的双重身份，在私人领域核心地带形成公共领域，文学公共领域并不从属于商品交换和社会生产领域。而随着社会福利国家的干预、大企业的发展，私人越来越失去了个人的主体性，完全依赖于社会化了的国家。市场规律控制的商品流通和社会劳动领域渗透到作为公众的私人所操纵的领域，文化生产领域从属于商品交换，文化产品成为商品。为了获取利润，文化企业迎合大量教育水平较低的消费群体，文化生产仅仅为了满足公众的低级趣味和消费，不再包含政治性、批判性的话题。哈贝马斯指出，在这种现象中，文学公共领域崩溃了。

最后，哈贝马斯指出公共领域的私人性质丧失了，被完全公共化，承担起了广告的功能，不再具有批判功能。作为私人的公众也不再是参与政治、制约政治权力的主体，经济组织、社会组织、政党等成为新的主体，公众的私人要求必须以集团要求的形式表现出来。从文化领域开始，文化消费成为某些集团宣传观念的工具，公众的意识成为受操纵的意识。哈贝马斯指出公共领域的批判功能丧失了，而这一现象产生的根源就在于私人领域中的私人自律和个体独立受到国家和社会相互渗透的影响开始逐渐丧失，有组织的私人或者说受操纵的公众成为公共领域的主体。

第六章　公共领域政治功能的转型　哈贝马斯从报刊、政党、议会以及人们选举行为等几个方面具体论述了公共领域政治功能的转型。

自由主义时代的报刊是在公众的批判当中发展起来的，它承载了公众对于公共权力机关的监督和批判。而现在报刊逐渐地商业化，报刊发行者由最初主要出于政治动机，现在转变为以牟利为目标，报刊经营政策服从于商业效率、服从于资本扩张的需要。按照自由主义公共领域的理想模式，具有批判功能的公众机构应当掌握在私人手里，不受国家权力机关的干涉，但是事实上，如果这些机构被私人所掌控，那么它们的批判功能也必然受到损害。具有批判功能的公众机构应介于私人与国家之间。正是报刊业的私人化、商业化，促使其现在已经成为大众传媒的产物。

公共领域由原来具有批判功能的领域转变为宣传广告的领域，那么，公众舆论在其中也必然受到大规模商业广告的影响。公众机构通过各种技术手段以广告的方式影响和操纵公众的观念，从而取得共识。人们取得的共识已经成为人为的共识，公众舆论也成为一种精心筹划的"公众舆论"。

随着社会福利国家的出现，国家官僚机构控制社会的权力逐渐增加了，另一方面特殊利益联合体控制和影响国家行为的能力也加强了，国家和社会逐渐一体化。原先在自由资本主义时期，拥有不同物质利益的个人能达成共识完全在于服从于市场机制的调节，而现在私人利益是被组成起来的，被迫采取了政治形式，那么共识的形成显然是不同利益集团相互讨价还价后妥协的结果。现在公共领域的主体不再是个人而是不同的利益集团以及政党。集团组织和政党的活动就是操纵和影响公众的意识，使其看起来具有公共性或者说代表了公众的意愿。议会本身也不再是公众进行监督和批判公共政治权力机构的场所，而成了政府和政党展示和论证它们政治纲领的舞台。公众的共识不再是自下而上形成的，而是自上而下由组织和政党精心筹划和制造的。公共领域的政治功能从批判功能又转变成代表型公共领域所具有的展示功能。以前国家政治统治的合理性来源于私人公开的批判，现在却来源于社会组织所操控的权力与政治权力之间的相互妥协。哈贝马斯还进一步指出，选民的选举活动也已经被社会组织所操纵，很难形成严格意义上的公众舆论，政治决策脱离了公众批判。

第七章　论公众舆论概念　哈贝马斯对公众舆论进行社会学的分析，并提出了自己对于公众舆论的解释。他首先批判了两种对公众舆论错误的解释。一种是宪法虚构的公众舆论，这一公众舆论是通过政党组织得以实现的，政党的意愿就是公众的意愿，离开了组织，民众意见就几乎不再具有政治作用。在这种情况下，公众舆论是被强行加以整合的意见。另一种错误的解释是社会心理学的解释。这种解释认为公众舆论就是大多数人的意见和观点，是大众的一种随意反应，与政治活动没有什么关系，公众的意见被看作是中立的。这样一种概念导致的结果就是否认了具有政治功能的公共领域的存在。公众舆论的社会心理学解释否认了公众的意见直接作为政治行动的根据，否认了公众意见与政治权力机关的直接关系，把公众意见仅仅当作科学机构研究的对象。

哈贝马斯认为只有从公共领域自身发展和结构转型的过程中才能正确把握公共舆论的概念。他区分了两种政治交往领域：一种是非正式的、个人的、非公共的意见系统，另一种是正式的、机制化的权威意见系统。而公共舆论的形成显然不是把非正式的、非公共的意见系统纳入权威化的意见系统中，而是两个交往领域通过批判的公共性作为中介联系起来，把脱离公众的非正式意见通过批判的方式汇聚成为公共权力机关的正式意见，恢复公众舆论得以产生的自主性和政治批判功能。

【意义与影响】

第一，哈贝马斯每一部著作的出版都是令西方学术界兴奋的大事件。这部著作被翻译为多种语言出版发行，也是在我国较早引起学界对哈贝马斯思想关注的著作，读者众多，影响广泛。近十年，我国学者也推出了为数众多的、就此进行专门阐述的文章和著述。

第二，本书以资产阶级公共领域作为研究对象，打破了社会科学各学科之间的界限，使用了多学科的研究方法，把公共领域范畴放到一个更加开阔的视野里加以探讨，为研究当代资本主义社会提供了很好的模式和范本，其多学科的研究方法也是值得肯定和借鉴的。

第三，哈贝马斯在这部著作中提出了很多富有建设性的观点，合理性和局限性并存。例如，他指出公共领域的作用就是产生公共舆论，这个公共舆论是资产阶级代议制议会的正当性和有效性的依托。但是哈贝马斯把资本主义国家的议会看作表达公共舆论的舞台，忽视了资本主义国家议会的本质是要维护资产阶级的利益和统治的。他视公共领域的存在为资产阶级法治国家宪政架构的基石，这带有一定的空想色彩。

第四，哈贝马斯从公共领域的功能角度对资本主义国家的政治统治进行了批判，这为我们全面反思资本主义世界提供了理论借鉴。哈贝马斯在这部著作中带有鲜明的精英文化取向，夸大了文化工业控制者的力量，忽视了国家在一定程度上干预信息领域的重要性。如果把公共领域作为公众表达正当利益诉求的一个领域，那么哈贝马斯的这一研究，无论对西方国家，还是对中国来讲，都是很有研究和借鉴意义的。

【原著摘录】

第一章 资产阶级公共领域的初步确定 P1—31

P1 "公共"一词在使用过程中出现了许多不同的意思。它们源自不同的历史阶段，在一同运用到建立在工业进步和社会福利国家基础之上的市民社会关系当中时，相互之间的联系变得模糊起来。同样是这些社会关系，一方面反对传统用法，另一方面又要求把它作为术语加以使用。不仅日常语言如此，官方用语和大众传媒也是如此。即便是科学，尤其是法学、政治学和社会学显然也未能对"公"、"私"以及"公共领域"、"公众舆论"等传统范畴做出明确的定义。

P6-7 从社会学来看，也就是说，作为制度范畴，公共领域作为一个和私人领域相分离的特殊领域，在中世纪中期的封建社会中是不存在的。尽管如此，封建制度的个别特征，如君主印玺等具有"公共性"也并非偶然；同样，英国国王的公共性也不足为奇——因为所有权有一种公开的代表形式。这种代表型公共领域不是一个社会领域，作为一个公共领域，它毋宁说是一种地位的标志。

P11 直到18世纪末，整个发展趋势还很明朗。代表型公共领域所依赖的封建势力、教会、诸侯领地和贵族阶层发生了分化，形成对立的两极；它们最终分裂成为公私截然对立的因素……封建王权相应地也发生了分化，首先突出表现为公共财政和封建君王的私人财产分离了。相对于越来越私有化的宫廷世界而言，公共权力机关具体表现为官僚制度和军队（部分也表现为司法机关）——统治阶层最终从等级制度当中走了出来，发展成为公共权力，部分归立法机关（部分归司法机关）；劳动阶层一旦在城市企业和某些乡村阶层中扎下根来，就会发展成为"市民社会"；作为真正的私人自律领域，"市民社会"和国家是对立的。

第二章 公共领域的社会结构 P32-67

P32 资产阶级公共领域首先可以理解为一个由私人集合而成的公众的领域；但私人随即就要求这一受上层控制的公共领域反对公共权力机关自身，以便就基本上已经属于私人，但仍然具有公共性质的商品交换和社会劳动领域中的一般交换规则等问题同公共权力机关展开讨论。

P50-51 从一定意义上讲，商品所有者可以认为自己是独立的，由于他们从国家指令和控制当中解脱了出来，因此，他们可以根据赢利原则自由抉择，而无须听从任何人，只须遵守似乎隐藏在市场内部，发挥经济合理性的无名规律。这些规律受到了公平交易这一意识形态的保护，因而公正应当能够彻底战胜权力。建立在拥有一定财产，并在交换过程中一定程度上得以实现的这样一种私人自律必须如此。

P59-60 作为"物主"的公众和作为"人"的公众的统一过程集中说明了资产阶级私人的社会地位本来就是具有财产和教育双重特征。特别值得注意的是，公共领域由于实际承担了市民社会从重商主义乃至专制主义控制之下获得政治解放的语境当中的一切功能，因而其虚构也就变得比较容易：因为它用公共性原则来反对现有权威，从一开始就能使政治公共领域的客观功能与其从文学公共领域中获得的自我理解一致起来，使私人物主的旨趣与个体自由的旨趣完全一致起来。洛克关于保护财产的基本模式以"所有制"的名义自然而然地将生命、自由以及全部财产一览无余；因此，政治解放与"人的解放"——按照青年马克思的划分——在当时是很容易统一起来的。

第三章 公共领域的政治功能 P68-106

P69 1694年和1695年发生的三个事件标志着这种演变的开始。与里昂和阿姆斯特丹的证券交易所不同，英格兰银行的建立标志着资本主义发展到了一个新的阶段；它预示着，此前单纯由商业维持着的制度将在经过资本主义改造的生产方式基础上得到巩固和加强。检查制度的废除标志着公共领域发展到了一个新的阶段；这使得理性批判精神有可能进入报刊，并使报刊变成一种工具，从而把政治决策提交给新的公众论坛。最后，第一个内阁政府标志着议会发展到了一个新的阶段。这是沿着国家权力机关议会化的漫长道路迈出的第一步，最终导致具有政治功能的公共领域本身成为了国家机器的一个组成部分。

P84 如果关于具有政治功能的公共领域兴起的历史叙述仅仅局限于公众、报刊、政党和议会之间的制度关系，局限于权威与公共性（作为对内阁的批判监督原则）相互对抗的紧张地带，那么这种叙述就只能是抽象的。这种叙述所能证明的是，公共领域在18世纪承担起了政治功能，但是只有从整个市民社会的历史发展这样一个特殊阶段才能理解这种功能。

P84 具有政治功能的公共领域获得了市民社会自我调节机制的规范地位，并且具有一种适合市民社会需要的国家权力机关。对于这种"成熟的"资产阶级公共领域来说，其社会前提条件在于市场不断获得自由，尽力使社会再生产领域的交换成为私人相互之间的事务，最终实现市民社会的私人化。

P95 资产阶级法治国家所建立起来的政治公共领域，其普遍开放性从一开始就取决于市民社会的结构，而不仅仅是由市民社会给自己制定了政治宪法之后才确定下来的。只要经济和社会条件使得一切人都享有同等入门条件，具体说，就是获得有教养、有财产的人所需要的私人自律的资格，公共领域也就有了保障。

P97 所谓角色，就是资产阶级法治国家政治公共领域中作为公众的私人，而资产阶级法治国家则是把政治公共领域与文学公共领域等同起来。公共舆论实际上是把统治和它演变而成的纯粹理性等同起来。而在公众舆论里，阶级利益通过公开批判具有了一种普遍利益的表象。

第四章 资产阶级公共领域：观念与意识形态 P107-169

P141-142 随着资本的积累，市场最终形成了寡头垄断，因此不可能有独立的价格形式——市民社会从国家权力中解放出来所导致的不是私人交换过程中权力的中立化；相反，在资产阶级契约自由形式下，形成了新的权力关系，在所有者和雇佣工人之间尤其如此。

P144-145 在私人与公共权力机关围绕着这一事务所展开的争论中，资产阶级公共领域实现了其政治功能：私人组成的公众把作为私人领域的社会的政治承认问题变成一个公共主题。但是，到了大约19世纪中叶，可以清楚地看到，由于其自身的辩证法，这种公共领域被各种集团占领了；由于没有财产，外加缺乏个人自律的基础，因此，这些集团根本不会想去捍卫作为私人领域的社会。如果他们作为广大公众取代资产阶级公众成为公共领域的主体，那么，公共领域的结构就必然会彻底改变。一旦广大无产者把社会交往的一般规则当作他们的公开讨论的主题，社会生活再生产本身就会成为普遍事务，而不再只是其私人占有的形式。经过民众革命的公共领域"试图用现实社会代替具有立法权力的虚构的市民社会"，因而完全变成了这样一个领域：它公开讨论和决定如何引导和控制社会再生产所必需的一切过程。

P154 公众舆论看起来已经从一种解放工具蜕变为一种压迫机制；面对这样一种公众舆论，自由主义可以根据自己的理性重新使用舆论自身的公共性。尽管如此，为了保证少数人的舆论相对于主导舆论能够发挥它自身再也无法发挥的作用，还是需要严格限制活动。为了捍卫公共性原则，反对一种蒙昧的公众舆论的专制统治，代表型公共领域因素必须十分丰富，以便形成一种由代表组成的秘密公众。

第五章 公共领域社会结构的转型 P170-217

P179 随着国家和社会的相互渗透，小家庭这一机制和社会再生产过程脱离了关系：过去，内心领域是私人领域的核心，如今，随着私人领域自身失去了私人特征，内心领域便退到了私人领域的边缘地带。在自由主义时代，市民阶级典型的私人生活范围是职业和家庭；与商品流通和社会劳动领域一样，彻底摆脱了经济功能的"家"同样也是私人领域。

P182 随着职业领域的独立，家庭领域退守自身：自由主义时代以来，家庭结构发生了变化,其特征并不是消费功能的增长所导致的生产功能的消失,而是家庭日趋脱离了社会劳动的功能关系。即便市民阶级典型的家长制小家庭也早已不再是生产共同体;但是,它依旧建立在具体资本主义特征的家庭财产基础之上。私人集商品占有者和一家之主的身份于一身,担负着维持、扩大和传留家庭财产的责任;市民社会的交换关系深深地影响着市民家庭中人与人之间的关系……古典风险,诸如失业、事故、疾病、年老和死亡,现今在社会福利国家中都已得到了充分的保障;相应的还有通常以收入补助的形式出现的基础福利。这些救助所面向的并非家庭,也没人指望家庭能够提供大规模的救济。面对这些所谓的基本需求,以前的市民家庭将其作为私人风险来承担,而现今,家庭每一成员都受到了公共保障。的确,"常见风险"的目录大大拉长了,除古典危急状态外,还扩展到各种各样的生活救助,扩展到住房和职业介绍、工作和教育咨询、健康监督等服务。

P191 但如今,仅仅某些专门区域还保留着部门所特有的意识,这并非偶然。因为市场规律已深入作品之中,成为创作的内在法则。在消费文化的广阔领域,不再只是作品的传播和选择,作品的装潢和设计,甚至包括作品的生产都依据销售策略进行。大众文化这一可疑名称之由来就在于,它试图迎合教育水平较低的消费集体的娱乐和消闲需求,以增加销售,而不是将广大公众导向一种实质未受损害的文化。

P195 大众报刊的基础是,广大阶层参与公共领域这一行为的商业功能发生转变,即,使大众有能力参与公共领域。随着"减轻心理负担"这一措施成了商业消费观的自我目的,扩大了的公共领域便丧失了其政治特征。从早期的那份小报即可看出,为了取得最大销售量,它是如何不惜以牺牲其政治内容为代价——比如取消有关道德话题的政治新闻和政治社论,诸如禁酒问题和赌博问题等。

P200 大众传媒普及的"文化"其实是一种整合文化:它不仅仅整合了信息和批判,将新闻形式和心理文学的文学形式整合成以人情味为指导原则的娱乐和"生活忠告"。

P201 资产阶级公共领域模式的前提是,公共领域和私人领域的严格分离,其中,公共领域由汇聚成公众的私人所构成,他们将社会需求传达给国家,而本身就是私人领域的一部分。当公共领域和私人领域发生重叠时,资产阶级公共领域的模式就不再适用了。因为这时出现的是一个再政治化的社会领域,不论从社会学的角度,还是从法学的角度出发,它都无法归于公共领域或者私人领域的范畴之下。在这个交叉区域，国家化的社会领域和社会化的国家领域相互渗透，无须具有政治批判意识的私人作为中介。公众的这一使命逐渐地为其他机制所取代：一方面是社团组织，其中，有组织的私人利益寻求直接的政治表现形式；另一方面是政党，政党曾是公共领域的工具，如今却建筑在公共领域之上，与公共权力机关紧密相连。具有政治意义的权力实施和权力均衡过程，直接在私人管理、社会组织、政党和公共管理机关之间展开。公众本身只是偶尔被纳入这一权力的循环运动之中，而且目的只是为了附和。

P202 因为公共领域和私人领域的融合所对应的是，曾经作为国家和社会之中介的公共领域发生了崩溃。这一中介功能从公众手中转移到一些机制手中，诸如，从私人领域中发展出来的社团，或者，从公共领域中成长起来的政党，这些机制与国家机器一起，从内部推动权力的实施与权力的均衡。通过本身已经获得独立的大众传媒，这些机制力求博得丧失了权利的公众的赞同，或者，至少取得公众的容忍。公共性似乎是自上而下建立起来的，它试图为某些姿态罩上良好意愿的光环。原先，公共性确保公共批判对统治做出合理的解释，同时，对统治的实施进行批判监督。其间，公共性使对非公众舆论的统治的统治这一矛盾现象成为可能：公共性不仅在公众面前呈现了统治的合法性，还操纵了公众。批判的公共性遭到操纵的公共性的排挤。

P204 国家和社会之间的相互渗透作用消解了私人领域（原先，这一私人领域的独立性使法律的普遍性成为可能），同样，具有批判意识的私人所组成的相对同质的公众这一基础也被动摇了。有组织的私人利益之间的斗争侵入公共领域。如果说，过去，私人利益能够保持中立，并可以归结为古典利益，因为私人化的个体利益保障了公共讨论一定程度上的合理性和有效性，那么，今天，取而代之的是各种利益之间的斗争。批判讨论中所达成的共识让位于非公共的妥协或者直接贯彻的妥协。这样建立起来的法律，即便在许多情况下仍保有普遍性因素，也不再有"真实"因素。因为甚至议会公共领域（"真实"因素必须于此展现自己的存在）业已崩溃。

P205 具有政治功能的公共领域和法律统治之间原本存在的关系（康德对此有过清楚的论述），从这两种法律概念的间缝中滑了出去。由于法律结构的改变，公共性原则不再担负有使政治统治合法化的责任。尽管无限扩大的公共领域为了获得广泛赞同，向被剥夺了权利的公众反复提出各种各样的要求，但是，公众同时也远离了权力实施和权力均衡过程，以至于公共性原则再也不能证明统治的合法性，更谈不上保障其合法性了。

第六章　公共领域政治功能的转型 P218-282

P232-233　人们之所以能够在具有政治功能的公共领域里基于相对同一的利益，用相对合理的审议方式来解决冲突，之所以能够把最终由议会解决的冲突合理而永久地纳入抽象的法律体系，是因为在一个作为私人领域的商业社会里，大量关系到物质利益的决定受到了市场机制的调节，因而大体上是非政治性的。政治公共领域虽然局限于作为私有物主的私人共同关心的框架范围内，但依然在很大程度上摆脱了私人利益之间的竞争，因此政治协商领域的决策可以通过对政治做理性批判来做出。但是，只要被组织起来的私人利益被迫采取了政治形式，公共领域也必然会解决这些彻底改变政治协商结构的冲突。

P235　过去，只有在反对君主秘密政治的斗争中才能赢得公共性；公共性力图使个人或事情接受公开批判，让政治决策接受公众舆论的监督，并按照公众舆论的要求进行修正。今天则相反，公共性是借助于利益集团的秘密政治而获得的；公共性替个人或事情在公众当中赢得声望，从而使之在一种非公众舆论的氛围中能够获得支持。

P254　由于这些重要的政治决策是出于操纵目的（当然并不因此而减少实际效果），而且是通过最圆熟的宣传技巧，作为公共性动力而被引进为了展示而制造出来的公共领域，因此它们始终作为政治决策而脱离公共批判，也躲开了那种民众因知道另外的明确选择而投不信任票的可能性。

第七章　论公众舆论概念 P283-300

P290　因为这样一种概念把公众舆论说成是行政实践和管理实践之间可能存在的一种摩擦，这样一种摩擦可以根据舆论研究的结果和建议加以诊断，并选择相应的手段予以控制：因为这些手段"使得政府及其机关能够面对由政策涉及到的那些人的反应所组成的现实。民意调查的使命在于把对这种现实所作的可靠的抽样分析反馈给有关的委员会和机构……这些委员会和机构的功能是要把民众的行为和政治目标协调起来"。

P294　只有两个交往领域通过批判的公共性作为中介联系起来，才会产生严格意义上的公众舆论。当然在今天，只有让私人参与到公共领域所控制的正式交往过程中去，批判的公共性才能在一个具有社会学意义的秩序当中，把两个交往领域联系起来。

P296　随着公共领域的瓦解而运转的意见过程所具有的这些抽象的规定，

在我们的历史发展模式的框架中很容易找到。"大众交往"的四种标准的满足与否，取决于非正式交往领域与正式交往领域是否只是由操纵的或展示的公众性联系起来；通过"文化工业的自明性"，非公众舆论便通过"公众"舆论，被整合到现存的体制中；相对于这种体制，非公众舆论在意见形成的过程中不具有任何自主性。

九、《理论与实践》

[德] 尤尔根·哈贝马斯 著
郭官义，李 黎 译
社会科学文献出版社，2004 年

【作者简介】

尤尔根·哈贝马斯是德国当代重要的哲学家之一，法兰克福学派第二代的中坚人物，历任海德堡大学教授、法兰克福大学教授、法兰克福大学社会研究所所长以及德国马普协会生活世界研究所所长。1954 年在波恩大学以论文《绝对性与历史，论谢林思想的二重性》获得哲学博士学位。1949—1954 年，哈贝马斯先后在哥廷根大学、苏黎世大学和波恩大学学习哲学、心理学、历史学、德国文学和经济学。1955 年，哈贝马斯来到法兰克福，进入霍克海默和阿道尔诺领导的社会研究所。正是法兰克福学派对马克思主义学说的重视引发了他对马克思主义理论的兴趣。1964—1971 年，哈贝马斯担任法兰克福大学哲学和社会学系教授。20 世纪 60 年代中期，哈贝马斯发表的许多政论性文章在青年学生中产生了巨大影响。他的思想和理论成为 1968 年学生抗议运动的精神力量。1983 年，哈贝马斯重新回到法兰克福大学任哲学和社会学教授，直到 1994 年退休。哈贝马斯被誉为"当代的黑格尔"和"后工业革命的最伟大的哲学家"，他继承和发展了康德哲学，致力于重建"启蒙"传统，视现代性为"一项尚未完成的计划"，提出了著名的沟通理性理论，对后现代主义思潮进行了有力的批判。

哈贝马斯一生著作等身，主要著作有《公共领域的结构转型》（1962 年）、

《理论与实践》(1963年)、《社会科学的逻辑》(1967年)、《作为"意识形态"的技术和科学》(1968年)、《认识与兴趣》(1968年)、《晚期资本主义的合法性问题》(1973年)、《重建历史唯物主义》(1976年)、《交往与社会进化》(1979年)、《交往行为理论》(1981年)、《道德意识与交往行为》(1983年)、《现代性的哲学话语》(1985年)、《新的非了然性》(1985年)、《后形而上学思想》(1988年)、《纠补的革命》(1989年)、《在过去与将来之间》(1990年)、《文本与语境》(1991年)、《论话语伦理学》(1991年)、《在事实与规范之间》(1994年)、《包容他者》(1996年)、《真理与论证》(2000年)、《人类的未来》(2001年)、《过渡时代》(2001年)、《时代诊断》(2003年)等。

【写作背景】

《理论与实践》一书中的文章是哈贝马斯20世纪60年代初所写的文章,这些文章立足于西方马克思主义的传统,对社会问题进行了一系列的反思和研究。当时,哈贝马斯作为阿道尔诺的助手,在法兰克福社会研究所工作了三年,并于1961年在海德堡大学获得第一个教授职务,并在海德堡大学工作。

【中心思想】

《理论与实践》是由哈贝马斯的一些文章组成,这些文章是哈贝马斯在20世纪60年代初发表的。《理论与实践》是哈贝马斯早期的一部重要著作。全书由12篇文章构成,虽然书的标题是"理论与实践",但是书中没有一篇文章专门论述理论与实践的关系。哈贝马斯之所以用"理论与实践"来标识这些文章,是因为这些文章始终贯穿着他对理论的由来以及理论与实践的相互关系的思想。

【分章导读】

一 古典的政治学说与社会哲学的关系 哈贝马斯在这篇文章中主要讨论的是古典的政治学说与社会哲学的关系。这里古典的政治学说主要是指古希腊时代的以柏拉图、亚里士多德为代表的古典政治哲学。社会哲学主要是指18世纪末叶以来,受自然科学认识模式影响的近代社会政治哲学。哈贝马斯首先指明了两者的差异:第一,古典的政治学认为政治学是关于美好和正当生活的学说,政治学是伦理学的延续,政治学关注道德问题。近代社会哲学不再关注道德性问题，而是关注合法性问题，认为政治活动的目的不再是帮助人们实现美好的道德生活。第二，古典的政治学说与实践相关，古典的政治学说同技术无关，它的目的在于培养人们的性格和道德素质，而不是为政治机构的建立和完善提供技术手段。近代社会哲学的目的显然在于后者，它的目的首先就是为政治国家的建立提供技术支持。第三，古典的政治学说并不认为它所提供的知识具有绝对的必然性，它认为关于政治学说研究的对象——正义是与具体的情况联系在一起。近代社会哲学要用严格的科学方法来为政治活动寻找永恒的正义标准。

接下来，哈贝马斯分析了这两种不同理论的历史意义，考察了它们的得失。社会哲学的目的是一劳永逸地指明正确的国家秩序和社会秩序得以产生的条件，并为这一秩序的确立提供技术，它不再需要人们彼此之间机智的实践行动，社会哲学在走向科学的道路上丧失了政治学曾经作为智慧和机智所具有的能力。它不需要关注什么是美好的、正当的生活，社会哲学使政治与伦理相分离。但是，社会哲学研究却为我们的认识提供了科学可靠性，为我们从事的政治活动确立了正确的、合法的手段。现在的问题在于是否能把古典政治学与社会哲学的积极成分结合起来。这需要历史地分析两者的转变。

哈贝马斯通过哲学史的考察来揭示这种理论转变的过程，进一步论证他的这一观点。首先，哈贝马斯考察了托马斯·阿奎那的社会哲学。在托马斯主义这里还并没有割裂政治学与伦理学的关系，一定程度上维护了亚里士多德的政治学传统。但是托马斯主义把亚里士多德的政治学变成了一种社会哲学，不再探讨怎样的生活和体制是正当的、美好的，而是思考借助什么手段和技术来维持国家制度的稳定。古典政治学的本体论实践观转变为技术观。这一点在后来的马基雅维利和莫尔那里表现得尤为明显。

马基雅维利和莫尔的政治学说不再着眼于公民的道德生活，不再关心美好的生活与道德的关系，而是关心如何克服敌人或饥饿对人造成的种种威胁。马基雅维利和莫尔为了解决人们在现实生活中存在的种种危险，分别提出了不同的手段，一个是通过政治秩序，另一个是通过社会秩序。另外，马基雅维利和莫尔不再把政治制度的确立归因于伦理生活的需要，他们不再把法律的规范意义归结为实现某种道德生活，而仅仅是为了维持和平的社会秩序。可以说，马基雅维利和莫尔研究的都不是实践问题，而是手段或技术问题。但是，马基雅维利和莫尔并没有用严格的科学方法来建构他们的理论，来规划现实的政治生活，他们的研究还仅仅是实用主义的研究。马基雅维利和莫尔所提供的手段和技术要求随着具体经验的变化而变化，并没有严格的标准，并没有为解决现实政治问题提供唯一可靠的答案。那么，他们所提供的理论知识并不能为实践提供准确有效的指导。而从霍布斯开始，政治理论研究已经开始借助科学的精确性来理解政治行为，并为政治机构的建立提供科学的指导。

霍布斯从人的自然本能中推导出资产阶级法权规范建立的因果必然性，把政治行为的必然性归结于自然的规律。但是霍布斯从自然欲望的力学中推导出的自然法规为什么又反过来压制人的自然本能？霍布斯用科学建构的政治学理论存在着矛盾。一个是霍布斯用自然法建构国家的目的是为了实现自由，但是却要维持一个专制的君主。另一个是理论解释无法与实践结果相符合。人们的行动并不完全像霍布斯所描述的那样完全符合机械的因果必然性。

当然 18 世纪资产阶级社会理论中出现了关于政治公众社会或政治舆论的学说，而这一学说使社会理论又回到了考虑人们的实践行为上来。在哈贝马斯看来，如果社会哲学要想从理论上说明它同实践的关系，那么它必须要认识到政治活动中公民的实践意识，必然要修改科学的认知方式。社会哲学如果要想使它的科学成果在现实中取得有效性和可靠性，必须加入辩证法。只有在理论与实践的辩证关系中，社会哲学才能取得陈述的可靠性。

二　自然法与革命　此篇哈贝马斯主要探讨了现代的自然法与资产阶级革命的内在联系。但这不是基于社会学意义上的探讨，并不是简单地分析革命含义，而是要揭示革命理论与革命实践之间的关系。哈贝马斯首先指出近代资产阶级革命表现为自然法的法定化和实在化的过程，资产阶级革命就是把哲学家提出的现代自然法观念转变为现实的社会政治秩序建立的合法性基础。不同国家的革命活动虽然都以现代自然法的原则为依据，但其中还是包含了差异。哈贝马斯以美国和法国人权宣言中的思想来做比较，指出产生这种不同思想的根源在于它们包含着资产阶级社会的两个不同的自然法构想。

哈贝马斯区分了自由的自然法构想和相互竞争的自然法构想两种形态。资产阶级社会的自由的自然法构想的代表人物就是洛克和培恩。在洛克看来，在国家建立之前就存在着由生产和交换活动构成的社会，这一社会自身拥有着人们普遍认同的法律，而国家和政府的建立只是为了更好地明确和维护这种产生于生产和交换活动中的法律状态。换句话说，政府无权干涉人们的生产活动，无权干预人们的财产权。培恩更进一步指出，自然法的原则无须革命手段法定化，自然法产生的效力就如生产劳动和商品交换领域存在的自然法则一样，存在于社会发展的过程中。培恩反对国家和政府的干预，认为社会拥有自我调节的自发力量。自由的自然法构想实质上认为社会领域本身就自发存在着法的原则，人们服从法律不是因为受到国家惩罚的威胁，而是该法律本身就有利于他们的生产和交换活动，哲学无须为自然法的法定化而操心，这是自然而然的事情。

对于相互竞争的自然法构想的代表是卢梭和重农学派。在卢梭看来，人们要摆脱自然状态下的暴力争斗，必须用绝对的权力来重建社会秩序。卢梭所指的绝对权力就是人民主权，即普遍意志。与自由的自然法构想相比，卢梭的自然法构想并不认为法律原则可以通过社会经济过程自动实现，而必须借助普遍的意志。普遍的法律只能从普遍的意志中产生。相互竞争的自然法构想与自由的自然法构想另一个不同就是：自由的自然法构想认为自由来自于社会秩序本身，反对国家和政府的干预；而相互竞争的自然法构想认为自由只有通过政治的权力才能实现。

哈贝马斯进一步考察了这两种自然法构想在对待国家和社会关系上的差异。自由的自然法构想就是认为政治秩序仅仅是对社会交往规则的维护。卢梭的自然法构想认为维护一种按照自然原则组织起来的社会状态需要全能的政治权力，同时必须通过民主的方式使这一政治权力始终代表普遍的意志。两者在对待国家与社会关系上有着明显的差异。由于两种自然法构想的差异，法国和美国的革命思想也必然不同：一个是确认自然法，一个是实现民主。

哈贝马斯接下来又分析了两种自然法构想对于革命的理解。卢梭的自然法构想所理解的革命需要借助道德力量重新改变社会秩序。而自由的自然法构想所理解的革命任务就是推翻传统的政府，用另一个政府来代替，让社会的原则自由地发挥作用，建立起一个服务于"社会、文明和商业"的自动发展和繁荣的政府。马克思批判了自由的自然法构想，认为政府完全服从于社会的自发秩序，让社会自发秩序完全控制人，那么最终否定的就是自然法的原则。

哈贝马斯最后具体分析了在当代社会如果借助自然法构想来阐释基本权利的价值存在着局限性：第一，自然法本身需要从各个方面进行哲学论证。第二，随着国家的干预，自然法构想缺乏社会基础。第三，目前社会国家职能的增加以及管理的科学技术化，不再从规范意义上来探讨目的本身。自然法构想本身就是目的性、规范性的东西。人的基本权利不再从自然法构想中获得承认，而更多的是从国家和社会的法律制度中来推导它的特殊含义。既然现在人们的基本权利要通过现实的制度来保障，那么，公众必须通过积极地参与政治活动来监督和确保政治制度这一原则。

三 黑格尔对法国革命的批评 这篇文章是哈贝马斯研究黑格尔关于法国大革命的看法，指出黑格尔虽然把革命提升为哲学的原则，提出了革命的哲学，但是他还是最终否定了革命。

哈贝马斯首先揭示了黑格尔对革命的积极认识。黑格尔看到了革命的意义在于使理性的自然法原则得以法定化，否定了传统封建等级自由，在成文的普遍法律下，确立了人与人平等的抽象自由。黑格尔把法国大革命理解为推动历史发展的重要事件。

黑格尔对法国大革命的肯定是基于他的理性学说。在黑格尔看来，法国大革命是一个客观进化的历史进程，它是客观精神运动中的一个体现，而像罗伯斯庇尔等人试图把主观意识的力量加以实在化，实际上违背了客观精神的自然进程。应当说，黑格尔通过对社会历史的研究，看到了现代国家的抽象法原则产生的社会必然性，看到了抽象法原则产生于市民社会的劳动和交往领域，认识到了抽象法通过革命得以实现具有客观必然性。

黑格尔指出理性的自然法只有在现实需要，在现实条件已经具备的条件下才能转变为现实。黑格尔否定了直接把自然法理论转变为现实的革命意识，或者说否定了人们通过主动实践来实现自然法的普遍原则。黑格尔需要的是没有革命者，没有革命意识参与的革命。黑格尔把革命贬低为自发的过程，而这一过程却在另一方面恰恰体现世界精神运动的必然性。在黑格尔看来哲学并不能为实践行动提供理性，而是当革命实践已经现实化之后，理性才能成为革命的和理性的世界意识。哈贝马斯从根本上揭示了黑格尔否认人的主观意识对于革命实践的积极作用，从这一点上说，黑格尔是否定革命的。

四 黑格尔的政治论文 哈贝马斯考察了黑格尔的政治论文的形成以及一些重要的理论观点。哈贝马斯指出黑格尔的第一篇政治论文是关于市参议会是否应由人民来选举的问题。黑格尔支持新宪法应该通过国王和议员之间达成的协议而生效。黑格尔承认抽象的市民法比传统等级的自由法更有理性的价值。

但是对于理论与实践问题上，黑格尔认为实践活动显然不是工具行为或者从技术上占有对象化的自然，而是政治行为。理论作为主观的意识，它不能指望被用来改变现实，理论不能对世界应该是什么样子进行说教，理论只能原原本本地反映现实。当然黑格尔在批判主观精神的同时反对脱离客观实际的盲目的主观行动，因为盲目的行动会带来恐惧。哲学家的工作就是对命运、对历史必然性进行反思防止人们受盲目的革命暴力冲击。

从黑格尔的政治论文中可以发现黑格尔是肯定社会历史进步的哲学家，当理性原则随着历史必然性转变为现实的原则时，黑格尔就走向了保守的一面，他反对哲学理论对政治生活的腐朽实存进行批判。从整个黑格尔的政治论文来看，青年时期的黑格尔显然比老年的黑格尔更具有批判和革命精神，但是老年黑格尔却能更清楚地懂得哪些理论和观念更具有现实性。青年黑格尔试图用古典伦理观念来建构国家，老年黑格尔已经认识到了丧失伦理生活的市民社会具有历史必然性，它是人类摆脱自然状态的舞台，历史的进程只能在此基础上开展。当然，老年的黑格尔变得更加保守。

六 介于哲学与科学之间：作为批判的马克思主义 哈贝马斯主要阐释了他所理解的马克思主义，阐释了马克思主义理论对于当今世界的理论意义和价值。

哈贝马斯首先列举了一些现实中的问题，指出了传统马克思主义理论面对新的现实所遇到的挑战。今天的资本主义社会国家与社会不再分离，国家开始干预经济生活，国家与经济的合作越来越密切。而且随着资本主义国家经济的发展，工人不再像以前那么贫困，统治关系也不再表现为赤裸裸的暴力关系，"异化"统治失去了它以往显而易见的表现形式，作为革命的无产阶级已经消失。

哈贝马斯接着具体考察和区分了这些反对意见和理论，指出了它们的不足和认识上的缺陷。这些反对理论无非是割裂了马克思主义理论唯物主义与辩证法的关系，它们或者是抛弃了马克思主义中的唯物主义成分，仅仅强调辩证性，把马克思主义同宗教学说以及人道主义相挂钩，或者是抛弃了马克思主义批判的辩证性，仅仅保留唯物主义成分，但是却走向了实证科学的道路。

首先，哈贝马斯批判了对马克思主义的实证主义解释。马克思主义理论不是实证科学，也不能走向一种实证科学。实证科学不考察认识的主体的角色，事实上，对社会的科学研究离不开认识主体所处的地位以及由此而产生的认识兴趣。马克思主义完全从认识主体在社会劳动中的地位来理解他们的各种政治目的和行动。哈贝马斯延续了霍克海默对"传统理论"和"批判理论"的划分，指出马克思主义理论不同于实证科学，它是一种不同于科学理论的批判理论。

七 社会学的批判任务和守旧使命 哈贝马斯主要探讨了社会学研究方式以及自身理论的局限性。社会学往往被人们认为是价值中立的建立在经验—理论系统规则基础上的经验科学，也被称为实证科学。但是在哈贝马斯看来，社会学从根本上说并没有遵循实证主义科学的模式，它同已确立的社会秩序有着这样或那样的政治关系。

哈贝马斯首先从社会学产生的历史角度分析了这一命题。社会学作为一门学科是随着资产阶级革命运动兴起的，它最初遵循的是批判的兴趣，它的兴趣就在于按照社会效益的标准，推行资产阶级的意识形态。社会学研究的结果就是认为社会必然沿着资本主义社会秩序要求的方向发展，这是一种自然进步。

从历史上存在的社会学观点来看，社会学的研究无非存在两种对立的观点：一是认为社会应该进行革命，摆脱权威；另一个是认为社会应该不惜一切维护权威。其中，一种是革命和批判的观点，另一种是保守的观点。哈贝马斯指出，当今学院的社会学也不应放弃传统的批判或守旧的任务，不应该保持价值中立，只研究技术手段问题，应该承担起社会责任。现在社会学之所以被工具化，成为为社会进行组织提供技术手段和建议的学说，根源于现实社会机构的官僚化和科学化。社会学失去了以往的实践任务，在整个系统内保持着价值中立。哈贝马斯呼吁重新建立批判的社会学，这一社会学的工作就是防止我们的社会在专制统治下变成封闭的社会。

八 独断论、理性与决断 哈贝马斯考察了理论与实践的关系。在 18 世纪以前理论与实践之间并没有出现问题，但是随着科学技术的发展、实证科学的兴起，理论与实践之间的关系发生了变化。这一变化就是理论不再像以前一样指导人们过有价值的美好生活，而变成了技术性指导，理论不再过问与伦理价值相关的真正的实践问题。另一方面，理性的启蒙兴趣不再是教导人们摆脱独断论，获得行动的独立性和自主性，而是转变为占有和技术控制的兴趣。理性共识不再产生于人们之间的自主交往，而变为对科学技术支配力量的共识。

哈贝马斯首先考察了理性最初启蒙的兴趣。理性最初就是反对独断论，反对由一个时代、由一个制度所造成的种种偏见，从而获得自身的独立性。马克思比他之前的哲学家看得更远，他认为理性不仅仅从认识上反对偏见和独断，在主体内获得自主，而且还应该指导人们通过行动推翻这种压迫人的关系，从实践上加以批判。

但是，实证主义的兴起，把人们反对压迫的情感、独立的激情、解放的意志等与主观相关的一切兴趣都从理性中排斥出去，理性被要求价值中立。现代科学化的文明公认模式就是理论是能够接受经验检验的知识，是可以根据因果关系对未来做出预测结果的知识。科学的这种认识功能成为理性唯一的价值和功能。真正与人们生活相关的价值问题、实践问题不可能从科学中获得充分解答。实践问题与理性相分离。这样一来，对于价值问题的回答人们又重新回到了神秘主义的唯心主义那里。

哈贝马斯指出，不能否认科学具有反对独断论的功能，但是科学论断本身也可以转变为一种形式的独断。哈贝马斯把理性化划分为四个阶段，理性化的这四个阶段都表现出了对价值的漠不关心。哈贝马斯最后又考察了波普的观点，波普试图把价值体系的标准和要求也拿到实证科学中来检验，在科学的层面上建立起价值体系，实际上也陷入了技术的独断论。所以说，既然科学的认知方式无法回答与价值有关的实践问题，那么科学不应妄图来对这一问题做出回答和指导，否则就会陷入新的独断论。对于实践问题，我们还需要辩证的哲学批判。

哈贝马斯最后总结了自己的观点，认为理性每时每刻都应该对自身进行反思，我们现在应该运用理性来反思以技术为兴趣的实证主义，反思科学的功能，重新来思考我们的实践生活。理性不仅仅要去回答必然性问题，还要去回答价值的正确性问题。

九 科技进步的实践后果 哈贝马斯在这篇文章中探讨了科技进步对于现代社会的实践后果。从历史进程中，我们可以看到科技进步带动了道德、文明和政治的进步，科学的发展使人们摆脱了偏见，摆脱了自然和社会的压制，科学进步推动了人类的发展，但是现在科技进步也伴随着不利的后果，需要人们来进一步反思。

首先，科学技术手段的应用越来越抛弃了人，或者说人越来越被工具化、客观化，人受技术手段的整个系统操纵。当然只要人自己能够决定科技进步的方向和尺度，还不至于让越来越多的机器来调节整个世界的运转。

其次，随着科学技术对支配自然过程和社会过程的力量增大，我们的活动空间也变得越来越大。科学技术保证了我们的主观自由有更多的空间，我们可以运用科学技术来实现我们的蓝图，但是我们缺少对这些蓝图和目标的意义拷问。

最后，现代科学技术构成了现代社会的整个物质系统，技术世界形成了日益摆脱人控制的像自然进程一样的系统，成为人的第二自然。这些前进中的技术系统似乎可以不顾人们的目的理性，摆脱整个监督，而按照自己的原则来运转。当然，还存在另一种不同的认识，认识现代的科学技术并不是受自身内在的法则来支配，而是日益受社会利益、军备利益所支配，技术的发展是由一些利益集团所推动的。无论哪种解释，都说明了技术进步带来了更多不可控制的力量，成为统治人的新的力量。

哈贝马斯指出，我们首先应该对科学技术所构成的系统和我们社会生活的制度框架有所区分。社会生活的制度框架规范着人们的行为，科学技术系统受社会生活的制度框架所控制和监督，反过来，科学技术系统对社会生活的制度起到反作用，社会生活的制度框架应该主动适应科学技术的进步，并把它控制在自己的目的之下。哈贝马斯提出了应当辩证地处理社会生活的制度框架与科学技术系统的关系，反对把社会规范系统与科学技术系统合二为一，这样带来的后果只能是使社会统治更加理性化，统治阶级可以使用科学技术手段更容易地控制人们的行为和自由。

十　院校教育的社会变迁　这篇文章是哈贝马斯讨论高校改革的问题：高校应当成为专业技术学校还是综合性的学校？他考察了高校教育这种观念的历史变迁。近代早期的一些哲学家反对高校教育转变为专门的职业教育，因为他们看到了综合理论对于人们在实践生活中的重要意义。但是随着工业社会的发展，工业社会越来越需要专门的职业技能来从事生产，科学与技术密切联系起来，大学分成高等专科学校成为社会发展的趋势，高等专科学校的科学理论教育正适应了这种社会发展和技术发展的需要，能更好地培养学生通过科学技术来获得更多支配自然的能力。面对这种情况，哈贝马斯指出，虽然科学技术能帮助学生获得更强的支配自然的技术能力，但是学生还需要获得一种特殊的实践能力。

哈贝马斯反对大学只用科学来进行教育，反对科学成为大学教育的唯一理念。他指出，现在社会显然不能完全靠科学技术手段来解决所有问题，人们的行为也显然不是完全由科学来指引方向，生活世界的实践问题显然不能完全靠科学技术来解决，人们还需要学习社会交往的实践能力。另外，技术的发展使我们获得了丰富的物质财富，但是我们还需要让在公民的行动和商谈中达成的共识成为技术的支配力量，我们要批判和监督技术的异化。由此，大学显然应该成为综合性的大学。

技术进步是由社会的利害关系决定的，人们必须对技术手段的实践后果有所把握。高等教育不应当对进行自我反思的科学加以拒斥，使实证的科学听从受监督的价值判断，这是今日大学教育的重要任务。

十一　高校的民主化就是科学的政治化？　哈贝马斯在这篇文章中主要提倡高校教育和科学研究的自主性。高校的民主化导致了高校的研究和教学服务于政治的目的，与高校本身所具有的自由意志相矛盾。科学的政治化使科学被当作工具以达到政治的目的，科学失去了研究的客观性以及实践后果的价值性。

在哈贝马斯看来，高校并不完全依附于国家，高校与国家保持形式上的联系，高校必须拥有自己的独立意志，高校应该拥有自主权。高校的民主化并不意味着要完全受政治派别所操纵，民主化应当确保高校有政治参与能力，并且能够实践这种自主权。高校只有自主了才能保证科学研究工作的独立性，才能促进科学的进步。

── 【意义与影响】

《理论与实践》是哈贝马斯早期的一部重要著作。他在这部著作中对社会科学中理论与实践的关系展开深入探讨，指出了历史唯物主义是一种以实践为意图的社会理论。他从肩负批判使命的社会理论的方法论方面来解释理论与实践的关系，发展了法兰克福学派的批判理论。这对于我们今天认识和发展马克思主义具有重要的理论借鉴意义。

── 【原著摘录】

一　古典的政治学说与社会哲学的关系 P43－P86

P45－46　第一，以科学为依据的社会哲学的要求，其目的是一劳永逸地指明正确的国家秩序和社会秩序的条件。它的论断将不依赖于地点、时间和情况而发挥效力，并且可以不考虑历史状况建立永久性的共同体。第二，认识的这种转化或运用是个技术问题。在认识正确的国家秩序和社会秩序的普遍条件时，不再需要人们彼此之间的机智的实践行动，而是准确地建立各种规章和制度。第三，因此人的行为不再被视为只是为了物质。建立正确秩序的工程师们可以不考虑伦理交往的范畴，他们可以把自己的工作限制在建立这样一种环境上，在这种环境下，人们（如同自然客体一样）不得不采取一种可以加以权衡的行为。由于政治学与伦理学的这种分离，使得人们有可能在正确建立起来的社会秩序中过幸福生活；政治学与伦理学的分离也就取代了对美好的和正当的生活的道德教导。

P54　现代的思想家们不再像老一辈思想家们那样，关心美好的和富有价值的生活的道德关系，而是关心长期生存的实际条件。这些问题直接涉及维护人们物质生活和基本生计。这种要求从技术上来解决实践的需要，出现在现代社会哲学的初期。这种实践的需要不同于古典政治学的伦理的需要，它不要求从理论上来说明人的本性的本体论中的道德和法则。如果说老一辈思想家们理论论证的出发点是，人如何能在实践上同自然秩序相一致，那么现代思想家们从实践上所强调的出发点则是：人如何能从技术上征服威胁他们的自然灾难。

P67　从结果中认识到的诸种原因的联系告诉人们，至高无上的国家权力是从强迫契约体系发挥效用的必要性中产生的；而契约体系本身产生于让人们有可能永远生活在和平与秩序中的必要性，而对和平与秩序的共同兴趣最终则产生于铲除自然状态的存在着的矛盾的必要性。这种自然状态的矛盾，即马基雅维利和许多宗教改革家以同样方式假想的人的丑恶本性和腐朽世界的本性，必须从法律上加以理解，以便能在用机械论解释的自然法的因果联系中确立法的观念。霍布斯的解释是：自然界对人的强制必然产生人为的强制，人为的强制必然产生用惩治来保障的法律秩序。

P80　把理论转变为实践不同于科学结论的单纯技术上的运用；把理论转变为实践的任务无疑是把理论转变成准备行动的公民的意识和思想；理论的解释在具体的情况中必须被证明是能满足客观需求的实践上必要的解释，甚至，理论的解释必须从一开始就包含在行动者的这一认识中。

二　自然法与革命 P87－127

P91　使哲学变为政治现实的这种观念，即从哲学理性的强制中产生的法的强制的契约自主权，是革命的概念；这一概念实质上产生于现代自然法的基本原则中；这一革命概念早在资产阶级革命把本身包含在自然权利的法定化中，并把这一概念同自己的名字联系在一起之前，就在社会契约的其他名称下被提了出来。

P103　一旦人的权利以自然法的共同名义同社会的原则相一致，自然法的法定化就不是革命的事。人的自然权利的可靠保障存在于贸易和交往的法律中；平民百姓服从这些法律，因为这直接有利于他们，而不是因为国家用惩罚相威胁让人们接受这些法律。因此，普遍的自由贸易的实践比那种借助于公共舆论成为政治权力、决定法律，并把自然法法定化的理论，更严格地确保着人的权利；哲学无须为自己变为现实而操心。

P112　从这种在美国和法国占统治地位的资产阶级社会的自然法构想之间的特殊差别中，人们必然做出对革命任务的不同解释：确认自然法和实现民主。革命活动本身不会具有相同的思想，在美国，如果革命活动的目的是把自发的自我调节力量在同自然法相协调的情况下释放出来，在法国则是针对丑恶的社会和人性的坠落实现自然法的社会状态；在美国，革命的暴力是限制专制的暴力，在法国则是建立一种自然秩序，却不迎合自然基础；在美国，革命可以允许自然利益的不可动摇的利己主义为自身工作，而在法国，革命则必须发动道义力量。

P122　因此人权可以用自由来解释：人权抵御国家对原则上属于遵守法律交往的普遍规则的个人的那些领域的干预和侵犯。人权同样也可以被解释为把社会和国家组织在一起的体制原则：人的基本权利，过去所发挥的作用绝不仅仅是"从整体获取"，因为在所构建的体制的基础上，人的基本权利作为人们都有均等机会参与社会财富的生产过程和公众舆论的产生过程的法定保证发挥过作用。在交往社会的相互作用中，人们（通过市场）享有社会补偿和（在公众社会中）参与政治活动的机会均等的保证，只能间接地通过保证人们面对集中在国家手中的权力享有自由和安全来实现；因此，基本权利的正面作用只能在基本权利的负面作用的道路上来实现。

三　黑格尔对法国革命的批评 P128-149

P131-132　无疑，把理论变为实践，不同于科学结论的单纯的技术运用；理论变成实践的任务就在于使理论成为准备行动的市民的意识和信念：用理论解决实际问题，即实践上必须解决的问题，必须证实它满足了客观需求，即使理论不一定从一开始就是从行动者的认识水平上设想的。看来，理论将通过革命来解决这个实际问题。抽象的法的实现似乎没有理论的指导，它是由历史自身完成的。

P136　法国革命之所以似乎在一夜之间就使抽象法具有积极的作用，是因为个人在过去的数百年里使自己成了现代意义上的资产阶级社会的儿子，并在这个社会里把自己发展成了具有正式自由的法人。有了这种放回到历史联系中的抽象法的概念，黑格尔就能够把革命秩序合法化，并能同时去批判革命的意识。理解拿破仑的问题似乎解决了，尽管这并没有证明理论与实践的关系有了某些结论。

六 介于哲学与科学之间：作为批判的马克思主义 P240－310

P241 随着"服务者"的经济地位和政治地位有了保障，人的统治关系换成了看不出是谁在间接操纵的强制；在愈来愈多的社会生活的领域中，指令失去了它的命令形式，并且在社会技术占据统治地位的情况下，发生了变化，以致使得处于服从地位的人们得到了很好的整合，因而能在自由的意识中干他们应该干的事情。

P243 诚然，如果最好的制度和永世的和平、最大的自由和完美的幸福的旧的乌托邦思想，作为理性的动力是一种理论，如同人们常看到的那样，是一种被曲解为仅次于神话的理论的基础，如果政治实践永远必须用这种理论使自身合法化（因为这种理论已经用投资的形式成了国家的意识形态），那么，人们就可能和赫尔伯特·马尔库塞一样，慎重地思考这样一个问题：这样一种制度是否最终面对人们已经给指出的那些危险也无须纠正。

七 社会学的批判任务和守旧使命 P311－328

P319 历史的辩证法应确保这样一种发展：在这种发展中，历史由于它自身的自发性，作为自然史最终要扬弃自身。随着社会发生的事的可操作性，人类的独立性应该同时成长，从而使人们能够用意志和自觉性去驾驭，并且能够把握住他们的历史的客观可能性。于是，马克思思想通过政治实践来打造政治手段。

P326－327 假如批判的社会学不用非难和论证让人们看到，以不断增长的风险为代价换取的安全不是安全，以不断增多的限制和监督为代价换来的解放不是自由，以享受的物化为代价换来的幸福不是富裕，那么，面对赫胥黎和欧威尔的恐惧，使社会保持开放，以及对社会性的后果进行监督，就成了批判的社会学的工作，不管这种监督多么艰巨。这种监督工作的政治目的，就是防止我们的社会在专制统治下变成封闭的社会，即使在已经取得的成绩之外，根本没有其他成绩，也要坚持这一目的。

八 独断论、理性与决断 P329－357

P330 在这个循环过程中，理论与实践的关系更多地表现为对技术（有经验科学保障的技术）的有目的的、合理的使用。科学的社会能量，转化成技术拥有的力量；科学不再被看作启蒙行为的能量。经验分析的科学，产生了技术方法，但是，经验分析的科学，并不是对实践问题的回答。

P331 这就是说，人们根本不再谋求公民对实践上控制他们命运的理性的共识。代替理性共识的，则是试图既非实践的，又非历史的，以一种完美的社会的管理方式，从技术上获得支配历史。同真正意义上的实践相关的理论，把社会理解为相互交谈的人的行为联系，而进行语言交流的人，则必须把社会交往纳入自觉交往的联系中，并且必须在这种联系中把自己构成一个有行为能力的总主体，否则，在许多方面越来越严格地理性化的社会的发展方向，从总的方面看，必然会脱离它们日益需要的理性的教育。

P331-332 在工业发达的社会里，研究、技术、生产和管理，结成了一个不透明的、但功能上却是相互交叉的体系。这个体系实实在在地成了我们生活的基础。我们以一种独特的、同时是亲密的，然而也是异己的方式与这个体系结合在一起。一方面，外表上我们是被一张组织的网和消费品的链条捆绑在这个基础上；另一方面，这一基础仍同认识相脱离，更同反思相脱离。

P332 这种不正常的状况，只有通过意识本身的变化，而只有通过一种理论的实际影响才能改变；这种理论不是更好地用物和物化的东西，而是通过坚持不懈地批判具有渗透力的种种概念来推动理性对行动的独立性和自主性的兴趣，以及推动理性对摆脱独断论的兴趣。

P333 启蒙所讲解的错误，更多的是一个时代的错误意识；这种错误意识植根于一个错误的社会和种种体制，并且巩固了它的占统治地位的利益。偏见的坚实的客观性，明显地表现在人民的独立性遭到的镇压和拒绝中。

P335 独断论还获得了力量和不可渗透性；它之所以具有渗透力和普遍性，是因为它的偏颇不仅仅是以通过暴君和僧侣制度化了的偏见的形式被固定下来；独断论已经是一种意识，这种意识已经被理解为我们身边的物的产物，即被理解为一种自然产物。

P356-357 在任何一次理性的讨论中，理性都意识到它对不断反思人的独立自主性抱有挥之不去的兴趣，只有这样的理性，才能从它自己的唯物主义构成的意识中获得超然的力量。只有这种理性才能从把科学作为生产力来整合的工业社会的联系中反思技术的认识兴趣的实证主义统治。只有这种理性才能不让语言已经获得的辩证理性献身于劳动的、受工艺学限制的理性的最深刻的非理性标准。只有这种理性能够严肃地触动历史的强制性联系；只要这种强制性联系还没有成为独立的人的自由的对话，这种强制性联系就始终是辩证的。今天，人们必须在实证科学的阶段上，这就是说，必须通过在工艺理性层面上必然和正确做出的区分，通过理性和决断的解体，重新获取和反思伟大的哲学仍在直接思考的理性和决断的趋同。科学作为生产力，如果它作为解放的力量汇入科学，它就会造福于人类；科学一旦让技术无法占有的实践领域接受它的单独的监督,它就会给人类带来灾难。

九 科技进步的实践后果 P358-380

P361 用这些技术手段模拟了后果受到监督的工具行为的全过程。新式的技术不仅能剥夺人的操作,而且也能剥夺人的监督活动。技术手段的使用,迄今为止始终依赖于行动的功能范围;行动的功能范围可以用机器来模拟。这是一种新情况:人,只要他是使用工具的人或劳动者,能够第一次完整地把自己客体化,并且能够对付在他的产品中呈现为独立的工具行为的活动。封闭的生产过程的自动控制以此为基础;生产过程的自动控制,今天已开始使我们的社会劳动系统革命化。

P362 现代的自动化的物质生产或者用控制论控制的未来的企业,使人摆脱了体力劳动和可避免的风险,使人摆脱了在人类最古老的文献中,证实是痛苦和危险的那种痛苦和危险。因此,乍看起来,人们对技术进步的解释并非那么悲观。我们可以把这种解释称为对技术的自由解释。

P363 大型企业和国家的领导使用这些现代手段,不是因为他们可以以此来逃避决断,而是因为没有这些手段他们就不能在对各种手段的抉择进行理性考虑时做出决断。充满风险的事物和研究这些事物的理性之间的区别,即使在科学的文明中也不会被否认。

P375 这种意识形态的基本观点是,我们能够用同样的方法,即用我们许久以来把自然过程置于我们的控制之下的方法来控制制度框架对前进中的技术系统的那种滞后的被动适应,来控制进入社会生活世界中的技术进步的无计划的、社会和文化的后果。

P380 今天,统治的非理性已经成了集体生存的一种危险;统治的非理性看来只有通过政治意志的形成才能被克服,而政治意志的形成,必须遵循普遍的和自由的讨论的原则。我们只能从爱护遵循对话思想的政治力量的状况中,期待统治的理性化。技术上有用的知识的传播不能代替反思的巨大力量。

P385 只有当我们既不是通过自然形成的传统,又不是通过外部强加的措施学到这类规范,而只是在理论认识的强制下用理性达成的共识的强制下接受这类规范时,科学就满足了教育的准则。严格意义上的经验科学能帮助人们获得技术能力,但不能形成为实践的能力。

P387-388 因为科学对社会过程和自然过程的控制,一句话,技术对社会过程和自然过程的控制,并不能使人什么都不干。同过去一样,冲突要解决，利益要贯彻，生活世界的问题要找到解释，都必须通过同日常语言相联系的行为和谈判来解决。今天，这些实践问题在很大程度上取决于我们的技术成就自身的系统。

P395 今天，我们再也不会把教育的双重作用交付给个别人的偶然决定，或者各种信仰力量去实施。这不仅涉及把实践上富有成果的科学水平转化为进行技术操作的人的支配权，而且也涉及把这种科学水平转化为交往社会的语言财富。这是今日高等教育的任务，这项任务一如既往应该由能够进行自我反思的科学来接受。假如我们的大学放弃这种意义上的教育（不管它是否愿意把断裂的品德教育作为大学的教育任务而制度化，或者把这种意义上的教育从大学的活动中完全排除出去），假如科学把它的实证意义的严谨的美德变为让实践问题所从不受监督的价值判断的自发性或者随意性去摆布，那么，政治上所说的成熟的公众舆论的启蒙也就不再有指望了。

十一　高校的民主化就是科学的政治化？P398－406

P402　这就是我对什么是高校的自主权这个问题的回答。在现今的情况下，高校只有当它把自己构建成一个政治上有行动能力的单位时，它才能维护自身的自主权利。只有这时，高校才能用意志和意识去执行它的政治上有效的、它当然必须完成的职能。

P404　高校的民主化同科学的自主是一种什么关系呢？高校自治的民主化难道不会败坏科学工作的独立性？我们大家的一致认识是，科学进步的内在条件，尤其是不受阻碍的、摆脱了统治关系的自由的讨论问题的前提必须具备。认识过程既不允许由不加反思的社会利益，也不允许由表决的压力来决定。这个目标，今天用科学家享有的个人独立自主的抵制权不再能充分地得到实现。

十、《合法化危机》

[德] 尤尔根·哈贝马斯　著
刘北成，曹卫东　译
上海人民出版社，2009 年

【作者简介】

尤尔根·哈贝马斯是德国当代重要的哲学家之一，法兰克福学派第二代的中坚人物，历任海德堡大学教授、法兰克福大学教授、法兰克福大学社会研究所所长以及德国马普协会生活世界研究所所长。1954 年在波恩大学以论文《绝对性与历史，论谢林思想的二重性》获得哲学博士学位。1949—1954 年，哈贝马斯先后在哥廷根大学、苏黎世大学和波恩大学学习哲学、心理学、历史学、德国文学和经济学。1955 年，哈贝马斯来到法兰克福，进入霍克海默和阿道尔诺领导的社会研究所。正是法兰克福学派对马克思主义学说的重视引发了他对马克思主义理论的兴趣。1964—1971 年，哈贝马斯担任法兰克福大学哲学和社会学系教授。20 世纪 60 年代中期，哈贝马斯发表的许多政论性文章在青年学生中产生了巨大影响。他的思想和理论成为 1968 年学生抗议运动的精神力量。1983 年，哈贝马斯重新回到法兰克福大学任哲学和社会学教授，直到 1994 年退休。哈贝马斯被誉为"当代的黑格尔"和"后工业革命的最伟大的哲学家"，他继承和发展了康德哲学，致力于重建"启蒙"传统，视现代性为"一项尚未完成的计划"，提出了著名的沟通理性理论，对后现代主义思潮进行了有力的批判。

哈贝马斯一生著作等身，主要著作有《公共领域的结构转型》（1962 年）、

十、《合法化危机》

《理论与实践》(1963年)、《社会科学的逻辑》(1967年)、《作为"意识形态"的技术和科学》(1968年)、《认识与兴趣》(1968年)、《晚期资本主义的合法性问题》(1973年)、《重建历史唯物主义》(1976年)、《交往与社会进化》(1979年)、《交往行为理论》(1981年)、《道德意识与交往行为》(1983年)、《现代性的哲学话语》(1985年)、《新的非了然性》(1985年)、《后形而上学思想》(1988年)、《纠补的革命》(1989年)、《在过去与将来之间》(1990年)、《文本与语境》(1991年)、《论话语伦理学》(1991年)、《在事实与规范之间》(1994年)、《包容他者》(1996年)、《真理与论证》(2000年)、《人类的未来》(2001年)、《过渡时代》(2001年)、《时代诊断》(2003年)等。

【写作背景】

哈贝马斯始终对政治学和社会学怀有巨大的热情和现实关怀。进入20世纪70年代之后,哈贝马斯成功地转向了政治理论,开始思考理论和社会实践之间的联系,并致力于对各政治理论进行哲学式的整合。

用马克思主义的危机理论来分析"晚期资本主义",其中出现了许多困难和疑惑。但同时也出现了很多有意思的尝试,比如用新的思路来理解旧的原理,或用新的危机原理取而代之。哈贝马斯在马克斯-普朗克研究所进行经验研究的过程中,也考察了这些原理。此外,哈贝马斯也想通过此书,表明自己不想把对各种假说的一般结构的解释与经验结论相混淆。哈贝马斯发现,当代社会理论的实际问题与基本问题之间有着密切的联系,虽然应该有一种社会进化理论成为社会理论的基础,但至今尚未出现这样的一种理论。这些初步构思便促成了《合法化危机》(德文版原名为《晚期资本主义的合法性问题》)的诞生。

【中心思想】

《合法化危机》全面地阐述了现代西方社会问题。哈贝马斯全面审查了晚期资本主义社会的运作机制和内在矛盾,并对可能出现的危机倾向进行了分析。在此书中,哈贝马斯指出了晚期资本主义的危机倾向,包括经济危机、合理性危机、合法性危机以及动机危机。也就是说,作为资本主义的基本矛盾,在资本主义社会中,有可能出现下列情况:经济系统不能生产必要数量的消费价值,行政系统不能提供必要数量的合理决策,合法化系统不能提供必要数量的普遍动机机制,社会文化系统不能产生必要数量的行为动机意义。

对于晚期资本主义自我改造的可能性问题,哈贝马斯认为还没有有效的解决之道。经济危机和行政危机也就是合法化危机,而合法化危机的本源就是动机危机。由于行政系统的合法化动力来自社会文化系统的动机输出,因此,解决合法化问题必须从多方面解决动机危机。哈贝马斯诉诸多个领域解决动机危机,包括探究动机得以形成的价值规范与真理之间的内在联系,也就是在公共领域中采用话语的论证来解决其有效性问题。哈贝马斯的研究结果,即《合法化危机》,共分为三大部分,各分为四章、八章和六章,共十八章。

【分章导读】

第一部分 社会科学的危机概念 哈贝马斯分四章对社会科学的危机概念进行了解释,阐释了社会系统的构成、社会组织原则的含义以及从这些组织原则中所衍生出的社会危机。通过阅读第一部分,可以更好地帮助我们理解哈贝马斯分析系统危机的切入点和角度。

第一章 系统与生活世界 哈贝马斯首先从医学危机的概念解释了危机的含义、特点。"危机与一种客观力量的概念联系起来,这种客观力量剥夺了一个主体的某些正常控制能力","危机的克服意味着陷入危机的主体获得解放"[1]。那么,是谁首先提出了"社会科学的系统危机"这个概念?哈贝马斯给出了答案:马克思。古典的危机概念经过18世纪的历史哲学,渗透到了19世纪的社会进化理论,马克思遂提出了这一新的概念。但哈贝马斯在这里并不意在用类似于马克思危机学说的理论来阐释、补充马克思主义,而是要全面引入一种社会科学的危机概念。

哈贝马斯为今天的社会科学提供了一种系统论的危机概念。根据这种理论,危机就是系统整合的持续失调;造成社会系统危机的原因,并不是环境的改变,而是结构固有的系统命令彼此不能相容,不能按等级整合[2]。我们可以看到,一个社会系统总是具有各种各样的结构变化,那么,所有的结构变化都会带来危机吗?哈贝马斯的答案是否定的。在他看来,只有当社会成员感觉到结构变化影响其继续生存时,感觉到其社会认同受到威胁时,才可以

---

[1] 尤尔根·哈贝马斯. 合法化危机 [M]. 刘北成,曹卫东,译. 上海:上海人民出版社,2009:3.
[2] 尤尔根·哈贝马斯. 合法化危机 [M]. 刘北成,曹卫东,译. 上海:上海人民出版社,2009:4.

说出现了危机。因此，危机过程有其客观性。

哈贝马斯认为，一种适当的社会科学危机概念，应当能够把握住系统整合和社会整合之间的联系。在这里，社会整合指主体社会化过程中所处的制度系统，系统整合指一个自我调节的系统所具有的特定的控制能力。当社会整合受到危及时，控制问题也就意味着无法顺利解决。正是由于控制问题的不可解决性，因而产生了危机。这也就意味着，分析危机时，要先把握这种控制问题。在哈贝马斯看来，对危机的分析也需要把握与危机所涉及的社会整合相关的规范结构。

第二章　社会系统的构成要素　人和社会形态都由基本的组织原则所决定，哈贝马斯在第二章"社会系统的构成要素"中就分析了组织原则的正当性。在这过程中，哈贝马斯借用了社会系统的构成要素，并解释了社会系统的三大构成要素及其特征。

在哈贝马斯看来，社会系统的第一个特征便是其与环境之间的交流，但这种交流是建立在有效话语的基础之上。他认为，面对外部自然，社会系统用工具行为来捍卫自身；面对内部自然，则用交往行为来捍卫自身[1]。其中，主体间性结构的形成借助于语言，借助语言交往，富有内涵的命题才有可能出现，上述转换功能才有可能实现。简单地说，就是人们借助理性而对各种经验规律加以重建。

第二个特征是：在生产力和系统自律达到一定水平后，社会系统就改变了其理想价值[2]。从经验中我们便可发现，社会系统的理想价值在历史上是不断变化的。而且，理想价值的变化受到了世界观结构的发展逻辑的限制。社会进化沿着生活世界的逻辑向前发展，由语言产生的主体间性决定了其结构。

第三个特征是：一个社会的发展水平取决于制度所容纳的学习能力，具体而言，取决于理论—技术问题和实践问题自身能否分化开来，话语型的学习过程能否出现[3]。由于控制能力的变化取决于对外部自然的控制和对内部自然的整合的不断增强，且这两个层面上的进化是以定向形式的学习过程出现的，因此，理论层面和实践层面的学习过程就对社会进化机制起着十分关键的作用。

---

[1] 尤尔根·哈贝马斯.合法化危机[M].刘北成，曹卫东，译.上海：上海人民出版社，2009：12.

[2][3] 尤尔根·哈贝马斯.合法化危机[M].刘北成，曹卫东，译.上海：上海人民出版社，2009：11.

以上为哈贝马斯对社会系统三大特征的阐释。总体看来，他用一种发展的眼光分析了社会进步的大致轮廓。但对社会系统的阐释，实则是为了阐释社会组织原则的重要性。因为分析了社会系统的特点之后，我们便能发现，是社会组织原则在其中扮演了重要的角色。这大概也是为什么哈贝马斯在第二章的结尾如此说道："在一个社会中，究竟哪个亚系统能够具有功能优先性，也就是说，究竟哪个亚系统能够引导社会进化，主要是由该社会的组织原则所决定的。"[1]

第三章　社会组织原则的解释　哈贝马斯先区分了四种社会形态，分别是原始社会、传统社会、资本主义社会和后资本主义社会。其目的是根据其中的三种社会形态，具体说明社会组织原则的含义，以及这些组织原则中所衍生出来的具体的危机类型。

在哈贝马斯看来，原始社会的组织原则是年龄和性别等原始角色，其制度核心是亲缘系统[2]。家庭结构决定了社会的交往模式，也保障了社会整合和系统整合。因此，组织原则仅仅和家庭道德或部落道德联系在一起。由于这样的组织原则极为简单，因此也容易被打破，外在的变化就足以破坏这种组织原则的控制能力，比如人口增长、生态变化以及交换、战争和征服而带来的种族间的依赖关系。

传统社会的组织原则是具有政治形式的阶级统治[3]。生产资料所有制是社会财富的生存和分配方式。对于传统社会而言，国家是制度的核心所在，它掌握了权力和控制的主要功能。依赖于社会的传统世界观和伦理，统治秩序得以维护。总而言之，在这样的阶级社会中，生产资料私有制，权力关系制度化，生产资料和经济关系由经过合法化的法律所调节。对于传统社会而言，危机类型通常由控制问题所致，它源于社会内部矛盾。一旦控制问题加剧，系统便会加强压迫；但一旦过度，则统治阶级的合法性就会丧失，从而引发阶级斗争。引发阶级斗争的结果就是原有的政治系统被颠覆，新的政治系统被建立，由此带来新的合法性和新的集体认同。

自由资本主义社会的组织原则是资产阶级民法体系中所确定的雇佣劳动

---

[1] 尤尔根·哈贝马斯. 合法化危机 [M]. 刘北成，曹卫东，译. 上海：上海人民出版社，2009：18.

[2] 尤尔根·哈贝马斯. 合法化危机 [M]. 刘北成，曹卫东，译. 上海：上海人民出版社，2009：21.

[3] 尤尔根·哈贝马斯. 合法化危机 [M]. 刘北成，曹卫东，译. 上海：上海人民出版社，2009：22.

与资本之间的关系①。商品市场、资本市场以及劳动力市场的制度化带来了市民社会的分化，使市民社会独立于政治经济系统。因此，经济交换成为新的控制手段，从而取代了合法权利的地位。国家的任务因而也就在于确保资本主义的再生产过程。虽然资本主义产生了种种弊端，但哈贝马斯认为它还是取得了巨大的成就，不仅使经济系统相对独立于政治系统，也挣脱了社会整合的亚系统，而且还使经济系统发挥了重大的社会整合作用。在这种组织原则之下，冲突或危机就表现为经济危机。

第四章　系统危机——以自由资本主义危机周期为例　哈贝马斯以自由资本主义危机周期为例，较为详细地解释了系统危机。如上所述，在自由资本主义社会里，危机的形式表现为无法解决的经济控制问题，它危及社会整合。对于为何社会整合功能被转交给经济组织这一亚系统，哈贝马斯认为，这是由于在自由资本主义社会里，阶级关系通过劳动市场而被制度化。当生产资料所有者和雇佣工人之间的矛盾被人所意识到，那么冲突就会表现出来，这种冲突的实质，就是自由资本主义社会的系统问题和社会整合问题得不到解决。以经济危机为例，哈贝马斯总结了系统危机的特征：处于互动关系中的成员之间的辩证矛盾具体表现为结构所无法解决的系统矛盾或控制问题②。

面对这种从资本积累理论中产生出来的命题，马克思把它转换为阶级理论的行为理论。哈贝马斯赞同马克思的做法，认为价值学说更直接的是对经济再生产过程的分析，可以转换为阶级理论的行为理论。但哈贝马斯同时也质疑，经济分析转换到社会学上的内在方法是否仍然适用于如今有组织的资本主义制度。因此，哈贝马斯提出了与此相关的问题：资本主义社会形态的基本矛盾在有组织的资本主义表现形式中是否保持不变，并且继续有效？危机的逻辑是否发生了变化？资本主义真的彻底转变为克服了充满危机的经济增长方式的后资本主义社会形态了吗③？

从自由资本主义过渡到有组织的资本主义，是一个极其复杂的过程。哈贝马斯在本书中并未对此展开详细的讨论。

---

① 尤尔根·哈贝马斯. 合法化危机 [M]. 刘北成，曹卫东，译. 上海：上海人民出版社，2009：24.
② 尤尔根·哈贝马斯. 合法化危机 [M]. 刘北成，曹卫东，译. 上海：上海人民出版社，2009：32.
③ 尤尔根·哈贝马斯. 合法化危机 [M]. 刘北成，曹卫东，译. 上海：上海人民出版社，2009：33.

第二部分　晚期资本主义的危机倾向　哈贝马斯重点探讨了有组织的资本主义的主要结构特征模式，并以此推出这种社会形态中可能出现的四大类危机倾向（第二章和第三章的主要内容）。对于在何种条件下这些危机倾向会真正地蔓延开来，存在几种主要的论点。在接下来的第四章和第七章，哈贝马斯对这些论点进行了分析和评判。这些评述虽不能取代经验研究，但却对经验研究的方向起了指引作用。

第一章　晚期资本主义的叙述模式　哈贝马斯以美国的三部门模型为例，论述了晚期资本主义经济系统的基本特点：私人部门和公共部门的区分。简单地说，市场上存在竞争部门、公共部门和垄断部门。经济不仅以市场为取向，同时，也受国家机器的管控，国家履行了许多经济系统的职责。

哈贝马斯认为，国家所履行的经济系统的职责分为两个方面：一方面是国家用总体计划来调节整个经济循环过程，另一方面则是创造和改善利用剩余资本的条件[①]。国家对这些职责的履行，就是行政系统的总体特点。由于经济系统与政治系统被重新结合在一起，因而，在某种程度上，生产关系便被重新政治化了，由此合法化要求也更高。

处于晚期资本主义的国家，不再只是一般性地保障生产条件，而是积极地介入了再生产过程中。因此，这样的国家机器也需要合法化。这种合法性的创造不同于单纯的选举机制，因而也就出现了形式民主系统，以解决创造合法性过程中出现的问题。这也就意味着，公民参与政治意志形成过程（也就是实质民主）和一般的行政关系是两个相互独立的过程。在哈贝马斯看来，在失去政治结构的公共领域里，合法性被压缩成了两个剩余的需求：公民私人性和对结构失去政治意义进行证明。这些方面的理论解释了晚期资本主义的合法性要求，犹如当年古典政治经济学解释了资本主义经济社会所具有的自发性。

对于有组织的资本主义社会，生产关系在一定程度上被重新政治化，但阶级关系却并未被政治化。为了避免系统危机，晚期资本主义社会总是把社会整合的力量放在最可能出现结构冲突的地方。哈贝马斯认为由企业组织和工会组织谈判所决定的准政治性的工资结构在历史上起到了划时代的作用[②]。

[①] 尤尔根·哈贝马斯. 合法化危机[M]. 刘北成，曹卫东，译. 上海：上海人民出版社，2009：39.

[②] 尤尔根·哈贝马斯. 合法化危机[M]. 刘北成，曹卫东，译. 上海：上海人民出版社，2009：42.

通过这种形式，社会系统中的冲突是潜在性的。对于资本主义国家而言，其资本主义发展程度便取决于能否使冲突处于潜在状态。比如，第二次世界大战之后的几十年里，发达的资本主义国家都成功地使冲突潜在化，从而成功地延长了经济周期，把周期性的资本编制转换成了持续性的通货膨胀危机。

那么，这种阶级妥协的变化是否意味着资本主义社会中的阶级结构和组织原则也发生了变化呢？哈贝马斯认为这个问题不能从社会系统中的有限原则和货币机制所发挥的作用来加以考察。为解决上述问题，哈贝马斯认为必须思考两大类问题，比如，晚期资本主义的结构是否能够避免经济危机？经济危机是否会像马克思所期待的那样，导致社会危机，并进而导致政治危机[1]？哈贝马斯最后说道："我还看不出如何能够令人信服地解决这个关于晚期资本主义自我改造的可能性问题。"[2]

第二章　晚期资本主义增长的后果问题　哈贝马斯认为晚期资本主义的增长会带来一系列问题，即对生态平衡造成威胁，对人类学平衡造成威胁，对国际平衡造成威胁。哈贝马斯认为，人口和生产的急剧增长，以及对自然资源的扩张性利用，必会达到生态系统所能承受的极限。自然系统具有极限，但与之相反的社会系统则没有极限。但哈贝马斯指出，社会化过程仍然具有一种限制，社会系统具有自身的规范，这些规范需要合法化。因此，对社会系统的认同也就不会一成不变。生产力高度发展的结果之一便是毁灭能力的提高。比如，能够生产原子弹的国家，其毁灭能力也较高。因此，国际交往中，就有必要进行自我克制。哈贝马斯指出，真正的裁军是不可能的，但晚期资本主义国家需要平衡非生产性用品需求和资本使用价值。

第三章　危机倾向的分类　哈贝马斯指出，晚期资本主义社会中存在四种危机倾向：经济危机倾向、政治危机倾向、社会文化危机倾向以及动机危机倾向[3]。在哈贝马斯看来，价值规律依然由经济危机所决定。因此，经济危机倾向就会表现为社会危机，并且引发政治斗争。哈贝马斯将行政决定看成是政治系统的产出。在这一过程中，投入危机表现为合法性危机，产出危机表现为合理性危机。哈贝马斯指出，这两种危机倾向只有通过社会文化系统才能爆发出来。同时，哈贝马斯分析这些危机倾向的抽象概括可用于分析资

---

[1][2]　尤尔根·哈贝马斯. 合法化危机［M］. 刘北成，曹卫东，译. 上海：上海人民出版社，2009：44.

[3]　尤尔根·哈贝马斯. 合法化危机［M］. 刘北成，曹卫东，译. 上海：上海人民出版社，2009：52.

本主义制度基本矛盾的后果。

第四章　经济危机原理　哈贝马斯根据经验把国家行为分成四类：首先是实现确保存在的前提条件，其次是资本的积累过程要求法律系统适应产业组织、竞争、融资等新形式，再次是国家补充市场行为应当与国家取代市场的行为区别开来，最后是国家对积累过程的功能失调所带来的后果进行补偿[①]。但只有后两项才被有组织的资本主义社会所特有。

在晚期资本主义社会中，古典价值学说已不能满足各种需求，且新的剩余价值生产形式是否能制止住经济危机，哈贝马斯认为这还是个经验性问题。此外，政治和工会组织起来的阶级斗争的成功，是否只是经济学意义上的？这个经验性问题也需要思考。最后，对于现在的资本主义社会，政治民主是否可以满足合法化需求？关于经济危机理论，哈贝马斯列举了修正主义的观点。根据这一观点出现了代理理论。但哈贝马斯同时也列举针对这一理论的两种反驳意见。哈贝马斯指出，以上理论都不足以说明晚期资本主义国家的功能。他其实指涉了合理性危机。

第五章　合理性危机原理　哈贝马斯指出如果国家不能通过征集必要的税收，并合理地利用税收来避免经济成长过程中的危机，国家就会出现合理性的欠缺；如果国家对税收的使用不能满足合法性需求，则国家会出现合法性的欠缺。有一种观点认为，合理性欠缺是晚期资本主义所陷入的关系罗网的必然后果。哈贝马斯列举了针对这种论点的三种反对意见[②]。但哈贝马斯继续列举了奥佛的论据来证明行政计划缺少合理性是一种必然趋势。最后，哈贝马斯指出，积累过程是通过交换之外的媒介实现的，其合理性的缺失不是由于计划缺少合理性，而是行政机构不能动员其合作人顺利地进行合作。一旦如此，那么行政机构就会无法控制对于计划有重要意义的行为领域。

第六章　合法化危机原理　哈贝马斯仿照经济危机的概念，提出了合法化危机。根据这种危机原理，社会认同受制于维护系统的整合能力。在阶级结构中，这种社会认同往往非常脆弱。先谈谈行政系统。为了使行政系统独立于合法性系统，行政系统的工具功能被独立出来。公共领域被建立起来，从而实现有效的合法化，吸引人们的注意力，使人们关注一定的主题，而排

[①] 尤尔根·哈贝马斯. 合法化危机［M］. 刘北成，曹卫东，译. 上海：上海人民出版社，2009：61.

[②] 尤尔根·哈贝马斯. 合法化危机［M］. 刘北成，曹卫东，译. 上海：上海人民出版社，2009：70.

除舆论的影响。要继续维持传统解释文化系统的地位，要不然，传统就不能保持其提供合法性的力量。但行政系统和文化系统之间的结构差异造成了系统界限，不能使所有促进合法化的努力都顺利地达到目的。且社会文化系统并不会总是满足行政系统的要求，因此，社会文化系统是导致合法化危机的唯一原因。虽然行政机构试着让过程相关者参与其过程，但哈贝马斯认为这种创造性的参与是一种弥补合法化欠缺的极端手段，对于行政机构来说是一种冒险手段。哈贝马斯认为晚期资本主义社会陷入了合法化困境，且这种危机的根源是某种存在优先权的阶级结构。所以，他认为，失去的合法化必须要根据系统的要求来加以弥补。

第七章　动机危机原理　哈贝马斯认为决定合法化危机的必然是一种动机危机，具体地说，就是社会文化系统的输出无法满足国家和设劳动系统的功能要求。哈贝马斯认为，晚期资本主义社会中最重要的动机是一系列的公民私人性和家庭职业私人性。私人性的动机模式涵括了文化模式，且资本主义社会总是依赖于其文化条件，但文化条件本身却是不可再生的。这也就意味着，一旦促进资本主义生成和发展的文化条件不可再生，那么，资本主义的发展就是无望的。

第三部分　论合法化问题的逻辑　哈贝马斯主要阐述了动机得以形成的价值和规范与真理之间有着一种内在关系。

第一章　韦伯的合法化概念　哈贝马斯首先谈的是韦伯的合法化概念。韦伯关于理性统治的模糊概念引起了对合法性是否依赖真理这一问题的讨论。而关于合法性信念同真理的关系的讨论，是由韦伯的正当性信念概念引起的。哈贝马斯认为这个问题不能用社会学来解决。

第二章　实践问题与真理的关系　哈贝马斯探讨的是实践问题与真理的关系。哈贝马斯以伊尔廷的一篇文章为例，把经验论和决定论两条路径结合了起来。但这章主要探讨的是当代伦理学问题。

第三章　普遍利益的压制模式　哈贝马斯偏离正题，考察了当代伦理学的问题，其目的是为了证明实践问题能够容纳真理这一论断。哈贝马斯认为，如果这个论断是正确的，那么，规范便可与其他力量区别开来。如果规范体现了普遍利益，那么，它建立在某种理性的共识之上；如果规范不能调节普遍利益，那么，它们就只不过是基于力量，而非理性。这就说明存在一种规范权力。

哈贝马斯认为，历史上的合法性证明是通过解释，比如在自然法以及系统化的解释和论证等中，但只有从压制普遍利益的模型出发，并且将某一时期的规范结构与在其他条件不变情况下,经过话语形成的规范系统的假设状态进行比较,具有意识形态特征的社会理论才能确定该社会制度中固有的规范权力。这种虚拟的重构就是罗伦岑所谓的"规范发生程序"①。之前的价值取向行为可以被利益冲突相关的行为所取代。在哈贝马斯看来,冲突理论的观点可以在两个层次上同话语模式联系起来。据此,之前的三种解释,也就是冲动理论、目的论的历史解释以及规范分析方法,无法找到普遍利益的压制模式。可以通过利益冲突而区分不同的集团,进而完成对危机的分析。

第四章 个体的终结？ 哈贝马斯一直试图证明,实践问题可以用话语来处理,社会科学有可能分析清楚规范系统与真理之间的关系。在人类发展史上,在原始阶段,人们用一种口头产生的关于秩序的幻觉来加以平衡生存问题。随着各种世界观的认知意义日益贫乏,道德被形式化,实践理性再也无法在先验主体中找到根基。哈贝马斯认为,交往伦理学此时诉诸理性言语的基本规范,即一种最终的"理性事实"。哈贝马斯仔细地回顾了历史上对真理的思考。首先,知识理论被一种关于效果的透视理论所取代。人们依然在实践中讨论真理的可能性。在哈贝马斯看来,这种讨论是天真的,且实证主义和存在主义为这种天真的心理提供了基础。其次,在民主理论中,资产阶级理想倒退了。从"精英民主统治理论"来看,民主不再取决于那种照顾普遍利益的内容,而仅仅是一种选择领袖的方法和领导手段。再次,实践理性受到不同程度的摧毁。根据较为激进的解释,人类的社会化模式受到怀疑,概括起来就是"个体的终结"。最后,知识分子的不安仍旧聚焦于个体的终结这一领域。

自马克思以来,"异化"是一种社会心理学研究的关键词。在晚期资本主义社会中,异化现象已经不再以各种贫困形式出现,它已经更多地转变为心理问题,变成了能够用行政手段处理的问题,并且被制度化。哈贝马斯认为一种隐蔽的异化形式是"非本真性",且它日益取代了异化现象。但哈贝马斯认为,看不出如何能用经验来直接解决这个问题。因此,他借助了卢曼的理论来间接地加以考察。

第五章 复杂性与民主 哈贝马斯认为,自主性的不断增强带来了诸多问题,使高度复杂的社会系统不堪重负。要解决这种复杂性问题,就需要从根本上全面应用系统概念。复杂性与民主的关系十分复杂,最早是在计划理

---

① 尤尔根·哈贝马斯. 合法化危机 [M]. 刘北成,曹卫东,译. 上海：上海人民出版社,2009：124.

论的层面上以一种实用的方式提出来的。根据卢曼的计划理论，有一些政治类型适合复杂社会，即全面非参与的计划。行政机构与社会其他亚系统之间产生多种互动。其次，卢曼认为，复杂性的增长使得社会必须转向一种放弃区分权力与真理的再生产方式。最后，哈贝马斯认为，从交往理论角度提出的计划理论是建立在实践理性概念基础上的。实践理性概念是从话语意志形成的范式中获得的，变成一种关于真理的共识理论。在哈贝马斯看来，可以证明的规范就是真实的命题，但是它们既不是事实，也不是价值①。

哈贝马斯最后指出，对于卢曼的研究策略，有一个十分重要的反对论据：如果社会批判理论在现实变化面前可能会遭遇失败，那么，普遍功能主义必然会设定社会化模式的变化和个体的终结差不多已完成。

第六章 对理性的偏爱 哈贝马斯最后提出的一点是对理性的偏爱。但他也指出，在今天对理性的偏爱至多使得我们可以不用论证而建立不会带来政治后果的亚文化。虽然我们现在知道的东西不会比以前更多，但哈贝马斯相信，这不会使我们放弃对晚期资本主义所能承担的压力极限进行批判和检验。

── 【意义与影响】────────────────

在《合法化危机》一书中，哈贝马斯基于马克思的资本主义基本矛盾理论和价值学说，对当代资本主义进行了有力的批判。在哈贝马斯看来，在晚期资本主义中，与自由资本主义阶段相比，国家行为已经发生了很大的转变，国家合法性因而也需要新的证明，但这一合法性论证面临着各种问题和困惑。哈贝马斯的著作对这一合法性问题进行了考察，具有重大的现实意义和理论意义。

首先，哈贝马斯揭示了晚期资本主义社会的固有矛盾和危机倾向，为当代资本主义社会和国家敲响了警钟。哈贝马斯指出，当代资本主义的一大基本特点是国家对经济活动的干预程度增强，虽然经济危机得到了一定程度的缓和，但并没有解决资本主义所固有的危机。同时，由于危机从经济系统转移到行政系统，又从行政系统转移到文化系统，晚期资本主义国家面临着新的合法化危机。哈贝马斯通过经验分析，认为当代资本主义需要重建合法性，

---

① 尤尔根·哈贝马斯. 合法化危机 [M]. 刘北成, 曹卫东, 译. 上海：上海人民出版社, 2009：151.

以应对各种社会、经济问题。并且,国家要重视社会文化输出,以更好地服务于整个系统的正常运转。

其次,哈贝马斯在该著作中修改了原本马克思主义的危机理论[①]。哈贝马斯认为,晚期资本主义社会的危机已经转变为合法性危机和动机危机,因而与自由资本主义的危机有着较大的不同。马克思主义的危机理论已经不适用于晚期资本主义社会。哈贝马斯的晚期资本主义危机理论深度解剖了发达资本主义的新变化、新形势,其所揭露的问题具有较大的信服力。

最后,哈贝马斯对资本主义的集中批判可以给如今的中国社会一些启示。该理论有助于我们理性地看待市场的作用和政府对市场的干预所具有的影响,在一定程度上能使我们更好地处理经济发展过程中所出现的各种经济、社会和政治问题,更好地构建中国特色社会主义,增强中国社会转型过程中个体的集体认同感,等等。

当然,哈贝马斯对晚期资本主义的批判是不彻底的,认为资产阶级通过改良可以避免危机,一定程度上背离了历史唯物主义的观点。

【原著摘录】

第一部分 社会科学的危机概念 P1-34

P5 在社会成员感觉到结构变化影响到了继续生存,感觉到他们的社会认同受到威胁时,我们才会说出现了危机。系统整合的失调只有在使社会整合岌岌可危时,即在规范结构的共识基础受到严重破坏,社会变得失范时,才会危及继续生存。危机状态表现为社会制度的瓦解。

P7 社会进化表现为三个层面,即生产力的提高,系统自主性(权力)的增强以及规范结构的变化。

P18 但在一个社会中,究竟哪个亚系统能够具有功能优先性,也就是说,究竟哪个亚系统能够引导社会进化,主要是由该社会的组织原则所决定的。

P23 传统社会中的危机类型源于社会内部的矛盾。而矛盾存在于规范系统和论证系统的有效性要求与阶级结构之间;前者不允许公开进行剥削,后者则使依靠特权占有社会财富成为一种通则。

P23-24 自由资本主义社会的组织原则是资产阶级民法体系中所确定的

[①] 傅永军. 哈贝马斯合法性危机论评析 [J]. 马克思主义研究, 1999 (4).

雇佣劳动与资本之间的关系。

P25　随着阶级统治在政治上的匿名化，也就出现了这样一个问题，即社会统治阶级必须认识到自己已经不再具有统治地位。普遍主义的资产阶级意识形态要想完成这一使命，就必须：（1）科学地建立在传统批判的基础上；（2）具有一种模式特征。也就是说，能够预设一种社会状况，其可能性从一开始就不会被能动发展的经济社会所否定。

P26　资本主义社会的组织原则还是取得了异乎寻常的成就。它不仅解放了经济系统，使之摆脱了政治系统，摆脱了社会整合的亚系统的束缚，而且使经济系统在完成系统整合任务的同时，为社会整合做出了贡献。

P28　在自由资本主义社会里，危机的形式表现为无法解决的经济控制问题。系统整合面临的危险直接威胁着社会整合。这就充分证明经济危机是值得讨论的。

P29　因此，市场就承担着双重功能：一方面，它是社会劳动系统中的控制机制，而社会劳动系统受到货币这个媒介的控制；另一方面，它把生产资料所有者和雇佣工人之间的权力关系加以制度化。

P30　只有当社会的组织原则迫使具有根本不可调和的要求与意图的个人和群体在这个系统中不断彼此对立时，我们才可以说这样一个社会存在着"基本矛盾"。阶级社会的情况正是如此。只要要求和意图的不可调和性尚未被社会参与者所意识到，冲突就是潜在的。

P31　阶级结构决定着从对社会生产财富的特殊占有中所产生出来的矛盾。在传统社会里，这些矛盾直接表现为活跃各方的利益冲突。而在自由资本主义社会里，阶级对抗反映在控制问题中，这样就出现了一种动态现象：因为在资本主义生产方式中，社会获得了相对持续发展生产力的能力，所以，经济危机就标志着一种充满危机的经济增长模式。

第二部分　晚期资本主义的危机倾向 P35－100

P40　国家在创造和改善利用剩余资本的时候，实际上也就取代了市场机制，具体表现为：非生产性的政府消费；通过政策倾斜把资本引向被市场忽略的部门；改善物质基础设施；改善非物质基础设施；提高人的劳动生产率；补偿私人生产所造成的社会损失和物质损失。

P47　晚期资本主义的高速增长给国际社会带来了许多的问题。这些问题虽然不能说是系统所特有的危机现象，但是，解决这些危机的可能性却受到系统的特殊限制。这里我所说的是对生态平衡的破坏，对人格系统一贯要求的损害（异化），以及对国际关系所造成的巨大压力。

P52　所谓爆发成为政治事件，是指现有政治系统的合法性遭到了否定。我认为有四种危机倾向：经济危机倾向、政治危机倾向（包括合理性危机和合法性危机）、社会文化危机倾向以及动机危机倾向。

P60　为了更准确地理解生产关系的位移，我认为有必要根据与经济系统的要求之间的关系，把国家行为分为以下四类，以便加以分析：1. 要想建构和维持生产方式，就必须实现确保存在的前提条件；2. 资本的积累过程要求法律系统适应产业组织、竞争、融资等新形式；3. 国家补充市场行为应当与国家取代市场的行为区别开来；4. 最后，国家对积累过程的功能失调所带来的后果做出补偿，因为这些后果在个别资本团体、有组织的劳工或其他有组织的团体之中引起了政治反应。

P62　晚期资本生产关系的变化主要表现出以下三种特征：（1）剩余价值的生产形式发生了变化，这就影响到了社会组织原则；（2）出现了一种准政治性的雇佣结构，这就表现出了一种阶级妥协；（3）政治系统的合法性需求有所增加，这就使得以使用价值为取向的需求起了作用，这种需求可能会与实现资本的需求产生竞争。

P64　自由资本主义是以资产阶级民主的形式建构起来的，资产阶级革命可以说明这一点。因此，今天有必要用（基于普选权基础之上的）政治民主来满足对合法化的需求。反之，那种完全把资产阶级民主视为资本主义阶级统治的上层建筑的教条主义观念，也就忽略了这个特殊问题。

P68　国家机器同时面临着两个任务，一方面，它必须从利润和个人收入中来征集必要的税收，并合理地利用可供支配的税收，以此来避免经济成长过程中的危机。另一方面，有选择的税收，税收使用的明显次序以及行政运作本身，都应该满足随时会出现的合法性需求。如果国家不能完成前一项任务，那么，就会出现行政合理性的欠缺；如果不能完成后一项任务，就会出现合法性的欠缺。

P79　即使国家机器能够以确保无危机但并非无干扰的经济增长方式，来提高劳动生产率和分配生产力成果，经济增长的实现依然要受制于某种优先权。这种优先权不是为了全民的普遍利益，而是为了实现利润极大化的私人目标。加尔布雷思曾经从"私人财富与公共事业贫困的对立"当中来分析这种优先模式。而这种优先模式是从一种通常处于隐蔽状态的阶级结构中产生出来的。总而言之，这种阶级结构是合法化欠缺的根源。

P80　奥佛他们的思考支持了我的观点，即不能随时用来满足行政系统要求的僵化的社会文化系统，是加剧合法化困境并导致合法化危机的唯一原因。只有当无法用现有的价值量，或一般来说，用符合系统要求的补偿来满足的期望大量而全面地出现时，才能够对合法化危机做出预测。因此，决定合法化危机的必然是一种动机危机，即国家、教育系统和就业系统所需要的动机与社会文化系统所能提供的动机之间所存在的差异。

P82　如果社会文化系统发生彻底变化，以至于其输出无法满足国家和社会劳动系统的功能要求，就可以说动机危机出现了。晚期资本主义社会所提供的最重要的动机，就是一系列的公民私人性和家庭职业私人性。

P84　各种真正的资产阶级意识形态完全凭借自己独特的内容而存在：面对个体生存所遇到的各种基本风险，它们无法提供任何能够克服偶然性的解释；它们无法从人性的角度与客观自然建立联系；它们不允许在团体内部或个人之间靠直觉建立协同关系；它们不允许真正的政治伦理存在；无论在政治生活实践中，还是在社会生活实践中，它们给行为主体所提供的都是一种客观主义的自我解释。

P86　在我看来，稍微笼统地说，世界观的结构变化在今天主要有三种趋势：首先，文化传统的支配因素正在丧失世界观的性质，即对世界、自然和历史的总体解释特征，追求复制出一种总体性的认知要求，屈服于各种对科学信息的一般综合，屈服于一种从外部领域退缩出来或失去理想特征并深入生活的艺术。其次，自新教产生以来，信仰立场已经远远脱离宗教活动，变成了内在事件和私人事情，现在则再次被主体主义所打破。最后，道德观点于是也就脱离了理论的解释系统。

P92　一旦传统社会进入现代化过程，日益增长的复杂性就会引起各种控制问题，要求用超出近乎自然的文化系统所固有的速度，来加快社会规范的转型。这样就产生了资产阶级形式法，从而使规范内容有可能从纯粹传统的教条主义中解放出来，并且能够有意识地对它们加以确定。

P92　只要国际关系还遵守强者的具体道德，公民忠诚就不可能具有普遍主义特征。

P93　自由资本主义第一次使严格意义上的普遍主义价值系统具有了约束力，因为经济交换本身必须受到普遍调节，而且等价交换原则也提供了一种有效的基本意识形态，使得国家从传统主义的证明模式中解放出来。

P93　我区分开了规范和原则。所谓原则，就是我用来建立规范的元规范。

P94 伦理始终是合法性的基础。只有交往伦理学才是唯一能够有效性要求的话语兑现，来保障得到承认的规范的普遍性和行为主体的自主性，而规范就是有了有效性要求才出现的。

P94 只有交往伦理学具有普遍性，而且它不像形式主义伦理学那样，局限于同法律规范相分离的私人道德领域。只有交往伦理学能够保障自主性，因为它"有决心和有意识"坚持继续把潜在冲突嵌入交往行为结构的过程，即社会化过程推向前进。

P99 由于经济系统在国家面前丧失了其功能自主性，因此，晚期资本主义的危机现象也就失去了其自发性。晚期资本主义这一社会形态还不会出现我所说的系统危机。

P99 由于政府采取行动，积极避免危机，因此，经济危机就被转移到了政治系统当中。具体方式是，通过提供合法化来弥补合理性欠缺；通过扩大组织合理性，来弥补表现出来的合法化欠缺。

P100 只有当晚期资本主义社会的潜在阶级结构得到改造时，或者，当行政系统所受到的合法性压力得到消除时，才能从根本上避免合法化危机。

第三部分 论合法化问题的逻辑 P101－155

P106 韦伯认为：所有经验都充分表明，在任何情况下，统治都不会自动地使自己局限于诉诸物质的或情感的动机，以此作为自身生存的基础。相反，任何一种统治都试图唤醒和培养人们对其合法性的信念。

P119 只要人们注意到，对规范有效性要求的话语兑现的期望已经包含在主题间性结构当中，从而使特意引入的普遍化原则变得多余，那么，由于道德原则的引入而产生的争端就能够得到消除。

P120 在接受实践话语的时候，我们必然会设想一个理想的言语情境。这种理想的言语情境凭借自己的形式特点只容纳一种能够代表普遍利益的共识。如果我们终归要进入话语的话，我们就一定要预设设定这些规范。可以说，普遍语言的这种先验性能够在普遍语用学的架构内加以重建。

P124 冲突理论的这些观点可以在两个层次上同话语模式联系起来。首先，从经验上，我认为，有关各方的利益格局在冲突时足以与必然在当事者中有所表现的利益相吻合，如果这些当事者在同一时间内进入实践话语的话。其次，在方法论上，我认为，用虚拟设想来重构有关个人或团体隐私的利益立场，是有意义的，也是有可能的。

P129　我一直试图证明，实践问题是可以用话语来处理的，社会科学有可能分析清楚规范系统与真理之间的关系。

P135　激进的解释认为人类的社会化模式受到怀疑；这种解释的核心观点，可以概括为"个体的终结"。

P139　埃齐奥尼把"异化"解释为"世界对于行为者的不回应，迫使他屈从于他既不能理解又不能引导的力量"。他从中区分出一种隐蔽的异化形式，即"非本真性"。

P139　在晚期资本主义社会里，异化现象已经脱离了各种贫困现象；但是，这种区分首先考虑的是社会当中引人注目的整合力量和回旋余地，具体表现为：社会冲突可以转化为心理问题，也就是说，它们可以作为私事归咎于个人，同时，被重新政治化的心灵冲突的抗议形式可以得到回避，也就是说，变成了能够用行政手段处理的问题，并作为宽容范围扩大的论据而被制度化。

P145　复杂性与民主的关系十分复杂，最早是在计划理论的层面上以一种实用的方式提出来的。近十年的计划问题讨论除其他结果外，还产生了两种对立的政治类型，体现了两种不同的计划风格：一种是多元渐进主义的程序政策，主要关注具体条件下的计划；另一种是合理的系统政策，主要致力于纲领性计划。

P152　通过在普遍功能主义和批判重建主义之间进行方法论的选择，我在本书第三部分所讨论的问题也就一同得到了解决。这个问题是：社会生活的再生产是否依然与理性有关，尤其是，动机的产生是否依然依赖于需要证明的规范的内在化。

P152　对于卢曼的研究策略，无论如何都还有这样一个十分重要的反对论据，即如果说社会批判理论在现实变化面前可能会遇到失败，那么，普遍功能主义则必然会设定，也就是说必然会在分析层次上预先假定，社会化模式的变化和个体的终结已经接近完成。

P154　一种理性的生活方式的构成因素能否得到保持，并不是依赖于这些构成因素的理性意志形成的对象。这样也就有必要诉诸对理性的偏爱。

十一、《认识与兴趣》

[德] 尤尔根·哈贝马斯 著
郭官义，李 黎 译
学林出版社，1999 年

【作者简介】

尤尔根·哈贝马斯是德国当代重要的哲学家之一，法兰克福学派第二代的中坚人物，历任海德堡大学教授、法兰克福大学教授、法兰克福大学社会研究所所长以及德国马普协会生活世界研究所所长。1954 年在波恩大学以论文《绝对性与历史，论谢林思想的二重性》获得哲学博士学位。1949—1954 年，哈贝马斯先后在哥廷根大学、苏黎世大学和波恩大学学习哲学、心理学、历史学、德国文学和经济学。1955 年，哈贝马斯来到法兰克福，进入霍克海默和阿道尔诺领导的社会研究所。正是法兰克福学派对马克思主义学说的重视引发了他对马克思主义理论的兴趣。1964—1971 年，哈贝马斯担任法兰克福大学哲学和社会学系教授。20 世纪 60 年代中期，哈贝马斯发表的许多政论性文章在青年学生中产生了巨大影响。他的思想和理论成为 1968 年学生抗议运动的精神力量。1983 年，哈贝马斯重新回到法兰克福大学任哲学和社会学教授，直到 1994 年退休。哈贝马斯被誉为"当代的黑格尔"和"后工业革命的最伟大的哲学家"，他继承和发展了康德哲学，致力于重建"启蒙"传统，视现代性为"一项尚未完成的计划"，提出了著名的沟通理性理论，对后现代主义思潮进行了有力的批判。

哈贝马斯一生著作等身，主要著作有《公共领域的结构转型》（1962 年）、

《理论与实践》(1963年)、《社会科学的逻辑》(1967年)、《作为"意识形态"的技术和科学》(1968年)、《认识与兴趣》(1968年)、《晚期资本主义的合法性问题》(1973年)、《重建历史唯物主义》(1976年)、《交往与社会进化》(1979年)、《交往行为理论》(1981年)、《道德意识与交往行为》(1983年)、《现代性的哲学话语》(1985年)、《新的非了然性》(1985年)、《后形而上学思想》(1988年)、《纠补的革命》(1989年)、《在过去与将来之间》(1990年)、《文本与语境》(1991年)、《论话语伦理学》(1991年)、《在事实与规范之间》(1994年)、《包容他者》(1996年)、《真理与论证》(2000年)、《人类的未来》(2001年)、《过渡时代》(2001年)、《时代诊断》(2003年)等。

【写作背景】

《认识与兴趣》是哈贝马斯1968年出版的重要作品，专门论述了认识论的问题，而且其根本意图是分析认识与兴趣之间的关系以及对这一主题的支撑。而本书的先导是哈贝马斯于1965年6月在法兰克福大学任教授时所发表的题为"认识与兴趣"的演讲。在此后的三年中，他结合在海德堡大学授课的内容——实证主义、实用主义、历史主义以及他对弗洛伊德的相关研究，写成了这部著作。而且在相关论题上，哈贝马斯在同阿佩尔所进行的不断讨论中，也获得了不少的启发。在心理分析方面，哈贝马斯除了对弗洛伊德的著作进行研究，也从参加亚历山大·米彻里希主持的弗洛伊德研究所研究人员星期三讨论会中加深了对心理分析的理解。

需要指出的是，黑格尔的《精神现象学》及其哲学思想对哈贝马斯写作这本著作具有重要的影响，因为在其开始写作这本书之前，在图宾根工作会议上由阿道尔诺与波普尔的专题报告所引发的德国社会学界的实证主义论战刚刚结束，哈贝马斯相应地将黑格尔的"反思经验"作为唯物主义科学批判的典范，并且"反思经验"的概念也促使哈贝马斯去重新建构实证主义的科学理解，进而形成内含反思的社会批判理论，从而也给以批判为手段的社会学奠定了基础，进行了认识论上的辩护。《认识与兴趣》这本书中有意识地用一种交往理论对实证主义、解释学和心理分析所进行的思考，对哈贝马斯后来所写的关键性著作《交往行为理论》具有重要启发意义。

【中心思想】

认识论问题，一直是近代哲学论争的中心问题。在《认识与兴趣》这本书中，哈贝马斯认为认识论问题归根到底就是怎样才能有可靠的认识这一问题，因而在这本书中，他从思想史的角度对认识论进行了历史性的探索。

《认识与兴趣》这本书除去导言和后记，主要分为三章，共约 27 万字。在第一章中，从康德的先验逻辑开始，也即哈贝马斯认为的认识论的真实起点开始，经过黑格尔的认识批判，再到马克思对批判的批判，哈贝马斯发现了一种认识批判自身的"危机"，即彻底地认识批判的一切要素虽已具备，但直至马克思也并未将其阐发出来，也就没有形成唯物主义的认识论。在第二章中，在对实证主义、实用主义以及历史主义考察的基础上，哈贝马斯提出了认识与兴趣相统一的观点，最终他认为以上诸者都未达到这一统一。在第三章中，哈贝马斯以认识的兴趣这一概念为出发点，考察了认识与兴趣在自然科学和精神科学中的联系，最终揭示了被现代各种理论思考所抛弃了的认识论的反思维度。全书围绕"认识与兴趣"这一核心展开，通过对认识的兴趣的三种具体形态的区分，最终将批判归结到认识与兴趣的统一之上。具体说来，全书主要阐释了以下内容：

一是对"认识"自身的重新理解。哈贝马斯认为，认识既不是一种单纯的工具，又不是一种纯粹理性的活动，而是一种具有典型社会性的特殊概念，它是主体借助于工具活动、交往活动，在利用技术征服自然的过程中，也在掌握人际关系共性的过程中实现的。因而，正如哈贝马斯所指出的，彻底的认识论必然具有社会理论的形式。

二是对兴趣与认识之间统一关系的发现。哈贝马斯指出，兴趣贯穿于人类日常的工具行为与交往行为之中，包括主体维持与不断扩展自身存在、再生产乃至主客之间的联系，都建立在兴趣的基础之上。因而，兴趣先于认识，为认识奠基，但同时兴趣也必须借助认识才能实现自身。所以认识与兴趣的统一，只会发生在自我反思的前提下，也即发生于理性认识与解放的追求相结合之时。

三是对认识兴趣的具体划分，从而找到改善现存社会关系的出路。哈贝马斯指出，认识兴趣决定科学活动，而每种科学活动又具有其自身独特的认识兴趣。对应于自然科学、精神科学与批判的社会科学，哈贝马斯区分出了技术兴趣、实践兴趣和解放兴趣。他进而指出，解放兴趣本身决定了技术与实践的兴趣，其从根本上决定了人类历史的前进与发展，并且在现代社会，技术与实践的兴趣又都受到破坏，因而只有借助解放兴趣所指导的批判社会科学，才能使人们摆脱现存的社会困境。

可以看出，哈贝马斯试图重建一种批判的以自我反思为基础，将认识与兴趣统一起来的社会性认识论。

【原著导读】

第一章　认识批判的危机　哈贝马斯主要从三个方面说明了认识批判从康德之后所形成的危机，即黑格尔通过对康德的批判意图达到认识批判的彻底化没有实现，进而马克思推进了批判，但同时消解了认识批判，所以最终认识论观念演变为一种实证的社会理论（实证主义），也就真正抛弃了认识批判的反思维度，造成了"危机"。

哈贝马斯指出，认识论发展到康德之前的时候坚持绝对性的知识，由此为科学辩护。而在休谟之后，康德批判了独断论的绝对性认识，确认了认识主体不能触及超验性的物自体。虽然进行了这样的批判，康德依然认为，普遍有效性的知识仍旧是可以被把握的，几何学和算术就是例证。借助于考察认识如何得以可能，从而也就发现了认识主体的一般意识结构。先验逻辑也就诞生了，从而造成了对认识的研究从认识对象转向了认识主体。可以说，认识论从此就具有其特定的研究领域——认识主体自我反思的层面，进而认识论也就进入了真正的批判阶段。但是，其认识论却难以摆脱悖论的命运，因为在开始认识之前要首先对认识自身进行批判，但似乎对认识自身的批判本身就属于认识。时空感性直观形式、知性范畴在康德那里成为先天的知识形式，也就是认识得以可能的前提条件，对此哈贝马斯指出，康德的这一前提具有独断性。康德看似反思性的认识批判却以非批判性开始，这已产生了悖论。所以哈贝马斯才强调，所有类似的、先前提开始的知识研究都不能避免这样的悖论，也可以说，如果认识批判在根本上同某种先验条件相关，即建立在某种假设之上，这就与认识批判的彻底反思背道而驰了。

进而，哈贝马斯认为，康德的批判工作将自然科学当作一种范例与参照，才发现了诸种先天范畴形式，因而其理论研究的前提条件是经不起后来黑格尔所进行的批判的。所以说，黑格尔对康德展开的批判，进一步推进了认识批判的发展。众所周知，黑格尔认为所谓的先验批判根本不是认识绝对的开端，而是依赖于某种在先之物——所有认识都只源自于"综合"，而在综合中又必须伴随着语言、劳动与交往。然而，由于黑格尔过分强调了绝对精神，造成了其无法彻底地对康德进行批判，在某种程度上否认认识批判的反思性，使认识论自身的价值贬损——"在同一性哲学的前提下，把认识批判本身相对化，所以他得出了思辨科学的概念"①，然而同一性"阻碍了黑格尔明确地把认识批判贯彻到底"②。这也就为后来实证主义用知识学代替认识论打开了方便之门。

接着，哈贝马斯称赞了马克思随后对黑格尔所进行的批判，也即认识并不是绝对精神的自我运动，而是在劳动生产实践与斗争中形成与发展起来的；而认识主体的本质既不是先验自我，也不是绝对精神，而是有活生生的现实的劳动者。所以认识也就是在主体同自然界、其他主体的各种各样的交往形式中发展起来的。马克思将人理解为以物质生产活动为基础的生命存在，将黑格尔的精神发展史转变为物质生产的发展史，从而在一定程度上超越了黑格尔哲学的唯心论，展现了被黑格尔忽略的批判性要素。所以，哈贝马斯高度评价了马克思的理论贡献，认为其不但为反思性的认识批判指明了方向——这个方向既能摆脱康德先验哲学原子式的、非历史性的问题，即摆脱了认识批判综合的空洞性，而且摆脱了黑格尔哲学中绝对的同一性的弊端。

然而，哈贝马斯也指出"在马克思的阐述中，尽管存在着构成彻底化的认识论批判的一切要素（借助于黑格尔的康德批判），然而马克思的确还没有把它们综合在一起，建构成唯物主义的认识论"③。马克思仅仅将实践理解为人支配自然的劳动活动，从而忽略了主体之间以语言为中介的交往作用。哈贝马斯进一步指出，主体间的交往作用不同于劳动的主客体关系，交往作用是主体间的对话活动，而劳动的主客体关系则是主体的工具性活动。因为马克思将实践理解为物质生产劳动，也即主体利用劳动工具对生产材料的综合，所以综合也就不再是意识活动，而是物质生产。内在于劳动领域，认识变成对劳动生产的认识，也就变成了工具手段的知识。而且生产劳动的发展是与阶级斗争紧密相关的，但却不能等同，马克思并未把这二者区分开来，所以也就将自然科学与精神科学混淆了，从而将人的历史发展置于相似于自然科学的方法论框架中，以探求历史发展的规律，这在很大程度上消解了认识论问题，从而为实证主义的出现提供了有利的理论背景。

第二章　实证主义、实用主义、历史主义　哈贝马斯主要对这三种现代理论形态进行了分析和批判，认为它们都抛弃了自我反思的认识维度，因而

---

① 尤尔根·哈贝马斯. 认识与兴趣 [M]. 郭官义，李黎，译. 上海：学林出版社，1999：19-20.

② 尤尔根·哈贝马斯. 认识与兴趣 [M]. 郭官义，李黎，译. 上海：学林出版社，1999：20.

③ 尤尔根·哈贝马斯. 认识与兴趣 [M]. 郭官义，李黎，译. 上海：学林出版社，1999：26.

需要重建一种批判的社会性认识论。

哈贝马斯指出，伴随当代自然科学的快速发展，唯科学主义的观念逐渐发展起来，这种唯科学主义极力肯定自然科学的强大力量，所以也就否认对自然科学所进行的批判，因而将科学变成了一种偶像崇拜，将认识论的反思性前提当作虚假的形而上学问题抛弃了。哈贝马斯坚决反对这种唯科学主义，他认为唯科学主义将工具性的科学看作唯一的认识，这就造成了自然科学侵占社会生活的恶果。所以哈贝马斯明确指出要对唯科学主义进行彻底批判，"唯科学论的批判面临的任务，就是让人们意识到被否定了的然而是哲学上始终所需要的反思本身，也就是说，让人们意识到认识问题的一个……已成了不为人们所认识的维度"[①]。而且唯科学主义也造成了社会关系的扭曲，成为一种虚假的意识形态，所以哈贝马斯也指出，其自身对唯科学主义的批判从根本上说是一种意识形态批判。

从对唯科学主义的批判出发，哈贝马斯将批判的矛头指向了孔德与马赫的实证主义。哈贝马斯指出，实证主义不承认反思批判的重大意义，拒绝进行自我反思，只对经验事实进行客观性的分析与描述，而不再关注认识的条件与价值，所以导致了用科学经验代替认识论，并力图用唯科学主义的知识学来代替认识批判的自我反思，从而败坏了认识论。他通过对实证主义形成的发展脉络的梳理，得到了一些极具启发性的看法。回顾哲学史，康德、黑格尔与马克思的思想理论中都包含着主体反思批判、自我意识的维度，哈贝马斯称其为哲学发展中的反思时期。而这一反思批判阶段之后之所以诞生了实证主义，一定程度上是由于这一反思阶段自身也受到科学理性思维方式的影响，从而为实证主义的产生与发展隐藏了契机。根据实证主义的立场，理论是自足封闭的，因而是与主体的实践活动与历史相脱离的，但由于实证主义仅仅局限于对经验事实的观察与描述上，寻求所谓"纯粹客观"的知识，从而消解了认识论的先验的"可能条件"，也即消解了探究认识可能性的前提，最终的后果就是不能批判性地看待科学。哈贝马斯强调实证主义的显著特点就是抛弃反思，用科学方法对经验事实的描述分析取代认识主体的综合。在哲学的反思时期，综合是一个举足轻重的范畴，而反思就是一种综合，而实证主义却"放弃认识着的主体的问题，把注意力直接集中在科学上，即集中在作为命题和处理问题的方法体系，也可以说作为理论赖以建立和检验的

[①] 尤尔根·哈贝马斯. 认识与兴趣 [M]. 郭官义，李黎，译. 上海：学林出版社，1999：305.

全部规则的诸种科学上"①，所以所谓"科学"的立场而采取一种非批判性的态度，实证主义从根本上来说也只是"自欺欺人"。

而对于皮尔士的实用主义和狄尔泰的历史主义，哈贝马斯认为，尽管他们不同意实证主义的看法，并且都对科学做了一定程度上的自我反思，但他们在根本上还是受到实证主义的影响，因而还是虚假的批判。"皮尔士和狄尔泰都遇到了科学认识的兴趣的基础，但都没有对这个问题作过反思。他们没有对指导认识的兴趣这个概念下过定义，并且也没有真正理解这个概念所追求的东西。他们虽然分析了生活联系中研究逻辑的基础，但是，他们似乎只是在他们所不熟悉的领域内，即在被理解为形成过程的类历史的概念内把经验分析的科学基本导向和解释学的基本导向认定为指导认识的兴趣……因为皮尔士和狄尔泰没有把他们的方法论理解为科学的自我反思（方法论的确是科学的自我反思），所以他们没有得出认识和兴趣的统一观。"② 皮尔士与狄尔泰虽然各自探究了对自然科学与精神科学的反思，但他们所说的反思却是全然肯定科学的反思，而不是批判科学的反思。为了反对哲学认识论向一种知识学的倒退，哈贝马斯指出，必须批判地继承从康德到马克思的反思传统，继续推进认识论的反思进程。

第三章　批判是认识与兴趣的统一　哈贝马斯着重对其认识与兴趣相统一的观点进行阐发，建构了以兴趣为基础、兴趣与认识交互作用的反思批判的认识理论。他将兴趣引入认识论，指明理论并不是自足的，反而是通过兴趣的中介作用而与实践活动相关：人通过生产实践来维持自身的生存的特点决定了人对认识兴趣的需要，并且需要对自身的生活世界进行理性的反思，所以这种奠基于人的实践活动的认识兴趣，是一切认识的前提与基本指向。

哈贝马斯所提出的此种认识理论从根本上来看是一种人类学范式，他强调人（主体）是通过劳动与交往活动来维持自己的生命，劳动与交往活动是人自身的创造积累活动，因而包含着学习与认识理解的过程，所以也就可以说包含着兴趣。兴趣在哈贝马斯这里指"与人类再生产的可能性和人类自身形成的既定的基本条件，即劳动和相互作用相联系的基本导向"③。哈贝马斯将兴趣与人借助劳动和交往活动的社会存在方式联系起来，进而指出兴趣是

---

①　尤尔根·哈贝马斯. 认识与兴趣［M］. 郭官义，李黎，译. 上海：学林出版社，1999：67.
②　尤尔根·哈贝马斯. 认识与兴趣［M］. 郭官义，李黎，译. 上海：学林出版社，1999：200 - 201.
③　尤尔根·哈贝马斯. 认识与兴趣［M］. 郭官义，李黎，译. 上海：学林出版社，1999：199.

以人实践的社会存在为指向的，这也就表明了兴趣的社会特性，也就与兴趣所谓的客观主义、心理主义区别开来。

哈贝马斯极力反对实证主义将认识与兴趣相分离的观点。他认为兴趣应先于认识，指导着认识，并为认识奠基，同时它也是人类社会发展与进步的基础。与此同时，兴趣也不能脱离认识，只有借助认识，兴趣才能实现其自身。所以可以说，认识与兴趣的真正结合、统一，只能发生于自我反思的前提之下，也即理性认识与解放追求相结合的时候。

因此，在哈贝马斯眼中，与作为文化前提的实践劳动与交往活动相联系的认识兴趣，既不寻求经验的直接性，也不导向能够满足某种需求的外部对象。人的兴趣不同于动物本能式的自我保存，而且人的再生产方式决定了人除了需要直接性的经验满足，而且也需要对自己的生存实践活动进行反思。可以说，兴趣就是探求人在自我形成过程中的关键向导，其为认识提供了价值指向与推动力，因而就是最根本的方法论。就是在这种方法论的前提下，认识论问题才得以产生，探求问题答案的认识活动也才得以可能。所以，奠基于实践活动的兴趣是认识得以可能的前提，"认识的兴趣基础影响着认识自身的可能性"①，这从某种程度上来讲揭示了兴趣的"先验性"。不过，兴趣不能说完全就是先验的，更准确来说应该是"前先验性"。具体说来，兴趣首先产生于人维持自身生存的实践活动，人的实践活动是具体历史性的，因而兴趣也就与实践活动的特定发展时期相联系，受到特定文化的再生产条件的制约。此外，兴趣会伴随实践活动的发展而不断加深，所以也会反复要求进行新的反思批判为认识奠基。

哈贝马斯对应于主体在各个特殊具体领域中的科学活动，将认识的兴趣区分为技术的、实践的和解放的三种类型。经验分析性的科学认识奠基于技术的兴趣，而实践的兴趣则使历史解释性的科学认识得以可能，至于社会批判性的科学认识则建立于解放的兴趣之上。哈贝马斯将兴趣三分的方法无形中拓宽了认识的范围，也就摆脱了实证主义自身的单向度、将科学偶像化的弊端。

技术的兴趣是主体想借助科学工具侵占、支配外部客观世界的兴趣，也就是试图使人摆脱自然的统治与奴役。更准确来说，技术的兴趣就是意欲面对冷冰冰的自然，从而消除其难以把握性与模糊性，所以也就解决了自然对人的盲目压制，因而技术兴趣也可以理解为对自然的控制与征服，技术兴趣决定着自

---

① 尤尔根·哈贝马斯. 认识与兴趣 [M]. 郭官义，李黎，译. 上海：学林出版社，1999：293.

然科学的发展与进步。哈贝马斯认为人最基本的认识兴趣就包括技术的兴趣，这从另一方面来说也在一定程度上承认了自然科学在社会进步中的应有作用与价值。在哈贝马斯眼中，现代资本主义社会之所以会产生科学理性与文化价值断裂的问题，并不是因为自然科学本身的问题，而是因为人在社会中将其毫无节制地滥用。人的科学工具性活动的对象是自然，其自身具有独白性的特征，因而纵使使用了语言，也会是独白式的言语，而此种独白性科学活动的兴趣会出现某种自我扩张、侵占的可能，所以如果置之不理，就会纵容其病态地发展，进而演变为奴役人的意识形态。实证主义的最大弊病就是将技术的认识兴趣看作唯一可能的兴趣，也将技术的兴趣歪曲成某种仅仅在技术上有用、具有工具实用性的认识兴趣，也就无法从认识批判自我反思的角度来看待技术的兴趣，更无法看到别的兴趣对技术兴趣的限制与约束作用。

哈贝马斯的实践的兴趣是指，保障主体间的相互交往与理解乃至人的共同性的兴趣。实践的兴趣作为精神科学发展的驱动，其引导精神科学的前进方向。也就是说，在主体间发生的言语对话的兴趣就是实践的兴趣，它就是主体间凭借语言交往而相互理解承认的实践活动，可以说狄尔泰的历史解释学主要是揭示了这种兴趣。实践的兴趣注重对人类历史的解释，其目的是为了将人从教条的意识形态的依附关系中解放出来，进而保障各主体之间的相互承认与理解。然而，科学与生活实践的对立却隐含在历史解释学之中，狄尔泰虽然坚持去理解生活实践，但无形中又受制于科学化的方法：他一面重申其历史主义精神科学的理论方法不同于自然科学的研究方式，即借助主体间的对话交往实现对生活实践的承认肯定，但另一面他又"无法摆脱理解的移情模式"[①]。狄尔泰仅仅将科学的认识对象转变为社会历史的对象，将经验的旁观转变为经验的体验，并在更深的层次上将这二者看作同等意义的，所以哈贝马斯指出，历史解释学就展现为探讨知识能否直接运用于生活实践上的形象。然而，在哈贝马斯看来，真正的精神科学应该以某种在先结构为基础，为了达到主体间的相互交往、理解与承认，而对社会历史性经验进行反思与批判。因为狄尔泰仅仅局限于观察与描述语言对话的实践交往，而默认了歪曲的交往关系，所以他无法将歪曲的社会交往现实呈现在人们面前，更无法向人们指明摆脱这种现实的途径，因而我们才能理解哈贝马斯的指

[①] 尤尔根·哈贝马斯. 认识与兴趣 [M]. 郭官义，李黎，译. 上海：学林出版社，1999：172.

责——"历史主义已经成了精神科学的实证主义"[①]。但需要肯定的是，历史解释学意图克服实证主义将自然科学作为唯一认识形式的偏颇，而且其对于认识论研究中主体间语言交往问题的关注也具有重要意义。

但是，谈及实践兴趣，哈贝马斯也指出，现实中实践兴趣并非是任何情况下都可行的。在现代社会制度下，经济、军事与政治机构全面控制了社会，社会的交往关系被歪曲，进而使对话受到压制，共识无法达成，相互理解在很大程度上根本无法实现，实践的兴趣也就被破坏了。而在技术兴趣方面，情况也不容乐观，因为技术的统治、技术的兴趣也被扭曲。所以，哈贝马斯提出，由于技术兴趣与实践兴趣都被破坏，主体自然就会产生从扭曲的现实关系中摆脱出来，也即被解放的兴趣，而各种批判的社会科学就建立在解放的兴趣的基础之上。

因而在最核心的部分，哈贝马斯提出了解放的兴趣。他主张解放的兴趣需要依赖技术与实践的兴趣，但解放的兴趣同时又是对它们的扬弃与统一，从而实现了自觉的社会反思批判。可以说，解放的兴趣既能促成主体对技术的兴趣的批判，又能促成对实践的兴趣的批判，使它们受到适当的限制；而且只有联系解放的兴趣，其他两种兴趣才能摆脱客观主义与心理主义的影响，从而合理地发挥应该有的作用。所以说，解放的兴趣是合理认识其他两种兴趣的基础。哈贝马斯指出，要坚持解放的兴趣，首先必须在实践活动总体的基础上，即在物质生产劳动的综合框架的基础上来看待认识与兴趣，而且还必须重视主体间语言对话交往的实际社会条件，这对哈贝马斯后来提出交往共同体的思想具有重要的启发意义。还须注意的是，解放的兴趣一方面是与自我反思紧密相关。在哈贝马斯看来，解放的兴趣会引发主体反省自身的社会生活，反思并批判既定的理论观念。正是由于解放的兴趣，主体的认识活动才成为反思性的批判活动，所以这一兴趣在重建认识论的过程中具有核心的地位。所以，为了将反思性批判贯彻到底，哈贝马斯所要重建的就是这种以解放的兴趣为基础的社会性认识论。尽管解放的兴趣作为认识的基础引发并指导着认识，使其具有了反思批判性，但解放的兴趣又必须通过认识来贯彻、实现反思，所以最合理的表达应该是，认识与兴趣之间是相互交叉的。另一方面，哈贝马斯也指出，在特定的历史时期，维持人的生存的文化条件

[①] 尤尔根·哈贝马斯. 作为"意识形态"的技术与科学[M]. 李黎，郭官义，译. 上海：学林出版社，1999：121.

是既定的，而且甚至有可能是病态、歪曲的，在这种环境中人必然会要求批判并超越这种特定的前提条件，从而也就形成从中获得解放的兴趣。解放的兴趣在很大程度上就要求对扭曲的社会现实进行反思与批判，"随着病症产生的消除病症的兴趣，在社会系统中也就直接表现为对启蒙的兴趣"[①]。最后，解放的兴趣是从实践活动中被激发出来，以对现实的生活进行批判，这表明它的反思批判性也是有条件的，从而才能重构社会历史，形成新的社会性反思批判时期。总而言之，解放的兴趣引领人的自觉反思的批判活动，是人的本质存在与全面发展的必要前提。

哈贝马斯重建认识论的尝试，对于批判当今西方资本主义的弊端，对于批判实证主义所导致的唯科学主义，都具有重要的意义。哈贝马斯在此反复强调批判性的自我反思，虽然他不赞同康德式的先验逻辑，然而在他眼中，认识论作为对主体认识进行反思的理论，就不能不涉及认识客观性的主观条件，如果离开对主体认识条件的反思，就不能称其为认识论。哈贝马斯将基础性的兴趣与劳动实践联系在一起，并将主体间的交往活动置于语言符号、精神意识的交往领域，这对其后来思想的发展具有重大的开拓意义。哈贝马斯这里重构的批判性的认识论通过对压抑变形的精神心理交往的批判，走向了一种理想性的社会交往，这在一定程度上为现存社会关系的改善指明了出路。

【意义与影响】

哈贝马斯在《认识与兴趣》中提出的兴趣与认识相统一的观点，可谓整本书的核心。而对认识与兴趣的关系问题的关注，并不是从哈贝马斯开始的，早在康德、费希特那里这一问题就已经被论及，而在皮尔士、狄尔泰、弗洛伊德以及法兰克福学派第一代的霍克海默那里也都有所论及。但是真正把"兴趣"在认识中的作用提升到如此之高并加以着重研究，而且也将"兴趣"作为科学认识之基础而予以反思的不是别人，正是哈贝马斯，因而这在学界具有重要的地位，而且对于后来相关的研究也是极其关键的先导。

从整体上来看，哈贝马斯《认识与兴趣》一书具有重要意义。

首先，对认识与兴趣的重新理解。哈贝马斯强调认识既不是一种单纯的工具，也不是纯粹理性的一种活动，而是一种具有典型社会性的特殊概念，

---

① 尤尔根·哈贝马斯. 认识与兴趣[M]. 郭官义，李黎，译. 上海：学林出版社，1999：284.

它是主体借助于工具活动、交往活动，在利用技术征服自然的过程中，也在掌握人际关系共性的过程中实现的。而兴趣，其实就是乐趣，它贯穿于人的日常技术工具行为与交往行为之中。

其次，对兴趣与认识之间统一关系的重申。他指出主体维持与不断扩展自身存在、再生产乃至主客之间的联系，都建立在兴趣的基础之上，兴趣与认识处于独特的交叉关系中，而且兴趣是认识的基础，也是人类社会前进和发展的基础，兴趣决定了人类生活的基本发展走向。

最后，哈贝马斯明确划分了认识兴趣，特别是对解放兴趣的突出，从而找到一条改善社会现状的出路。他认为，认识兴趣决定了科学活动，而每种科学活动又具有其自身独特的认识兴趣，对应于自然科学、精神科学与批判的社会科学，他区分出了技术的兴趣、实践的兴趣和解放的兴趣。他进而认为，解放的兴趣本身决定了技术与实践的兴趣，其从根本上决定了人类历史的前进与发展，并且在现代社会，技术与实践的兴趣又都受到破坏，因而只有借助解放的兴趣所指导的批判社会科学，才能使人们摆脱现存的社会困境。应该说，哈贝马斯直到现在也没有抛弃这种批判性的以自我反思与兴趣为基础的具有强烈交往性的社会理论。

非常明确的是，哈贝马斯对认识与兴趣关系的探讨具有其合理性和独到之处，他确认了"兴趣"对人们认识具有的引导作用，把"兴趣"看成是渗透在认识过程中的"认识的要素"，从而肯定了认识自身的内在价值要素，并且他在确认认识与兴趣的密切关系中，也肯定了心理因素在认识中的重要作用。但也需说明的是，哈贝马斯在此过分强调了兴趣作为科学认识基础的地位，进而把兴趣先验化、绝对化，从而也存在理论的偏颇与过度操作。

但更加重要的是其在经历了实证主义等一系列注重科学、经验研究的理论方法之后，仍坚持自我反思的认识批判，并意欲在马克思主义的有益成果之上重建一种反思维度的社会性认识论，这无疑对于无形中消解了认识论问题的马克思主义来说具有重大的开拓意义。而且这也为其今后创立沟通理性理论奠定了坚实的基础。

【原著摘录】

第一章 认识批判的危机 P1－65

P1 分析认识与兴趣之间的联系应该支持的论断是：彻底的认识批判只有作为社会理论才是可能的。

哲学对待科学的态度，恰恰是通过坚定不移的哲学认识为科学争得了合法席位表现出来的。认识论并不把自己限制在解释经验科学的认识上，不是把自己变成知识学。

P3　针对康德，黑格尔证明，认识的现象学的自我反思是认识批判的必然的彻底化；但我认为，黑格尔只是用同一性哲学的假定首先提出了认识的现象学的自我反思，却没有始终如一地进行这种自我反思。马克思的历史唯物主义大大地促进了黑格尔的自我反思进程；但由于马克思误解了黑格尔的独特概念，因此也就肢解了认识论。

P7　《精神现象学》就成了带有某种半心半意的东西。虽然绝对知识的观点应该是内在地、令人信服地产生于现象学的经验中。但是，作为绝对知识，真正说来，它无须通过精神现象学的自我反思来论证，严格说来也不能由此给以论证。精神现象学的这种模棱两可性，削弱了黑格尔对康德的批判力量。

P9　黑格尔的批判不是内在的，他对黑格尔的批判不是内在的，他对认识的工具论提出的异议，正是认识的工具论本身提出的问题：绝对知识的可能性。

P10　认识论赖以起步的第一个前提，是规范的科学概念：既定的知识范畴（知识是科学发现的）。对认识论来说，既定的知识范畴是原型认识。

P12　超越了这种活动，甚至认识批判赖以起步的第二个前提也将成问题，即成熟的认识主体的假想，或者规范的自我概念，也将成为问题。

P19-20　黑格尔称康德的认识批判是以当时的物理学形式出现的科学的经验概念，并且从这种形式中获得了判断全部可能的科学的标准。黑格尔指出，那种毫无保留地遵循自己的意图的认识批判，应该放弃这种假定，应当从反思经验中提出批判的标准。因为黑格尔不是始终如一地，而是在同一性哲学的前提下，把认识批判本身相对化，所以他得出了思辨科学的概念：在这种规范面前，从方法上进行研究的科学，无论是自然科学还是精神科学，只能证明自身是绝对知识的限制并使自己丧失体面。因此，认识批判的模棱两可的彻底化得出的结论是自相矛盾的；这种自相矛盾的结论，并不是哲学对科学所采取的开明态度。

P23　因为（人的）周围的自然界只是在同人的主观的自然界的联系中借助于社会劳动过程构成了我们的客观的自然界，所以劳动不仅是人类学的基本范畴，而且也是认识论的范畴。客观活动的系统创造了社会生活的可能的再生产的实际条件，同时也创造了经验对象的可能的客观性的先验条件。

P29　马克思想到的是同人的世界相比居于优先地位的自在的自然；自在的自然是劳动主体（自然存在物）的基础，它同样也包含在劳动主体的劳动过程中。但是，作为人的主观自然和作为人的周围环境的客观自然，自在自然始终是社会劳动系统的组成部分，即它被分解为同一个"物质变换过程"的两种要素。

P34　现在的主体却不能把以往的全部主体视作异己，（因为）现在的主体从某种意义上说，是由以往的主体"设定的"。这就是说，他是在其历史的既定水平上，在同自然界的斗争中形成的。换句话说，现在的主体赖以形成的那些生产过程，恰恰属于现在的主体所从事，并且正在继续进行的生产。因为现在的主体知道他是通过以往的主体的生产以及通过自己的生产产生的，所以他能在自己的劳动中理解自己。

P46　为了对社会的经济形态发展进行分析，马克思使用了社会劳动系统的概念，这个概念包含的成分超过了自我产生的类的概念中所阐明的成分。在范畴的层面上，他把通过劳动的类的自我产生理解为生产过程；工具活动，即生产活动意义上的劳动，标志着自然史赖以发展的维度。相反，在具体研究的层面上，他始终考虑的是包括劳动和相互作用的社会实践。

P47　当工具活动同外部自然的强制相一致，以及生产力的水平决定着技术支配自然力的大小时，交往活动就同自身的自然压制相一致：制度框架借助于社会依赖性和政治统治的自发力量决定着压制的大小。

P56　马克思没有发展人的科学的这种观念；由于把批判和自然科学等量齐观，他甚至取消了人的科学观念。

实证主义拒绝认识论，结果使它后退到了康德批判的反思阶段之后；黑格尔和马克思研究了认识论的哲学的自我扬弃；他们在这方面的认识是一致的。

第二章　实证主义、实用主义、历史主义 P66－192

P66　实证主义标志着认识论的结束，代替认识论的是知识学。提出可能认识的条件这个先验逻辑问题，目的是解释整个认识的意义。实证主义否认这个问题；在它看来，这个问题由于（有了）现代科学这一事实，已经成了毫无意义的问题。

P68　实证主义持续地排挤旧传统，有效地垄断科学（知识）的自我理解，其结果是，自从黑格尔和马克思使认识批判自我扬弃以来，客观主义假象就不再通过求助于康德，而只能从内部通过研究认识批判自身的问题和必须进行自我反思的方法论来冲破。

P73　实证主义要求的认识的可靠性，同时也是感性论证的经验的可靠性和必须是统一的程序的方法的可靠性。

P77—78　实证主义不是对形而上学进行分析，而是抽掉它脚下的大地；它宣布形而上学的命题毫无意义，并且任凭这些似乎被遗忘的理论由于自身造成的原因，自己"废弃"自己，虽然实证主义自身只有用形而上学的概念才能使自己成为可以被理解的东西。因为形而上学被实证主义不加反思地丢掉了，所以形而上学仍然拥有支配它的敌对者的实际力量。

P84　客观领域的规定，足以作为区分科学同形而上学的标准；按其意图来说，一切描述事实和事实之间关系的命题，都应被认为是科学的。实证主义区分科学同形而上学的标准是：事实模拟。

P87　客观主义把认识的前科学的解释，教条化为现实的重现，把认识现实局限于通过从方法上把现实变为对象，由科学的坐标系所规定的维度上。

P88　皮尔士的下述论点既有别于旧实证主义，又有别于新实证主义：方法论不仅应说明科学理论的逻辑构造，而且还应说明程序的逻辑，借助于程序，我们能获得科学理论。

P105　皮尔士把同全部真正的陈述相一致的东西理解为实在。他把那些能够经得起任意的反复检验，并且，从长远观点看能够得到主体通性承认的解释称之为真正的解释。皮尔士从现实的定义中得出的结论是，所有现实的东西都是可以认识的；只要我们认识实在，我们就能像它本来那样认识它。因此，普通的事实必然存在。

P107　科学进步的事实，促使皮尔士最终在论及整个研究过程的预期结果中确定普遍的命题的真值，并且促使他认识到，甚至在研究过程结束之前，客观上我们也会愈来愈多地获得真正的陈述，虽然在关于这些陈述的每个真实性上还带有主观的不可靠性。

P110　皮尔士把下列三种推论形式做了区别：演绎、归纳和外展。演绎证明，某物必然以既定的方式而存在；归纳证明，某物事实上是这样存在的；外展证明，某物估计是这样存在的。外展是扩大我们的知识的论证形式，是我们赖以进行新的假设的规则。因此，只有外展的思维才能不断地推进研究过程。

P117　信念凝聚成为概念。信念凝聚成的概念可以用具有规律假设形式的普遍判断来解释，普遍的判断又可以用结论来说明。这些结论作为受条件限制的预测，可以从普遍判断中推论出来。概念在推论过程中得到修正和发展。外展、演绎和归纳在推论过程中相互补充和互为前提。

P127-128　皮尔士的确不是在先验的研究逻辑的意义上贯彻他的实用主义理论和始终如一地发展这一理论；确切地说，他陷入了本体论化之中；从语言逻辑上研究原则性的研究逻辑的问题，构成了通往本体论化的桥梁。

P130　兴趣的满足不是导致享受，而是导致成果。衡量成果的尺子是问题的解决。问题的解决具有一种维持兴趣的重要意义，同时也具有一种认识的意义。因此，"兴趣"既不等于动物的行为控制，不等于我们所说的本能，又不能完全脱离生活过程的客观联系。我们是在这种最初消极地加以区别的意义上谈论人对可能的技术支配所产生的指导认识的兴趣的，这种兴趣决定着研究过程的先验框架内现实的必然客体化的方向。

P134　任何交往都不是个人简单地从属于抽象的一般，都不是个人对公开的、所有人都可理解的独白的原则上默默地屈从——任何对话都是在主体相互承认的基础上展开的；主体在自我性范畴中相互认同，同时又坚持其非同一性。个体自我的概念，包含着在工具活动的活动范围内无法设想的一般和特殊的辩证关系。

P136　当然，狄尔泰不是在客体化的两种不同设想上，而是在客体化自身的程度上来看自然科学的"行为方式"同精神科学的"行为方式"之间的最接近的先验逻辑的区别的。

P144　无论狄尔泰求助于意识哲学的思想模式，还是求助于仅仅从现象学上给予证明的定在分析，都不能为精神科学的理论作论证，就像皮尔士无法从本体论逃避到普通实在论中那样。这些抄袭传统的解释模式，使狄尔泰和皮尔士误入了客观主义，这种客观主义又妨碍他们始终如一地贯彻他们的思想批判的研究逻辑的理论。

P150　狄尔泰把文化的价值系统和社会的外部组织系统加以区别。但是，个人之间的任何形式的相互作用和理解，都是借助于主体通性上具有约束力的符号的运用来实现的，而符号的运用归根到底指的是日常语言的运用。

P154　解释学是经验的一种形式，同时也是语法分析的一种形式。

P167　解释学的科学，注重以日常语言为中介的相互作用，而经验分析的科学，则注重工具活动的活动范围。两者都受植根于交往活动和工具活动的生活联系的认识兴趣的指导。

P170　只要狄尔泰放弃精神科学的自我反思，并且恰恰是在实践的认识兴趣被视为可能的解释学的认识的基础，而不是被视为解释学认识的衰颓这点上放弃精神科学的自我反思，并且重新陷入客观主义，那么，同皮尔士一样，狄尔泰最终也摆脱不了实证主义的束缚。

第三章 批判是认识与兴趣的统一 P193－302

P199 只有当工具活动的生活联系和以符号为中介的相互作用的生活联系，借助于研究的逻辑方法，预先设定可能陈述的意义和价值时：这些陈述作为知识，它们只在这些生活联系中具有一种技术上是有用的，或者实践不是有效的功能，我们才谈论技术的和实践的认识兴趣。

我把兴趣称之为与人类再生产的可能性和人类自身形成的既定的基本条件，即劳动和相互作用相联系的基本导向。因此，这些基本导向所要达到的目的，不是满足直接的经验需求，而是解决一系列的问题。

P200－201 在自我反思中，为了认识的缘故，认识达到了同独立自主的兴趣的一致，因为反思的完成表现为解放运动。理性同时服从于对理性的兴趣。我们可以说，理性遵循的是解放性的认识兴趣；解放性的认识兴趣的目的是完成反思本身。

P214 我们只有在进入自我反思的维度之后，才能从方法论上确信自然科学和精神科学的指导认识的兴趣。理性在进行自我反思的过程中能认为自己是人们感兴趣的理性。

P229 心理分析的解释学不同于精神科学的解释学，它的目的不是整个符号联系的理解；心理分析的解释学进行的理解活动是自我反思。

P241 没有语法规则的和形象化的简洁的梦的语言，为前交往模式提供了根据。

随着个人使用的语言符号与社会交往的分离，同时也就意味着这种语言符号的意义和内容的私有化的确立。

P244 实际上，弗洛伊德的理论表述并不包含超过先前的技术描述的要素。因为理论语言包含着只有在同技术的前理论表述相联系的情况下才能被采用的基本陈述。理论语言比描述技术的语言更贫乏。这恰恰适用于同分析的特殊内容相关的表达。

P270－271 人们可以用假设的方法把因果联系表述为可以从解释学上进行理解的思想联系。这种表述同时也满足了因果的假设和着眼于被病症所扭曲的原文解释的条件。深层次的解释学的理解具有解释的功能，它表明，它在自我反思中具有的解释力；自我反思也扬弃得到理解和同时得到解释的客观化：这就是黑格尔所说的理解的批判的成就。

P283　重建的潜在本能本身属于不能认识的自在自然。然而，只要重建的潜在本能决定着困扰人类的冲突的基本状况，它们就能被认识。相反，冲突得以解决的形式却依赖于我们生存的文化条件，即依赖于劳动、语言和统治。我们对劳动、语言和统治的结构的理解不是幼稚的，而是通过从科学理论上着手，然后撇开先验思想，最后认识到它们的客观联系的认识的自我反思的途径获得的。

P285　在典型的批判科学中，只有当认识与兴趣的统一显而易见时，研究的先验论观点与指导认识的兴趣的并列关系才能被认为是必要的。

P293　认识的兴趣基础影响着认识自身的可能性。因为一切需求的满足同自我保存的兴趣是一致的，所以任何一种幻想，只要幻想中某种需求是解释世界的，都可以提出相同的有效性要求。

后记 P303－346

P305　我的研究目标是唯科学论的批判。这里，我把唯科学论理解为一种基本观点；这种基本观点直到不久前还统治着最精密的和最富有影响的当代哲学，即分析哲学。

P328　当技术的认识兴趣与实践的认识兴趣深深地扎根于行为结构与经验结构之中时，即同社会系统的构成联系在一起时，解放性的认识兴趣则具有一种推论出来的性质。它保障理论知识同生活实践，即同在系统上受到扭曲的交往和在貌似合法的压制的条件下才形成的"对象领域"的联系。

P335　"反思"这一词的传统的，原出于德国唯心主义的使用，掩盖（和混淆了）两个方面：即一方面压根儿掩盖和混淆了对主体可能具有的认识能力、语言能力和活动能力的条件的反思；另一方面掩盖和混淆了对无意识造成的局限性的反思。而任何一个既定的主体（或者主体的一个既定的集团或者一个既定的类主体）在其形成过程中自身都受这些局限性的制约。

P339　因为（人与人之间）只有借助于理性言谈的基本规范才可能有经验言谈。所以，现实的和必然被理想化的（即使只是被假设为理想的）交往集体之间的矛盾，不仅植根于论证中，而且早已植根于社会系统的生活实践中；康德的理性事实的学说，也许可以以这种形式加以革新。

【参考文献】

[1] 尤尔根·哈贝马斯. 作为"意识形态"的技术与科学 [M]. 李黎，郭官义，译. 上海：学林出版社，1999.

［2］尤尔根·哈贝马斯. 理论与实践［M］. 郭官义，李黎，译. 北京：社会科学文献出版社，2010.

［3］Jürgen Habermas. Erkenntnis and Interesse［M］. Frankfurt am Main：Suhrkamp Verlag，1968.

［4］Jürgen Habermas. Knowledge and Human Interests［M］. Boston：Beacon Press，1972.

［5］李淑梅，马俊峰. 哈贝马斯以兴趣为导向的认识论［M］. 北京：社会科学出版社，2007.

［6］李淑梅. 哈贝马斯的反思批判的认识论及其启示［J］. 教学与研究，2004（8）.

［7］李淑梅. 以兴趣为导向的认识论：对哈贝马斯认识论特点的探讨［J］. 南开学报（哲学社会科学版），2007（1）.

［8］曹卫东. 批判与反思：哈贝马斯的方法论述评［J］. 哲学研究，1997（11）.

［9］艾四林. 哈贝马斯思想评析［J］. 清华大学学报（哲学社会科学版），2001（3）.

［10］夏巍. 论哈贝马斯对实证主义的批判［J］. 山东社会科学，2010（8）.

［11］杨礼银. 哈贝马斯的"话语认识论"疏解［J］. 哲学研究，2009（6）.

十二、《重建历史唯物主义》

［德］尤尔根·哈贝马斯　著
郭官义　译
社会科学文献出版社，2013 年

───【作者简介】────────────

　　尤尔根·哈贝马斯是德国当代重要的哲学家之一，法兰克福学派第二代的中坚人物，历任海德堡大学教授、法兰克福大学教授、法兰克福大学社会研究所所长以及德国马普协会生活世界研究所所长。1954 年在波恩大学以论文《绝对性与历史，论谢林思想的二重性》获得哲学博士学位。1949—1954 年，哈贝马斯先后在哥廷根大学、苏黎世大学和波恩大学学习哲学、心理学、历史学、德国文学和经济学。1955 年，哈贝马斯来到法兰克福，进入霍克海默和阿道尔诺领导的社会研究所。正是法兰克福学派对马克思主义学说的重视引发了他对马克思主义理论的兴趣。1964—1971 年，哈贝马斯担任法兰克福大学哲学和社会学系教授。20 世纪 60 年代中期，哈贝马斯发表的许多政论性文章在青年学生中产生了巨大影响。他的思想和理论成为 1968 年学生抗议运动的精神力量。1983 年，哈贝马斯重新回到法兰克福大学任哲学和社会学教授，直到 1994 年退休。哈贝马斯被誉为"当代的黑格尔"和"后工业革命的最伟大的哲学家"，他继承和发展了康德哲学，致力于重建"启蒙"传统，视现代性为"一项尚未完成的计划"，提出了著名的沟通理性理论，对后现代主义思潮进行了有力的批判。

　　哈贝马斯一生著作等身，主要著作有《公共领域的结构转型》（1962 年）、

《理论与实践》(1963年)、《社会科学的逻辑》(1967年)、《作为"意识形态"的技术和科学》(1968年)、《认识与兴趣》(1968年)、《晚期资本主义的合法性问题》(1973年)、《重建历史唯物主义》(1976年)、《交往与社会进化》(1979年)、《交往行为理论》(1981年)、《道德意识与交往行为》(1983年)、《现代性的哲学话语》(1985年)、《新的非了然性》(1985年)、《后形而上学思想》(1988年)、《纠补的革命》(1989年)、《在过去与将来之间》(1990年)、《文本与语境》(1991年)、《论话语伦理学》(1991年)、《在事实与规范之间》(1994年)、《包容他者》(1996年)、《真理与论证》(2000年)、《人类的未来》(2001年)、《过渡时代》(2001年)、《时代诊断》(2003年)等。

【写作背景】

一般认为,哈贝马斯的哲学和社会科学理论的发展,大体可以分为三个阶段:(1) 20世纪60年代初到1968年他与学生运动彻底决裂;(2) 20世纪60年代末到80年代初;(3) 20世纪80年代初,特别是他重新回到法兰克福大学任教至今。《重建历史唯物主义》最初德文本出版于1976年,是哈贝马斯学术历程中第二个阶段的代表作之一。在这一阶段,哈贝马斯对现实政治兴趣的相对淡薄,转向批判理论的深化和系统化,并着手建立他的有别于他的前辈的理论体系——交往理论体系。在这个过程中形成了一套以交往理论为框架的社会进化理论,并且提出了重建历史唯物主义的设想。《重建历史唯物主义》是这一阶段的主要著作之一。从哈贝马斯的学术经历来看,《理论与实践》与《认识与兴趣》为重建历史唯物主义提供了知识背景,《作为"意识形态"的技术与科学》则直接为重建历史唯物主义做了理论准备。

【中心思想】

哈贝马斯的《重建历史唯物主义》是一本既有即兴特征又主题相对集中的论文集。全书主要就哲学的前景、同一性、进化和合法性四大相互关联又相对独立的主题进行分析,着重考察了历史唯物主义的重建、哲学的作用、社会学习、社会交往及社会进化的动力问题、合法性问题等。哈贝马斯在对历史唯物主义予以重建的过程中,提出了许多值得我们反思和借鉴的思想观点,这些思想观点对于理解哈贝马斯后期的资本主义理论,坚持和发展历史唯物主义、分析研究当代新马克思主义具有重大的理论价值。哈贝马斯认为,历史唯物主义作为解释类的历史的理论,主要适用于解释社会运动和阶级冲突，具有局限性。要想重新成为一种富有生命力的普遍化的社会进化理论和达到它原来所确立的目标，就必须重建。这就必须要重视哲学的作用。考察社会的进化，必须考察行为主体之间的交往活动，重视主体间对话和学习的作用。他以交往理论重建对资本主义社会的批判。对于资本主义合法性问题，他提出了协调社会福利和经济冲突的解决方案，以避免合法性危机。

【原著导读】

一　导论：历史唯物主义和规范结构的发展　本章是对全书的概要总结。本书所有文章都是从不同方面研究了一种理论观点，即历史唯物主义的重建问题。这种研究建立在哈贝马斯对马克思主义的基本态度上，即非教条主义。他所提倡的历史唯物主义的重建"是把一种理论拆开，用新的形式重新加以组合，以便更好地达到这种理论所确立的目标"[①]。

哈贝马斯认为，交往理论同社会进化理论问题的联系，表现在三个方面：其一是重建历史唯物主义的知识基础的问题。要谨慎选择确定交往行动的客观领域的基本概念，从而决定哪些知识是可以信赖的。其二是马克思社会理论的规范基础问题。在这里哈贝马斯明确提出，"只有当马克思的社会理论能够避免做出自然主义的错误结论——含含糊糊进行评价的理论做出的自然主义的错误结论——时，它才能成为'批判的'理论"[②]。其三，交往行动理论与历史唯物主义的基础之间的联系。其中，社会学习是一个基本的环节。哈贝马斯认为，社会进化是行为主体在与外部世界的交往中把外部结构转变为内在结构——思想、观点、能力——的学习过程。这种学习过程不但表现在技术知识、组织知识、工具知识的生产力的领域中，而且也表现在交往行为和用共识解决行为冲突的道德实践领域中；它能够产生出"划时代的发展动力"。在《重建历史唯物主义》一书中，他指出，"人类不仅在对于生产力的发展具有决定性作用的、技术上可以使用的知识领域中进行学习，而且也在对于相互作用的结构具有决定性作用的道德—实践意识的领域中进行学习"[③]。

[①] 尤尔根·哈贝马斯. 重建历史唯物主义 [M]. 郭官义，译. 北京：社会科学文献出版社，2013：3.

[②] 尤尔根·哈贝马斯. 重建历史唯物主义 [M]. 郭官义，译. 北京：社会科学文献出版社，2013：4.

[③] 尤尔根·哈贝马斯. 重建历史唯物主义 [M]. 郭官义，译. 北京：社会科学文献出版社，2013：120.

关于交往理论对于历史唯物主义的贡献，哈贝马斯认为，不论是宏观层面上的社会系统，还是微观意义的个性系统，都可以通过语言建立起来的主体通性的结构。社会的再生产和社会成员的社会化是统一过程的两个方面，它们都取决于同样的结构[1]。个体自我的发展和世界观的进化之间具有某种共同性。另一方面，自我同一性的结构同群体同一性的结构之间也存在共同性[2]。就个体而言，任何人都不能脱离其他人同他共同具有的相同性来建立自己的同一性。交往行动中，交往者必须认识到自己同其他人的区别，总要得到其他人的承认。维护个体同一性的基础，是主体相互间都承认的自我相同性。在集体层面上，一个群体的自我认同，则具有更为复杂的结构。

哈贝马斯基于皮亚杰的个体发生学的观点分析人的自我发展和社会进化的关系。他认为，道德规范结构的发展，对社会进化来说，具有起搏器的功能，它预示着新的社会结构的形成。社会化行为主体的学习能力，是社会才能形成新的结构，提升其控制能力和调节能力的基础环节。人的交往行动的调解、社会同一性的形成对社会进化具有起搏器的功能。

哈贝马斯提出了三种可供比较的领域：自我发展中的理性结构和世界观进化中的理性结构、自我同一性的发展和集团（或集体）同一性的发展、道德意识的发展和道德与宗教表现物的进化。自我发展在本章中被划分为若干个不同的阶段——共生阶段、自我中心阶段、社会中心—客体化阶段和普遍化阶段，四个阶段分别指向生命的第一年、生命进程的第二个环节、构造分解体系阶段和青春期后阶段。哈贝马斯比较了自我同一性结构和集团（集体）同一性结构，并阐明了其互动关系。他认为，"自我同一性"是在一定的集团同一性的基础上，在实践的自我确证活动中产生的，建立在互补的主体间性结构上的自我同一性存在着分裂与重构的关系。集体同一性也只有在自我同一性分裂和重构的过程中获得进化性创新。"集团同一性"调整着社会中的所有个体成员，决定着一个社会如何把自己同自身的自然与社会环境区分开。资产阶级社会的集体同一性就是在高度抽象的法、道德和主权的观念下发展起来的。二者之间的互动构成了社会进化的两个相互统一的维度。

哈贝马斯基于皮亚杰的个体发生学的观点分析人的自我发展和社会进化

---

[1] 尤尔根·哈贝马斯. 重建历史唯物主义 [M]. 郭官义，译. 北京：社会科学文献出版社，2013：7.

[2] 尤尔根·哈贝马斯. 重建历史唯物主义 [M]. 郭官义，译. 北京：社会科学文献出版社，2013：13.

的关系。他认为,人在道德实践领域内的学习过程中获得的能力,反映在世界观中,形成道德意识和法的观念,一方面能把人置于自觉地解决与道德冲突相关的行为冲突的绝对令律之下,成为人们之间和谐关系的稳定性的指示器。另一方面,由于它们具有传播的能力和使制度变化的能力,因而能够被社会加以利用,形成社会的一体化,从而使新的生产力得到利用和发展。因此,道德规范结构的发展对社会进化来说具有起搏器的功能,它预示着新的社会结构的形成。社会化行为主体的学习能力,是社会才能形成新的结构,提升其控制能力和调节能力的基础环节。人的交往行动的调解、社会同一性的形成对社会进化具有起搏器的功能。

二 哲学在马克思主义中的作用 哈贝马斯深感历史唯物主义理论传统中,哲学与社会科学之间的平衡未能很好地掌握。他期望在交往理论体系的哲学框架中重新梳理其社会理论,并实现对历史唯物主义的重建。

哈贝马斯提出,"马克思主义的理论家们,从来就没有用像科学那样的明确语言,把哲学传统算作资本主义世界的生产潜力,而这种生产潜力也应该出现在新的社会主义社会中"[①]。由此提出自己的基本判断,强调哲学的无可置疑的意义。他针对"哲学究竟是生产力或者首先是虚伪的意识"[②]这一尖锐的问题,梳理了马克思、恩格斯的相关著作和观点,分别探讨了晚期资本主义中资产阶级的文化状况的变化、占统治地位的科学主义的基本观点和这些观点所引起的反应、当今哲学思维的某些重要任务等三个问题。

哈贝马斯明确指出,历史唯物主义的历史经验表明,缩手缩脚地固守纯哲学的媒介以及为了科学的实证性全盘放弃哲学反思这两种做法都是危险和不可行的。在他看来,历史唯物主义只有以哲学的彻底反思力量来重建。因此,哲学在马克思主义中具有十分重要的作用。

哈贝马斯将哲学的作用进行了多层次分析。他指出,在相对于社会科学与自然科学进步的意义上,哲学的任务在于在科学中去发掘同经济主义的基本原理和归纳主义相对立的战略理论,历史唯物主义由此作为未来的社会进化论中的一种富有意义的纲领而存在;哲学要论证科学形成的客观思维的普遍性,寻找合理的生活基本原则的普遍性;而哲学更重要的任务是在自我反

---

① 尤尔根·哈贝马斯.重建历史唯物主义[M].郭官义,译.北京:社会科学文献出版社,2013:33.
② 尤尔根·哈贝马斯.重建历史唯物主义[M].郭官义,译.北京:社会科学文献出版社,2013:34.

思中，建立理论理性和实践理性的统一性。他强调，"哲学的最重要的任务，就是反对任何形式的客观主义，反对思维和制度对它们自己的实际生活的形成联系和使用联系的意识形态的，即虚伪的独立性，就是展示出彻底的和激进的自我反思的力量"①。应当看到，哲学的这三个方面是一体的、相互联系的议题。

三 道德发展与自我同一性　　道德的意识的发展是哈贝马斯社会行为理论的一个部分。以资质—发展途径为基础的社会行为理论的基础任务在于合理重建普遍的资质，证明每一种资质都将在一个不可逆的、各有不同的渐次复杂的发展系列中获得，这个系列也能在某种发展逻辑中加以分层列定。为此，个体发生就可以作为一个与语言、认知、相互作用以及自我发展相互依存的过程加以构建了。而普遍资质的获得不仅在于这些结构方面，情感与动机也作用着普遍资质的形成。本章即把道德的发展阶段与相互作用资质的发展阶段协调起来，以此解读理解道德判断和道德行为之间经常出现的差异。

哈贝马斯对道德发展这一概念的展开始于柯尔伯格的合理重建的道德意识的发展。在柯尔伯格那里，合理重建的道德意识的发展被定义为六个阶段——服从和惩罚倾向、工具享乐主义、好儿童倾向、法律—秩序倾向、契约—条文主义倾向和普遍伦理原则倾向。每两个阶段被定义为一个水平，共分为前习惯水平、习惯水平和后习惯水平②。哈贝马斯研究并承接了柯尔伯格的道德发展模式，强调道德发展代表着人格发展，认为人格发展对自我同一性而言是决定性的，并提出他自己的假定，即道德意识意味着运用相互作用资质去自觉处理与道德相关的行为冲突的能力③。哈贝马斯将这种相互作用的资质称为"角色资质"，将其定义为存在于交往行为一般结构的日益增长的掌握以及相关行为主体独立于关联域的成长中的若干层次的侧度。这种资质具体可以分为对规范的感知、对动机的感知、对行为者的感知。其中，对行为者的感知预先假设了其他两者，并同时拥有认知性与动机性两个方面。

自我同一性作为本章的一个重要概念被定义为"一个自我的符号性组织"，这个概念一方面用以指称某种普遍理念，另一方面，它又并非意味着某

---

① 尤尔根·哈贝马斯. 重建历史唯物主义 [M]. 郭官义，译. 北京：社会科学文献出版社，2013：40.

② 尤尔根·哈贝马斯. 重建历史唯物主义 [M]. 郭官义，译. 北京：社会科学文献出版社，2013：52.

③ 尤尔根·哈贝马斯. 重建历史唯物主义 [M]. 郭官义，译. 北京：社会科学文献出版社，2013：58.

种定期发展的东西。自我同一性也表达了某种相互矛盾的关系：作为一个一般的人，自我与其他所有的人都一样；但作为一个个体，他却绝对不同于其他所有个体。在哈贝马斯看来，自我同一性特指其概念中认知性的一面，不包括非动力性的一面。他通过这样一个角度观察儿童的自我如何在各个阶段上获得交往行为的一般结构，以及如何通过这些结构获得相互作用资质、稳定性和行为自律。

自我同一性与道德发展关系到自我的发展结构如何影响社会主体的道德意识和道德判断，而道德意识与道德判断又与行为理论框架相关联，决定着一个社会规范的形成。由此，哈贝马斯阐述了自我发展与社会发展之间的关联。

四 复合的社会能够建立一个理性的同一性吗？ 本文中哈贝马斯着重要考察的是"一个复合的社会能否建立一个理性的同一性"[①] 这一问题。同一性作为一个重要的概念，可以说至今还没有一个被普遍接受的定义。因此，哈贝马斯首先要做的就是给这一概念做出自己的说明。他的策略是以自我为例来做出这种说明。在他看来，自我作为一个单个人具有社会所需要的同一性的本质内涵，比社会更易于理解。在个体自身的成长中，获得自我同一性既是个体的生活内容，也是成长的基本指向。每一个个体都是在创设和维护自身的同一性的过程中获得发展的。自我同一性的获得是在社会中实现的，同时这种自我同一性也会对社会结构产生一定的影响。当个体遭遇变故时，就会产生同一性的模糊问题，从而导致同一性的分裂或损害。成功的自我同一性，即意味着主体具有语言和行动的真正能力，也意味着个性结构的变化能力。在这种情况下，个体能够在各种矛盾中成功地保持同一性。

哈贝马斯通过对自我同一性的分析，引出群体的同一性概念。他认为，如果个体具有了自我同一性的能力，那么个体与他者之间的区别也就必须得到承认。继而个体也必须得到某个群体的承认，并在从属于这一群体的基础上形成自我同一性。哈贝马斯根据发展心理学研究的成果，依据黑格尔的思想，通过对个体同一性成长过程阐述了个体同一性受到的传统规范的约束，论述了自我同一性的可信性。在这里，自我同一性已不是传统哲学中孤独主体的自我认识活动，而是在一定的集团同一性的基础上，在实践的自我确证

[①] 尤尔根·哈贝马斯. 重建历史唯物主义 [M]. 郭官义, 译. 北京：社会科学文献出版社, 2013：64.

活动中产生的，建立在互补的主体间性结构上的自我同一性存在着分裂与重构的关系，个体的历史和类的历史在法律和道德上存在着同源的意识活动，自我成熟后，必然会与原先所认同的集体同一性发生分裂，集体同一性也只有在自我同一性分裂和重构的过程中获得进化性创新。

在文章的第二部分，哈贝马斯通过社会进化的四个阶段研究了群体同一性和自我同一性的关系。古代社会关系的解释模式中，借助泛化的拟人、类比等思维方式，各种事物之间相互依存，个体自我意识尚未觉醒，自我同一性并不存在。在早期文明社会中，个人不再简单地解释种种偶然性，而必须在宗教等力量所形成的社会秩序和普遍联系中形成并发展自我的同一性。哈贝马斯指出，"在雅典，个人似乎已经形成了同一性，这种同一性能使每个人自由地感觉到他同这个城邦国家的生活联系是一体"①。但毕竟这个时期人的主体性还很有限。但世界性宗教，如基督教的出现给人提出了一种普遍主义的要求。"来世的、无所不知的、完全公正的和仁慈的基督教的上帝，使脱离了一切具体的角色和规范的自我同一性的形成有了可能。"② 然而，世界性的宗教等中介机制所带来的自我同一性，随着现代的到来已经失去其作用。在现代社会中，"宗教的结构越纯粹，剩下的就越只是普遍主义道德的核心部分。……普遍主义的结构中所形成的自我同一性和受人民或国家约束的集体同一性之间的分裂不可避免"③。

在文章的第三部分，哈贝马斯评价了黑格尔哲学对同一性问题的分析。他认为，"现代的自我同外界自然、同社会以及内在自然的三重的分裂"④ 标志着一种联系，而这种联系被黑格尔视为哲学思考的动力。同一性问题是黑格尔的出发点。他之所以总是以城邦国家为例阐释其伦理概念，其原因在于：在希腊的泛神论中，"一个同城市的同一性相一致的单个人的同一性形成了"⑤。而这种单个人和政治集体所实现的联合，实际上也就是哲学所应该确立的。哈贝马斯认为，这意味着现代的同一性问题，在不了解自我或精神同自然界的绝对同一性的情况下无法解决。要解决这种自我同社会的分裂，就必须实现客观精神同主观精神的统一。哈贝马斯虽然说明了黑格尔解决同一

---

①② 尤尔根·哈贝马斯. 重建历史唯物主义 [M]. 郭官义，译. 北京：社会科学文献出版社，2013：70.

③④ 尤尔根·哈贝马斯. 重建历史唯物主义 [M]. 郭官义，译. 北京：社会科学文献出版社，2013：72.

⑤ 尤尔根·哈贝马斯. 重建历史唯物主义 [M]. 郭官义，译. 北京：社会科学文献出版社，2013：73.

性问题的战略选择及构思方法，但对于其构想所面对的问题并未深入说明。

哈贝马斯进而论述了黑格尔的观点："现代社会在拥有主权的立宪国家中找到了它的理性的（合法的）同一性；哲学的任务就是把这种同一性作为理性的同一性来表达。"① 哈贝马斯分析了这一观点所面临的若干难题。对于黑格尔"国家组织始终是社会建立其同一性基础"的命题，哈贝马斯进行了着重分析。他认为，这一命题的困难能够使理性同一性问题失去意义。因此对这一问题的分析就具有关键的意义。

第一，如果说以立宪国家为形式的现代社会形成了理性的同一性的论点是正确的，那么，整体的利益就应该在国家制度中表现出来，并且通过特殊的目的得到实现。但是至今国家的首要社会活动仍旧是天然的和自发的，并不表达全体居民的普遍利益②。第二，由于世界交往的普遍化和直接化，国家的主权活动领域受到至少三种因素的限制：为避免战争而不得不长期发展武器的努力、跨国组织所拥有资本和劳动力的限制、世界舆论道德裁决的限制。这些因素都不可避免地对国家同一性的稳固产生冲击。第三，世界性的社会同一性的可能性的问题。"只有当社会被包含在用符号建立的和用规范来理解的生活世界中时，同一性问题方能以一种恰当的方式表现出来。"③ 但随着社会复合性的增强，控制成为行政活动的首要问题。第四，历史的发展与黑格尔的概念并不一致。

面对这些困难，卢曼对于"复合的社会是否能够以及怎样才能够建立一种理性的同一性"这一问题给出了否定的回答。他认为，"复合的社会不再可能借助于其成员的意识建立一个同一性"④，而且，"自我同一性和群体同一性的交叉不仅是不可能的，而且是不必要的"⑤。哈贝马斯不同意卢曼的观点，他认为，即使面对很多困难，复合社会的同一性的建立依然是可能的。他概要论述了这种同一性的形成，并分析了构思同一性的三种解释派别：系统理

---

① 尤尔根·哈贝马斯. 重建历史唯物主义 [M]. 郭官义，译. 北京：社会科学文献出版社，2013：76.
② 尤尔根·哈贝马斯. 重建历史唯物主义 [M]. 郭官义，译. 北京：社会科学文献出版社，2013：78.
③ 尤尔根·哈贝马斯. 重建历史唯物主义 [M]. 郭官义，译. 北京：社会科学文献出版社，2013：79.
④ 尤尔根·哈贝马斯. 重建历史唯物主义 [M]. 郭官义，译. 北京：社会科学文献出版社，2013：81.
⑤ 尤尔根·哈贝马斯. 重建历史唯物主义 [M]. 郭官义，译. 北京：社会科学文献出版社，2013：82.

论、民俗学、马克思和黑格尔传统。他认为,三种同一性的构思均不成功。世界性社会的同一性基于传统而建立,也不能仅仅建基于预见、计划或设想而获得。最普遍的交往结构对于这种同一性的建立具有基础性的意义和效用。

五 社会学中的理论比较：以进化论为例 哈贝马斯认为,迄今为止,任何一种社会理论,无论是历史唯物主义还是社会学中的其他理论,都不能全面解释社会进化或者提出社会进化的构思。它们都只能说明某一社会现象领域。他认为,一种社会进化的理论首先应作为类的历史而存在,它至少应该能够解释三个问题：向高度文化社会的过渡和与之相联系的阶级社会的形成问题、向现代社会过渡和资本主义社会的形成问题、对抗性的世界性社会的动力问题。对这三个方面的问题,进化理论都应该保持一种反思状态,既能解释自身形成的机制,又能解释它自身在特定社会联系中的功能。

可以把哈贝马斯关于社会进化的主要观点表述如下：首先,对社会进化理论基础概念的置换。哈贝马斯认为,生产力和生产关系范畴不够抽象,不能说明社会的普遍特征,因而二者之间的关系应该由劳动和相互作用之间的更加抽象的联系来代替。其次,对社会进化动力的阐述。基于劳动和相互作用这对分析社会历史的基本范畴,哈贝马斯认为,马克思把社会进化的动力仅仅限制在生产力的领域中,实际上,真正的学习过程不仅体现在生产力领域中,甚至体现在道德观的领域中,在实践知识、交往行动和用共识来调解行为冲突的领域中。其中,道德规范结构的发展是社会进化的起搏器,规定着社会发展的方向。

哈贝马斯认为,行为理论必须重建普遍的和必要的交往前提,即重建以相互谅解为定向的行动的普遍结构和社会化的主体的全面行为能力。在这个意义上,学习的心理学理论与社会学理论相关联起来。哈贝马斯赞同把社会进化归之于学习过程的想法。受行为主义框架束缚的理论不足以把握学习机制范围之外的东西。学习理论也并不考虑在认识论的发展心理学中被证实了的发展逻辑的构思,这种构思允许在形式上表明其特征的学习水平同在这个水平上可能完成的学习过程之间加以区别。这就涉及一种重建理论,这种理论包含关于重新获得普遍的、直觉占主宰地位的能力的建议,也就是参与相互作用和讲话的能力的建议。交往行动理论的目标就是系统地掌握和分析作为同一意义上使用的符号的语义学功能的"意义"：语用学的一般概念、公认的要求、经验的形式、动的方面、交往阶段、规范的现实层次、交往媒介的获取等问题,从而为揭示社会进化提供基本概念框架。

对于学习问题,哈贝马斯认为,人类进化式的学习过程可以在一个理论框架内加以理解。他指出,这个理论可以通过两个相互联系的问题来解释社会制度的进化成就:哪些控制问题是通过革新解决的,这些革新是通过哪些学习能力变为现实的。可以假设,个体发生的学习过程先于社会的进化动力。一旦社会系统结构上有限的控制能力不能解决它所遇到的不可避免的问题,就不得不动用过剩的个人的、通过世界观的影响,集体也可以提供的学习能力,以便把这些学习能力充分地使用于新的学习水平的制度化上。为了实现社会进化,就必须考察并创新社会组织原则。所谓组织原则,是这样一些社会结构的革新,这些革新通过发展逻辑上能够重建的学习步骤成为可能,并且在充分利用个人的学习能力的情况下,使新的社会学习水平制度化;这些社会结构的革新确定可能的活动范围并且规定在什么样的结构范围内,制度系统的变化是可能的;现有的生产力在什么样的范围内可以得到使用以及在什么范围内可能刺激新的生产力的发展;怎样提高社会的控制能力。

哈贝马斯考察了不同的理论观点,指出每一种观点,在既定的现象领域中比在其他现象领域中能更好地证实自己是适用的。他重点评价了卢曼的观点,指出卢曼既不能指出对象领域的结构,又不能指出对象领域的特殊的学习机制。其理论是抽象的,其论证也违背自己的方法。因此,卢曼并没有提出什么超出系统理论的新东西。哈贝马斯虽赞同卢曼的主体自我学习的观点,但并不认为他给出了很好的论证。

六 重建历史唯物主义 文章由七大部分组成,哈贝马斯在引言中简要说明了自己对唯物史观、历史唯物主义的理解,梳理出了其文章脉络:介绍并批判地考察了历史唯物主义的若干基础概念和假设,指出应用这些假说时将会出现的困难,继而提出并论证为解决这些困难而设想的一些建议。

文章第一部分主要考察了历史唯物主义的社会劳动的概念。哈贝马斯对马克思的这一基础概念进行了高度评价,但当他用新的人类学知识来考察社会劳动概念时,他发现了难题——人们对社会劳动在人类进化过程中的作用存在认识偏低的问题。他指出,"马克思的社会劳动概念适用于区分灵长目的生活方式和原始人的生活方式,但不适合于人类特有的生活方式的再生产"[①]。在对社会生产的发展进程进行分析之后,哈贝马斯指出,劳动和语言比人和

[①] 尤尔根·哈贝马斯. 重建历史唯物主义 [M]. 郭官义,译. 北京:社会科学文献出版社,2013:108.

社会更古老。在历史唯物主义的视野中，社会劳动是一个基本的概念，社会劳动的概念和家庭的组织原则的相互联系，才能够充分表达人类特有的生活方式。

文章第二部分主要考察的是类的历史概念。对类的历史的概念的考察是与社会劳动概念联系在一起的，哈贝马斯认为："生产方式的概念，是重建类的历史的钥匙。"① 在此，哈贝马斯肯定了马克思所理解的历史唯物主义所表达的结构模式——生产力的发展和社会交往形成的成熟，作为衡量社会进步的标准，但他对马克思的社会交往形式（生产关系）做出自己的理解，他认为："生产的发展取决于技术上可以运用的知识的使用；一个社会的基础设施和制度，体现了道德的、实践的知识，这两个领域的进步，是以它们的普遍的公认的要求为标准的。"② 也就是说，哈贝马斯是在道德实践的意义上理解马克思的社会交往形式或生产关系，这与马克思把生产关系看作"物质生产过程中所形成的人与人之间的关系"是有很大差距的。

文章第三部分简要论述了历史唯物主义的两个假说，即上层建筑理论和生产力和生产关系的辩证法。哈贝马斯阐述了马克思关于上层建筑的表述，在分析了对这些表述的不同理解之后，哈贝马斯提出，上层建筑对基础的依赖性，是对经济结构在社会进化中的领导作用而言的。他引述考茨基的观点指出，马克思关于基础和上层建筑的命题，只是对于历史中的某些新现象而言才是正确的。只有在资本主义社会中，基础领域和经济系统才始终具有一致性。而在后资本主义社会，经济系统对于社会进化的作用将转移至教育和科学系统。哈贝马斯引述马克思的著述说明了生产力和生产关系的矛盾运动过程，基于交往行动的层面和社会协作导致的工具和战略层面的区分，提出了对这一原理的基本认识。他认为，生产力尽管可能引起但却并不能导致生产关系以及生产方式的变革，因此生产力的发展导致进化论的挑战。他通过对知识、制度、学习、社会交往等相关活动及其关系的分析，得出了自己的结论。

文章第四部分，哈贝马斯首先分析了应用类的历史概念的一些优点。进而剖析了应用类的历史概念时的若干困难。这种观念的"特征在于接受六种普遍的和具有逻辑发展顺序的生产方式"③。哈贝马斯通过历史变迁的分析指

---

① 尤尔根·哈贝马斯. 重建历史唯物主义 [M]. 郭官义, 译. 北京：社会科学文献出版社, 2013：105.
②③ 尤尔根·哈贝马斯. 重建历史唯物主义 [M]. 郭官义, 译. 北京：社会科学文献出版社, 2013：120.

出，在人类学和历史研究中，这种模式存在应用的难题，另外，混合形态和过渡形态的问题也导致这种困难。哈贝马斯分析并指出，这些困难集中在：(1) 旧石器社会和新石器社会同样建立在原始社会的生产方式上，如何区分这两个社会；(2) 亚细亚生产方式的归属与定位；(3) 封建主义的分类是否是可以清晰界定的；(4) 古代文明社会如何与高度发展了的文明社会区分开；(5) 在西方发达工业化国家中，通过政府干预对资本主义的调整，是标示着旧生产方式的最后阶段，还是标示着向新生产方式的过渡；(6) 过渡性的社会主义社会的区分。通过对上述问题的分析，哈贝马斯指出，"对于社会发展的逻辑来说，生产方式的概念也许不是一把错误的钥匙，而是一把尚未充分打磨的钥匙"[①]。

文章第五部分，哈贝马斯首先指出了生产方式概念在表达社会发展水平的普遍性方面的困难和不足，他认为马克思生产资料的分类，具有描述的局限性。而芬利的观点缺乏深度，结果可能是最终放弃类的历史观念，从而放弃历史唯物主义。哈贝马斯认为，替代历史唯物主义的思想上缺乏充分的调查和研究。他提出并阐释了社会的组织原则这一概念，指出，"组织原则所确定的社会形态能够容纳许多具有同等功能的生产方式"，"各个时期占统治地位的社会一体化形式是有制度的核心确定的；制度的核心表达着社会组织的特征"[②]。这些论述充分表现出他对这一概念的高度评价。进而，哈贝马斯对于社会进化的学习过程进行了分析，阐释了学习过程中的三个交往阶段，即用符号来交往的阶段、用陈述来说话的阶段、用论证来说话的阶段。指出了各个阶段中主体与行为规范的变化。最后，哈贝马斯提出了他设想的一个区分社会一体化水平的建议，该建议从三个方面区分不同社会一体化水平：其一，行为的一般结构；其二，世界观结构；其三，组织化了的法的结构和制约性的道德结构。按照这些标准，马克思的五个生产方式序列被划分为新石器社会、早期文化、高度发展的文化和现代社会四个阶段。

文章第六部分中哈贝马斯以阶级社会的行为为例说明了上述观点。他首先阐述了取代论、分工论、不平等论水利灌溉说、人口密度论等关于国家形成的理论的基本内容。他认为，这些理论都未能"将血缘制度的控制能力无

[①] 尤尔根·哈贝马斯. 重建历史唯物主义 [M]. 郭官义, 译. 北京：社会科学文献出版社, 2013：124.

[②] 尤尔根·哈贝马斯. 重建历史唯物主义 [M]. 郭官义, 译. 北京：社会科学文献出版社, 2013：125.

法解决的体制问题同能够解释社会一体化变成一种新形式的进化的学习过程加以区别"①。他指出，只有借助于学习机制才能解释少数社会为何以及如何找到其解决问题的方法。他详细阐述了其观点，并借助这些观点简要解释了阶级社会的形成。

最后，哈贝马斯分析了其他解释方法如结构主义、新进化主义、社会学功能主义对进化理论的贡献与不足。结构主义在语言学中会遇到所有共时性研究的局限性问题，它将自身局限于现存结构的逻辑，而没能扩及结构形成过程的模式本身，只有皮亚杰创立的发生学结构主义才搭起了一座通向历史唯物主义的桥梁。新进化主义学者所支持的"社会进化可以和已经很好分析与检验过的自然进化模型相一致而得到解释"导致三个基本难题：什么东西与突变过程是等效的？什么东西与群体生存能力是等效的？什么东西与各个物种占有的进化阶梯是等效的？而社会学功能主义不能解释以语言为基础的交往媒介的发展，如何在结构上是可能的，正像功能分析很少能解释为什么某种特定媒介可在某个给定的社会一体化形式中被引入一样。

七 历史和进化 本章是对卢曼《进化与历史》一文的回应。主要阐明进化理论和历史学的关系，以及对卢曼的进化论的二者择一概念的简要论述。文章共分五大部分，在前言部分，哈贝马斯介绍了自己的基本的论证步骤。这些基本上对应全文五大部分。

文章第一部分，哈贝马斯首先梳理了从解释学，经过现象学和符号的相互作用，直到人种学方法论和分析的语言理论和行为理论，并从中提炼出了一些满意的概念，包括主体通性的结构、规范性的结构、主体性的结构。哈贝马斯认为，这些概念构成了历史分析的基本框架。在此基础上，哈贝马斯陈述了分析历史理论的五个结论，作为叙述的时间结构。哈贝马斯认为，关于行为理论的概念和关于时间叙述的结构两个方面构成了相互关联的系统，为社会学化的历史著述提供了活动空间。在这个意义上，社会学和历史是相适应的。哈贝马斯通过引用布鲁克的观点，论述了历史学家对上述观点无根据的畏惧。哈贝马斯分析指出，"行为和调节行为的规范，是一种互补的关系。二者虽不能发挥同样的叙述作用，但却同属于叙述的关联系统"②。哈贝

---

① 尤尔根·哈贝马斯. 重建历史唯物主义 [M]. 郭官义，译. 北京：社会科学文献出版社，2013：130.

② 尤尔根·哈贝马斯. 重建历史唯物主义 [M]. 郭官义，译. 北京：社会科学文献出版社，2013：155.

马斯认为，在社会学化的历史著述中，人们对传统文化的研究主要根据它们的潜在功能，而非思想史或表面价值的意义。他举例说明，"对观念所做的意识形态批判，也是结合着个人和集团的动机来进行的，并且是为叙述和解释历史事件服务的"[①]。通过对历史案例的分析，哈贝马斯得出结论：历史虽然走向文化史和社会史，但依然由叙述性事件组成。社会学化的历史著述，相对于历史事件，具有了特定的重要性。

在文章的第二部分的开篇，哈贝马斯首先指出文章研究的是特殊的历史的社会学化问题，即"一种社会进化理论是否可以，以及如何同历史著述相联系的问题"[②]。为了说明历史社会学化的发展阶段及使得破坏了叙述结构的各种界限的同一，哈贝马斯结合历史分别阐释了三种类型的合理模式。他所讲的合理模式，是指"任何一种能够在理想的解决问题的道路上规定历史过程的方法"[③]。哈贝马斯着重分析了合理的选择或选举模式、合理的重建和系统—环境—模式。他分别对这三种合理模式的发展阶段及其演进过程进行分析。他首先分析了与合理模式相关联的理论，如马克思、帕森斯等人尤其是帕森斯的社会进化理论，进而引出卢曼的观点。哈贝马斯认为，卢曼至少在五个方面把帕森斯的观点推向了极端。随后，哈贝马斯对这五个方面做了简要介绍。

文章第三部分主要介绍和评价卢曼关于进化论和历史之间关系的思想。哈贝马斯赞成卢曼不同意将进化设想为一个按照规律发展的因果过程的观点。哈贝马斯认为，卢曼偶然因果性的概念与其说是分割了因果问题和发展理论，不如说是一种更激进的方法。卢曼虽看到了进化理论和历史学的契合点，但却忽视了由于系统理论和行为理论的基本概念的不一致性而产生的方法论困难。他认为，卢曼所说的社会学和历史之间的分工，可以从自成体系的功能主义的特殊缺陷中得到解释。哈贝马斯提出，应把握因果概念以及系统论和行为理论之间的联系，从而使进化理论自己承担应该肩负的重担，而不是再推给历史。

文章第四部分，哈贝马斯明确指出，"一种不是由于不必要地放弃对'偶然因果性'的解释而否定自己的社会进化理论，仅仅在社会科学的功能主义

---

① 尤尔根·哈贝马斯. 重建历史唯物主义 [M]. 郭官义, 译. 北京：社会科学文献出版社, 2013：156.
② 尤尔根·哈贝马斯. 重建历史唯物主义 [M]. 郭官义, 译. 北京：社会科学文献出版社, 2013：157.
③ 尤尔根·哈贝马斯. 重建历史唯物主义 [M]. 郭官义, 译. 北京：社会科学文献出版社, 2013：158.

的框架内是不能发展的"①。而应该建立在关于普遍的意识结构和按照发展逻辑排列的学习水平的假设上。他认为,"一种有希望的进化理论,必然会把'系统—环境'和'重建'这两个合理模式结合在一起"②。哈贝马斯考察了卢曼、韦伯、纳尔逊等人的理论,结合向现代社会过渡中进化的挑战、新的组织原则、特殊的革新潜能、稳定化的条件、新的生产方式的结构上形成的后果等问题解释了上述观点。哈贝马斯用社会进化理论取代了叙述的原则,按照系统论的观点重新说明认识社会诸形态的水平,重新提出关于社会组织原则逻辑序列的理论。

最后一部分,哈贝马斯通过对社会进化理论和历史学之间关联等问题的阐述,指出试图把发展理论用于世界史的著述,导致历史哲学的困难。社会进化理论可以承认具体的进步,从进化的角度对历史做出社会科学的研究与预测,考察社会得以继续发展的可能性。在这个意义上,历史进化理论既不同于已被证实了的历史哲学,也不同于历史编纂学。不能指望进化论承担起历史理论所起的作用,进化理论应用于实际对话中而非历史著述才具有其现实意义。

八 对现代法律的进化论价值的思考 本章是一个辅导提纲,内容紧凑。文章开篇,哈贝马斯明确提出观点:"社会是以进化的方式进行学习的。"③ 这是由于社会是从制度上体现在文化传统中已经明显地表现出来的合理性结构,也就是说,"社会是通过利用这些合理性结构来促使行为系统的重新组织"④。哈贝马斯认为,这一过程,事实上也是行为系统的合理化过程。为此,他阐述了合理性的意义。行为的合理性理解为"行为必须遵循的准则"⑤,合理化主要涉及三个方面,"手段的合理化,手段选择的合理化以及在规范和价值上相互一致的合理化"⑥。

合理性是另一个重要的概念。在哈贝马斯看来,从观察者看来,不论对于动物个体还是作为一种普遍性存在的系统,合理性都可以被解释为"一个问题的解决"⑦,合理性具有普遍性。在此,哈贝马斯简要分析了系统的合理性、工具的合理性、战略的合理性、规范的合理性等基本内涵。

现代法律的合理性是哈贝马斯着重论述的一个问题。这种合理性就在于:

---

①② 尤尔根·哈贝马斯. 重建历史唯物主义 [M]. 郭官义,译. 北京:社会科学文献出版社,2013:158.

③④⑤ 尤尔根·哈贝马斯. 重建历史唯物主义 [M]. 郭官义,译. 北京:社会科学文献出版社,2013:190.

⑥⑦ 尤尔根·哈贝马斯. 重建历史唯物主义 [M]. 郭官义,译. 北京:社会科学文献出版社,2013:191.

(1)"私法的核心是通过保证契约自由、保证经营权和遗产权,从制度上保证财产所有制"[①];(2)受过法律教育的法官和专职官员的出现而导致的司法及行政管理职业化,促进了法规的系统化、法律条款的连贯性,从而促进了现代法律的彻底合理化[②];(3)法律是根据目的合理的行动着的法律主体的战略合理性制定的[③]。法律的传统性、合法性、形式(惯例)规定了一个行为系统,而法律的第四个结构特征即普遍性,直接与资产阶级法律的合法性相关。由于法律结构的普遍性,私法与公法、法律与道德之间就具有了联系,我们就可以用规范合理性的观点来理解对行为的合理性。

哈贝马斯从社会构成及其发展动力的视角探讨了现代法律的合理性结构,这标志着其法社会学思想的萌芽。在哈贝马斯看来,韦伯的法律理性关注了内在结构合理性,却忽视了规范合理性。除内在结构合理性外,法律理性还可能表现为系统合理性、策略合理性以及规范合理性。哈贝马斯认为,法律的传统性、合法性、形式(惯例)是"战略行动领域的受约束的制度化的普遍规定"[④],可以对经济交往中的行为进行调节,但并不说明法律结构何以可能的问题。系统合理性、内在结构合理性和策略合理性也都不能充分阐明法律理性,"现代法律的合理性增长以它的规范合理性为衡量标准"[⑤]。

哈贝马斯通过对行为领域的道德和法律的特征的界定,指出"法律的存在不能依赖于道德传统的当然权威,而必须独立论证"[⑥]。而达成规范的理性协议、一般法律能力、法人概念、主体设置法律的力量等已经在哲学和法理论中得到发展的概念,将渗透进现行法律中进而在结构上对其进行改造。

文章最后,哈贝马斯阐述了合法性领域的实践辩护问题。这一问题源于现代法律的完成导致的道德和合法性的分离。法律作为一个非道德领域要求同时掌握法律的人遵守法律,这在实质上是一种由法的原则所确立的道德。宪法把立法权限和民主意志联系起来,是在法律结构上的一种必要的辩护。对于资产阶级宪法的使合法性起作用的基本制度,哈贝马斯进行了简要分析。

九 现代国家中的合法性问题 这篇文章是哈贝马斯在一次政治学学术会议的报告。哈贝马斯将其分为五大部分,分别探讨了五个问题,脉络十分

[①][②][③] 尤尔根·哈贝马斯. 重建历史唯物主义 [M]. 郭官义,译. 北京:社会科学文献出版社,2013:192.

[④][⑤] 尤尔根·哈贝马斯. 重建历史唯物主义 [M]. 郭官义,译. 北京:社会科学文献出版社,2013:194.

[⑥] 尤尔根·哈贝马斯. 重建历史唯物主义 [M]. 郭官义,译. 北京:社会科学文献出版社,2013:195.

清楚，我们可以沿着这五个问题的先后顺序来读。

第一部分考察了合法性的概念。关于合法性，哈贝马斯认为，其含义应该是十分清楚的，但亨尼斯的合法性却十分含混，需要加以厘清。哈贝马斯首先为这一概念提出了一个定义，"合法性就是承认一个政治制度的尊严性"[①]。这个定义强调合法性是一种有争议的公认的要求。一个统治制度能否稳定，就取决于人们对这种要求的承认状况。哈贝马斯认为，合法性概念具有专指性，只有政治制度才能使用这一概念。"合法性的范畴限制在具有国家形式的社会上，并不是无关紧要的。这种概念具有某些经验的内在联系。"[②]对此，哈贝马斯进行了详细的分析和说明。在此基础上，哈贝马斯对合法性概念进行了概要总结，他坚持自己给出的合法性定义，并做了进一步阐释。他指出"合法性是用来表明，怎样和为什么现有的（或推荐的）制度是适宜于行使政权，从而使对社会的同一性起决定性作用的价值得以实现"[③]，并对合法性的说服力、认可性问题做了简要说明。

第二部分主要涉及当代的合法性原理。哈贝马斯把合法性的基础同统治的制度化区别开来，他认为，制度系统与其合法性辩护水平相契合。这里的辩护水平，是指"使合法性产生效力并使它成为取得共识和形成意向的力量的可接受的诸种根据的表面上的条件"[④]。而在人类社会发展的不同时期，这种条件存在历史性的差别，从早期社会中神话系统的个体统治合法性辩护，到理性体系的政治制度的合法性辩护，再到近代科学理性支配下的辩护体系，合法性的根据和证明规则及过程都在发生着历史性的生成与变迁。对这种辩护水平的反思，哈贝马斯认为，对于现代的合法性问题具有决定性意义。"辩护本身的程序和前提是合法化的根据，合法化的价值就是以这些根据为基础。"[⑤] 特定条件下人所能取得的一致观念，是合法性类型的决定性原因。合法性类型也因此与人的主体地位的发展状况相一致。现代社会的合法性类型

[①] 尤尔根·哈贝马斯. 重建历史唯物主义 [M]. 郭官义，译. 北京：社会科学文献出版社，2013：199.

[②] 尤尔根·哈贝马斯. 重建历史唯物主义 [M]. 郭官义，译. 北京：社会科学文献出版社，2013：201.

[③] 尤尔根·哈贝马斯. 重建历史唯物主义 [M]. 郭官义，译. 北京：社会科学文献出版社，2013：204.

[④] 尤尔根·哈贝马斯. 重建历史唯物主义 [M]. 郭官义，译. 北京：社会科学文献出版社，2013：205-206.

[⑤] 尤尔根·哈贝马斯. 重建历史唯物主义 [M]. 郭官义，译. 北京：社会科学文献出版社，2013：206.

应该是按照程序办事的类型。在此，哈贝马斯分析了卢梭、舒姆彼德（也译为熊彼特）、吉尔曼塞克、亨尼斯等的相关观点。

第三部分是合法性问题在资产阶级国家中产生的问题。哈贝马斯认为，现代国家的特征可以用合法权力的垄断化、集中的和合理的行政管理、领土主权等表示。他分析了国家发展的内部结构和外部结构，从内在方面说，现代国家可以被理解为一种经济系统分化的结果，该经济系统是通过市场——一种非中心化、非政治的手段——对生产过程加以调节的。从国家结构的外在方面说，现代国家是作为一个国家系统出现的，国家力量由军队、税收等维持着。通过对国家结构的分析，哈贝马斯指出了国家的形成过程对集体同一性的影响。在回顾了国家建构和民族建立的过程后，哈贝马斯又讨论了国家理论，并区分出五种复合体，分别为世俗化、理性的法、抽象权利和资本主义商品交换、主权和民族。哈贝马斯通过对资本主义国家发展状况的分析，指出现代国家由于社会斗争而产生了新的合法性问题，而资产阶级国家为控制这种经济领域的冲突而采取制度化的分配，使得国家以大众民主的方式有效地解决了自由资本主义社会转型中出现的合法性问题。

第四部分，讨论了合法性问题在资本主义社会中的变化问题。在这一部分，哈贝马斯通过对发达资本主义发展状况的分析，指出了资本主义国家存在的合法性问题。他着重考察了三个方面的问题：其一是导致合法性问题产生的冲突，其二考察了解决合法性问题的基本条件，其三分析了资本主义社会丧失合法性的两个阶段。他认为在推行高福利、大众民主的条件下，国家必须显示出完全能遏制经济过程中出现的功能失调的不良后果的机能，才可消除对合法性的威胁。

第五部分，主要是对合法性概念的深入比较分析。经过对合法性相关问题的探讨之后，哈贝马斯又回到了合法性概念的问题上。在这一部分，哈贝马斯通过对相关理论的回顾，论述了经验主义的合法性概念和规范主义的合法性概念。他认为，经验主义的合法性概念放弃了对公认理由的系统论证，尽管可以在社会科学上应用，但不能令人满意。规范主义的合法性概念却又由于形而上学的束缚，在实践中难以站得住脚。哈贝马斯则提出并进一步分析了第三种合法性概念，即他所称的"重建的合法性概念"[①]。

---

① 尤尔根·哈贝马斯. 重建历史唯物主义 [M]. 郭官义, 译. 北京：社会科学文献出版社，2013：223.

十 何谓今日之危机？——论晚期资本主义中的合法性问题 哈贝马斯首先明确了"晚期资本主义"的危机性，阐述了危机的本质内涵，在评述了马克思对资本主义制度危机的思想之后，提出了本文的核心问题，即晚期资本主义和竞争性的资本主义是否遵循同一个自身具有破坏性的发展模式，能否摆脱经济危机的困境。

哈贝马斯首先要考察的是晚期资本主义最重要的结构特征。他首先陈述了先进资本主义社会中经济系统、行政系统和合法性系统的发展状况。阶级结构也是他分析的一个重要方面，他指出："为了抵御制度危机，晚期资本主义社会把社会一体化的一切力量，都集中在结构上最可能（爆发）冲突的地方。"[①] 准政治性的工资结构、大企业与工会之间的准政治性的妥协、劳动力"政治性"价格的形成等因素，成功地解体了阶级的社会同一性。而这种"被纳入晚期资本主义中的阶级妥协，使所有人都成了参与者和当事人"[②]。把社会中发生的利害冲突限制在个人的范围内，使之不能形成阶级的利害冲突。二战以后，一些先进的资本主义国家成功地使阶级冲突处于潜在状态，缓解了资本主义发展的危机。

在第二部分，哈贝马斯论述了当代资本主义发展所导致的世界性问题，包括生态的平衡、人类学的平衡以及国际的平衡问题。这是三个相互联系的问题。哈贝马斯认为，资本主义的发展对这些问题具有直接的推动作用，但他并不认为这是这种制度特有的效应，而是所有复合的社会制度所共有的。他在对资本主义制度进行有限的批评的同时，也为其做了辩护，他提示人们要通过改良来延续这一制度的合法性与生命力。

文章的第三部分占了全文一半以上的篇幅，重点考察的是晚期资本主义危机趋势的论据。哈贝马斯首先评述了两种经济危机的理论，并指出其缺点和不足。在此基础上，哈贝马斯论述了晚期资本主义面临的困难。他把国家理解为拥有合法权力的一种制度，国家输出的是执行最高行政当局的决议，同时也需要输入群众的尽可能普遍的忠诚。但无论输出还是输入，都有可能导致破坏性的危机。前者具有合理性危机的形式，后者具有合法性危机的形式。哈贝马斯结合晚期资本主义发展的状况对此进行论述。为更好地解决这

[①] 尤尔根·哈贝马斯. 重建历史唯物主义 [M]. 郭官义，译. 北京：社会科学文献出版社，2013：229.

[②] 尤尔根·哈贝马斯. 重建历史唯物主义 [M]. 郭官义，译. 北京：社会科学文献出版社，2013：230.

些危机，哈贝马斯分析了合法性危机的原理。合法性问题之所以出现，在于"行政计划需要拥有合法的权力"[①]。晚期资本主义国家的功能和行政干预所带来的社会物质财富的增长，导致合法性需要不成比例地增长，这种必须通过政治民主的手段才能满足的需要，却面临着形式民主的巨大成本的制约。哈贝马斯认为，资本主义的潜在的阶级结构是合法性缺失的原因。在这种社会中，意义成了一种能源匮乏，这种短缺的意义必然要有由国家拿去的能源价值来代替。一旦合法性的缺失不能得到应有的补偿，合法性危机就会出现。

哈贝马斯认为，意向危机是合法性危机的基础。"国家和就业系统提出的意向需要同社会文化系统所提供的意向间的矛盾，必然是合法性危机的基础。"[②]

因此，他对意向危机的原理进行分析，提出了公民的私人利益和家庭—职业的私人利益的两种意向模式。他肯定了这两种意向模式对于政治系统和经济系统的意义，同时指出，对于私有化倾向具有直接意义的那一部分意识形态，在资本主义发展晚期已经失去其基础。对此，他阐述了成绩意识形态、个体占有者的利益、交换价值的定向、科学主义、后先兆的艺术、普遍的道德等意识面临的问题，对此加以说明。

总体上看，哈贝马斯将当代资本主义看作一个系统，又将这一系统划分为经济、政治和文化三个子系统，证明了当代资本主义由于结构性障碍而必然陷入多种危机之中，从而将对资本主义危机趋势的研究从单纯的经济学视野放大为广阔得多的社会政治经济文化视野，对晚期资本主义合法性问题进行了分析，为资本主义诊断病因。

十一 简述合法性概念和答 W. 法赫先生 哈贝马斯对 W. 法赫在其《晚期资本主义中的合法性问题》一书中提出的供人们讨论的合法性概念提出了批评。哈贝马斯认为法赫对其合法性概念采取了断章取义的手法，其虚构矛盾和反论不能令人信服。哈贝马斯通过辩护捍卫并介绍了自己的合法性概念，即称之为重建的合法性概念。

哈贝马斯简要阐述了其合法性思想，如"依据公认的要求是可以批评的

[①] 尤尔根·哈贝马斯. 重建历史唯物主义 [M]. 郭官义，译. 北京：社会科学文献出版社，2013：234.

[②] 尤尔根·哈贝马斯. 重建历史唯物主义 [M]. 郭官义，译. 北京：社会科学文献出版社，2013：237.

来分析合法性信念"①"一种合法性信念,将随着辩护在参加者当中失掉自身的信服力而受到怀疑""任何辩护水平都取决于得到承认的世界观结构"② 等。而且,他强调自己的关于世界观结构只能遵循可以重建发展逻辑而不能随意改变的观点,并提出这一观点的尖锐性与辩论的可能性,但法赫却并没有论及,而是避开了这些观点的辩论,这说明法赫的评价是不完整的。哈贝马斯通过对法赫所提出的假设的分析,指出他对本人思想的扭曲。进而,他概述了自己对真理的对话理论所做的分析,以此说明法赫所批评的哈贝马斯"经验的自主性和免除行为应负的责任","妨碍了对话的功能性作用"③ 的论断,分析了法赫在论述过程中的谬误。哈贝马斯通过对法赫"合理性矛盾"的论述进行深入的剖析,指出了法赫论断中的自相矛盾的缺陷。通过上述几个方面,哈贝马斯回应了法赫对自己的批评。

文章的第二部分《答法赫先生》涉及法赫对哈贝马斯《简述合法性概念》一文的答复,篇幅甚小。哈贝马斯认为,法赫持续歪曲了他《简述合法性概念》一文中的许多重要论点。在本文中,他重点说明了法赫的合法性矛盾问题。

十二 关于实际对话的两点意见——纪念 P. 洛伦岑诞辰 60 周年 本章是哈贝马斯为纪念 P. 洛伦岑 60 周年诞辰而作。他交代,文章中主要分析了两个问题。第一个问题是实践哲学的"开始",第二个则是道德原则的实施。

哈贝马斯首先探讨了交往伦理中是否存在决定论的残余问题,在一般意义上,实际对话必须有一个决定对话的问题,那么是什么决定着对话的开始呢?是否需要一种波普所讲的"理性主义的信仰决断"④ 呢?为了避免决定论的影响,阿佩尔、拉特尼斯基和卡姆巴特尔等人认为,"只要认为用论证手段解决行为冲突是可能的"⑤。其结果证实,"对使用论证方式制定的理性原则的根据提出疑问的那个人,自己就立足于这个原则的基础上"⑥。哈贝马斯围绕这一观点谈了三点看法。第一,哈贝马斯认为,理性讲话的观念并不仅仅发

---

① 尤尔根·哈贝马斯. 重建历史唯物主义 [M]. 郭官义,译. 北京:社会科学文献出版社,2013:243.
② 尤尔根·哈贝马斯. 重建历史唯物主义 [M]. 郭官义,译. 北京:社会科学文献出版社,2013:245.
③ 尤尔根·哈贝马斯. 重建历史唯物主义 [M]. 郭官义,译. 北京:社会科学文献出版社,2013:237.
④⑤⑥ 尤尔根·哈贝马斯. 重建历史唯物主义 [M]. 郭官义,译. 北京:社会科学文献出版社,2013:251.

生在对话和论证结构中,也存在于说话和行为的基本结构中[①]。以相互理解为目的的说话和行动,必然要求行为的正确性和言论的真理性。这是对话得以发生和进行的基本要求。共识行动是以论证的可能性为前提的。第二,通过考察说话者在理性讲话过程中直觉知识及冲突选择的有效性问题,以及讲话所发生的社会规范的要求,哈贝马斯认为,每一个按照共识行动的人,始终是把自己置于语言本身具有的理性中。第三,哈贝马斯通过对对话者的合法性批判与意识形态批判的区分,在批评的意义上分析了合法性信念问题,他指出,"一种合法性信念,将随着辩护在参加对话者中失去它的说服力而受到怀疑"[②],统治系统必须通过其辩护水平的提升来获得合法性信念。这就要求人们世界观结构的重构。

哈贝马斯谈的第二个问题是道德原则的实施。他认为,在交往过程中实行道德原则是多余的,这些原则对于重建论证性讲话的普遍的和必要的条件来讲并没有添加新东西。首先,哈贝马斯通过分析卡姆巴特尔对施魏玛重建主体通性观点的批评,提出实际对话是在特定条件下发生的。道德上重要行为冲突出现之前,对主体和主体通性既有约束力又相互联系的规范已经具备了。哈贝马斯指出:"对了解道德论证来说,重要的是随着实际进行对话必然表现出来的准备服从'超越自我的定向'的精神"[③]。作为对话原则或理性原则来阐述的那些条件,也就不必要了。其次,哈贝马斯认为,道德原则需要行为主体的承认。但在实际交往过程中,对话只能在对话各方都认为对话的理想条件已经具备的情况下才能实际开始。对话各方只需要通过更好的论证来达到不带任何强制的共识。"用对话来解决规范的公认的要求的思想,使得以规范的普遍化以及给规范做基础的利益的普遍化为目标的要求成了多余的。"[④] 因此,道德原则的实行就不必要了。最后,哈贝马斯认为,从实际对话的目的来看,"道德论证涉及的范围主要取决于是否能够以及在多大程度上能够将利益的传统解释转化为对话式的意志形成的对象"[⑤]。通过对这一问题

[①] 尤尔根·哈贝马斯. 重建历史唯物主义 [M]. 郭官义,译. 北京:社会科学文献出版社,2013:252.
[②] 尤尔根·哈贝马斯. 重建历史唯物主义 [M]. 郭官义,译. 北京:社会科学文献出版社,2013:253.
[③][④] 尤尔根·哈贝马斯. 重建历史唯物主义 [M]. 郭官义,译. 北京:社会科学文献出版社,2013:255.
[⑤] 尤尔根·哈贝马斯. 重建历史唯物主义 [M]. 郭官义,译. 北京:社会科学文献出版社,2013:256.

的分析，哈贝马斯提出，道德论证取决于交往障碍，而交往障碍的排除，则是多方面的，道德原则也并不是必需的。

【意义与影响】

重建历史唯物主义的思想基础是交往理性、社会进化理论，是理解哈贝马斯的交往行动理论和晚期资本主义危机理论的关键。在哈贝马斯的学术体系中，重建历史唯物主义有着重要的理论价值与独特的结构地位。

首先，哈贝马斯通过重建历史唯物主义的探索，将现代性和交往理性相结合起来，进而构建了新的社会进化论。哈贝马斯认为，"现代性是一项未完成的事业"。在这一视阈下，当前社会不是要否定现代化，不是要回到非现代化的历史状态中去，而是要继续推进现代性、继续推进社会的理性化过程。重建历史唯物主义用交往理性否定传统理性。所谓交往理性，就是要通过人们之间的交往，通过辩论和讨论来使人们之间对真理、规范和审美判断形成一致意见，通过交往实现社会的整合。哈贝马斯认为，对于现代资本主义社会中的现代性问题的克服，就是要挽救那些仍然残留在生活领域中的交往理性的元素，重新恢复生活世界各个领域之间的平衡，有助于现代性难题的解决。

其次，对话理论是哈贝马斯的一个重要理论。哈贝马斯相信，人们借助于对话取得的共识，最终将推动社会进步。对话是一种基本的活动。对话是人们以语言为媒介进行的交往活动。通过对话，人们才能相互沟通和理解，双方的愿望和要求都能够成为对话的对象。每一方试图获得的东西都可以在对话中得到解释和认识，双方的利益都可以得到考虑。行为冲突和利害关系由此得到调节和解决。哈贝马斯提出了对话双方应该遵守的规则——语言的可理解性、意向的真诚性、陈述的真实性。哈贝马斯对交往行为中对话的作用和规则所作的这个设想，是一个同现实社会还有相当距离的、带有理想主义色彩的方案。这一方案能否像他所论述的那样能够成为解决社会矛盾、推动社会进化的一种力量，是一个值得讨论和研究的问题。

哈贝马斯的重建历史唯物主义理论对历史唯物主义采用抽象肯定、具体否定的做法。他一方面一再声明把历史唯物主义作为他的重建理论的出发点，但另一方面又否定了历史唯物主义的基本范畴和基本原理，用他的交往理论来补充并重建历史唯物主义。他对历史唯物主义的肯定是有限的，否定是根本的。正由于此，他的一些基本论断以现象掩盖本质，对此我们应予以批判。

当然，他的重建理论中也有许多合理成分，这些有利于发展马克思主义，我们应加以批判地继承。

【原著摘录】

一 导论 历史唯物主义和规范结构的发展 P3-32

P3 我们所说的重建是把一种理论拆开，用新的形式重新加以组合，以便更好地达到这种理论所确立的目标。

P4 只有当马克思的社会理论能够避免做出自然主义的错误结论——含含糊糊进行评价的理论做出的自然主义的错误结论——时，它才能成为"批判的"理论。

P24 以相互理解为定向的行为的合理性，衡量自己的标准是：主体在自己的行动中是否真正表达自己的意图；同行为规范相联系并实际上得到承认的公认的要求是否正当。

P25 社会的进化意义上的学习过程有两方面的基本条件：一方面是尚未得到解决的体制问题（体制问题是对体制的挑战）；另一方面是新的学习水平，这种水平是在世界观形成时获得的，并且是潜在的，但还没有融化在行为系统中，因此在制度上仍然不起作用。

P29 马克思曾经把手段和手段选择的合理化看成是社会发展的发动机。当然，我们同时必须在下述情况之间做精确的区别，即：（1）在能够被转变成工艺、战略或组织和素质的知识是合理性结构和（某些情况下的）发展逻辑之间；（2）在能够对这种知识的获得，相应的学习过程做出解释的机制之间；（3）在可占有的知识能够赖以在社会上得到补充的次要条件之间，加以区分。只有这三个条件综合在一起，才能从生产力发展的意义上说明合理化的过程。

P30 交往行动与目的合理的行动的区别是，交往行动遵循的是主体通性公认的规范。这些规范把相互的行为愿望联结起来。在交往行动中，公认的基础是讲话的前提。参加对话的人至少是含蓄地提出和相互承认全面的公认的要求——真理、正确性、真实性，而这类公认的要求使承担共同行动的共识有了可能。

二 哲学在马克思主义中的作用 P33-40

P33 马克思主义的理论家们，从来就没有用像科学那样的明确语言，把哲学传统算作资本主义世界的生产潜力，而这种生产潜力也应该出现在新的社会主义社会中。

P40 哲学的最重要的任务，就是反对任何形式的客观主义，反对思维和制度对它们自己的实际生活的形成联系和使用联系的意识形态的，即虚伪的独立性，就是展示出彻底的和激进的自我反思的力量。

理论的理性和实践的理性的统一性，就是在这种自我反思中建立起来的；哲学是社会及其成员的同一性今天仍然能够赖以形成的唯一的媒介物——除非我们倒退到各自为政的同一性阶段。

三　道德发展与自我同一性 P43-63

P44 自我同一性的概念不仅具有一种描述性的意义。它描述的是自我的符号结构，这种符号结构一方面要求普遍的典范性，因为它存在于整个教育过程的结构中，并且能使文化上稳定的、不断出现的行为问题获得最佳的解决；另一方面，独立的自我结构，并不是有规则的。即不是作为自发的成长过程的结果，甚至，多数情况是不完整的。

P46-49 自我同一性概念的发展问题，曾在三种不同的理论传统中得到考察：分析的自我心理学；认知发展心理学；行为的符号性相互作用理论。……试把这些基本概念（通过一种简化了的方式）简述如下：

1. 成年的主体的语言能力和行为能力，是成熟过程和学习过程一体化的结果。……

2. 有语言能力和行为能力的主体的形成过程，经历了许多不可逆转的、不引人注目的和越来越复杂的发展阶段。同时，不能逾越任何一个阶段，并且，理性上可以重建的发展模式意义上的任何高级阶段都"包含着"先前的阶段。

3. 主体形成过程的完成不仅是不连续的，而且一般说来都经历着危机。阶段上的特殊发展问题解决之前，是一个结构退化的阶段，有时是一个倒退阶段。生产上解决危机的经验，即克服病理发展中的险情的经验，是克服后期危机的条件。

4. 主体形成过程的发展方向，其特征是越来越有自主性。

5. 自我的同一性标志着具有语言能力和行为能力的主体，能够满足一定的稳固的要求。

6. 学习的一个重要机制是把外部结构转变成内部结构。

尽管这三种理论观点的基本观点趋向接近，然而，迄今为止它们之中却没有任何一种理论成为一种具有解释能力的发展理论——一种能够对人们经常使用的自我同一性的概念做出精确的和富有经验内容的规定的理论。

P51　自我同一性不仅要求从认识上掌握普遍的交往水平，而且也能够使自身在这些交往结构中的需求成为合法的需求：一旦自我摆脱了他的内在本性，并且放弃对尚有待于恰当解释的需求的依赖性，那么，在很大程度上以诸种原则为指导的自由，在现有的规范系统面前，实际上是不自由的。

P58　我的出发点是这样的假定："道德意识"就是使用相互作用的能力自觉地研究道德上至关重要的行为冲突的能力。对于用共识来解决一个行为冲突来说，当然需要一种能够共识的观点，借助于这种能够共识的观点，就可以建立起一种调节有争议的利益的过渡性的秩序……这种基本观点就是行动着的主体之间的相互性。

P60　在自我的同一性中，表现出一种自相矛盾的情况：自我作为人，他同所有其他的人是相同的。但是，作为个体，同所有其他个体则全然不同。因此，自我同一性在成年人的能力中能够证明自己在冲突的情况下有能力创立新的同一性，并且能使这种新的同一性同已被克服的旧的同一性相一致，以便在一般原则和活动方式的指导下，在独特的生活历史中组织自己的相互作用。

四　复合的社会能够建立一个理性的同一性吗？P64-90

P65　自我同一性不是简单地被附加于他们的。特别是在紧急状况中，即当一个人面对人们向他提出的要求，而这些要求与同时被提出的和又同样是合法的期待或者甚至与以往所习惯的期待的结构相矛盾的时候，就会出现创立和维护同一性的问题。

同一性的模糊，是同一性受到损害的一种形式；强行一体化的同一性或者分裂的同一性，是同一性受到损害的另一类形式。

P85　集体的同一性是在具有普遍的和同样的机遇参加这样一些交往过程的意识中建立起来的，在这些交往过程中，同一性的形成是一个连续的学习过程。这些构成价值和规范的交往，绝不总是具有对话的精确形式，也并非总是制度化的。因此，不可能期待在任何地方、任何时候都会有这样一类的交往。

P86　集体的同一性是在具有普遍的和同等的机遇参加构成价值和规范的学习过程的意识中建立起来的。这样一种同一性不再需要固定的内容来使自身获得稳定。然而，它任何时候都需要内容。

五　社会学中的理论比较：以进化论为例 P93-103

P93　迄今为止，任何一种社会理论，无论是历史唯物主义还是社会学中的其他理论，都不能全面解释社会进化或者提出社会进化的构思。它们都只能说明某一社会现象领域。历史唯物主义，作为解释类的历史的理论，也有它的局限性；它主要适用于解释社会运动和阶级冲突。

P94　一种社会进化的理论，作为类的历史，至少应该能够解释三个问题：向高度文化社会的过渡和与之相联系的阶级社会的形成问题；向现代社会过渡和资本主义社会的形成问题；对抗性的世界性社会的动力问题……进化理论应该有一种反思状态，从而使它既能解释自身形成的机制，又能解释它自身在特定社会联系中的功能。

P94　行为理论必须重建普遍的和必要的交往前提，即重建以相互谅解为定向的行动的普遍结构和社会化的主体的全面行为能力。

我同意把社会进化归之于学习过程的想法。受行为主义框架束缚的理论，其复合性并不足以把握学习机制范围之外的东西。此外，学习理论并不考虑在认识论的发展心理学中被证实了的发展逻辑的构思，这种构思允许在形式上表明其特征的学习水平同在这个水平上可能完成的学习过程之间加以区别。

P95　这就涉及一种重建理论，这种理论，例如逻辑和语言学，包含着关于重新获得普遍的、直觉占主宰地位的能力的建议，即参与相互作用和讲话的能力的建议。

P96　社会进化理论的客观领域，只有当我们在客观领域特殊的学习理论的基础上能够对个性系统和社会系统间的发展上是重要的交换关系加以说明时，才能充分地得到规定。

P97　个人的学习潜能，当它反映在世界的结构中，并且因此具有传播能力和制度化的能力时，它就能被社会加以使用，并且能够转变成为社会一体化的成熟形式或者更高级的生产力。

P98　我所理解的组织原则是这样一些社会结构的革新，这些革新通过发展逻辑上能够重建的学习步骤成为可能，并且在充分利用个人的学习能力的情况下，使新的社会学习水平制度化；这些社会结构的革新确定可能的活动范围并且规定：在什么样的结构范围内，制度系统的变化是可能的；现有的生产力在什么样的范围内可以得到使用，以及在什么范围内可能刺激新的生产力的发展；以及怎样提高社会的控制能力。

P101　每一种观点，在既定的现象领域中比在其他现象领域中能更好地证实自己是适用的：历史唯物主义在社会运动和阶级冲突的领域中；角色理论在以直觉为指导的日常行动的领域中；学习理论在外界控制的（周围的）学习过程的领域中；社会科学的系统论在组织和控制的领域中。

P103　因为卢曼把（事物的）功能主义方面看成是（事物的）整体，所以他既不能指出对象领域的结构，又不能指出对象领域的特殊的学习机制。

六　重建历史唯物主义 P104－145

P104　马克思在《政治经济学批判大纲》和《资本论》中所研究的资本主义发展的理论，是同历史唯物主义相适应的局部理论。

P105　重建历史唯物主义，应该有利于批判地研究各种相互竞争的理论观（特别要有利于批判性地研究社会科学的新进化论和结构主义）。

P106　社会劳动的这个概念，作为人类生活的再生产形式，具有一系列的内涵。它对近代主体哲学或者反思哲学的最重要的假说，持批判态度。

P109　社会角色能够根据条件把所期待的两种行为联系在一起，从而使相互对立的动机或意向形成一个体系……一个人可以不依赖于偶然情况的联系，通过社会角色对其他人的动机施加社会影响，并且可以把动机的形成汇集成互相作用的符号世界。做到这一步当然必须具备以下3个条件：

①社会角色依据的前提是，相互作用的参加者不仅要接受其他参加者的看法（借助于象征实行相互作用时，就出现这种情况），而且，参加者的看法也可以变成其他参加者的看法。

②如果相互作用的参加者具有一种时代视野，这种时代视野又超越了直接的、眼前的行为结果，社会角色就能得以确立。否则，空间的、时间的和事实上有差别的预期行为，就不可能结合成为一个独一无二的社会角色。

③如果社会角色需要监督相互作用参加者的行为动机，社会角色就必须同惩治机制结合在一起。

P112　马克思把社会劳动的概念同类的历史相联系。类的历史这个词是唯物主义的信息，它首先告诉人们的是，任何物种发展领域里的自然进化，是用其他手段，即通过社会化的个人的生产活动本身继续下去的。

P111　历史唯物主义的出发点是，生产力和生产关系的变化，不是相互独立的，而是形成了一些结构，它们相互联系，产生了有限的、同结构相类似的发展阶段，因此产生了一系列从发展逻辑上看是有顺序的生产方式。

P113　历史唯物主义不需要假想一个进化赖以进行的类的主体。更确切地说，进化的承担者是社会和与它结为一体的行为主体。进化表现在按照一个合理构成的模式而构成的、又经常被更全面的结构所代替的那些结构上。这些基本结构，描述了较为全面的结构赖以形成的逻辑活动领域。但是，新的结构能否形成，以及何时形成，取决于意外的边缘条件和经验上的能够加以研究的学习过程。一个既定的社会为什么能够达到既定的发展水平的发生学的解释，不取决于一个在任何既定的阶段上按照它当时所获得的结构的逻辑建立起来的系统是什么状况这种结构解释。

P114 马克思并不是按照一个社会的复合性的增加来评价这个社会的发展，而是根据生产力的发展水平和社会交往形成的成熟与否来评价社会发展。

P115 我要维护的观点是：历史唯物主义所说的衡量历史进步的标准——生产力的发展和社会交往形式的成熟——有能力为一个制度（系统）的存在做辩护。

P116 上层建筑对基础的依赖性，首先是对一个社会所处的向一个新的发展水平过渡的危机阶段而言的，不是对社会的任何一种本体论状态，而是对经济结构在社会进化中所起的领导作用而言的。

P119 我要得出的暂时结论是：

第一，不用进化的革新措施就不能得到解决的体制问题，是从社会的基础领域中产生的；

第二，任何较高级的生产方式，都是社会一体化的一种新形式，而新的社会一体化形式是围绕着新的制度核心形成的；

第三，一种内在的学习机制，关心的是认识的潜在能力的积累，这种潜在能力能够被用来解决产生危机的制度问题；

第四，但是，这种知识只有随着生产力的发展，当进化上完成了向新的制度框架和社会一体化的新形式迈进时，才能得到补充和完善。

P120 这一步如何完成是个悬而未决的问题……我想做出的回答是：人类不仅在对于生产力的发展具有决定性作用的、技术上可以使用的知识领域中进行学习，而且也在对于相互作用的结构具有决定性作用的道德—实践意识的领域中进行学习。交往行动规则的发展，是对工具行动和战略行动领域中出现的变化的反应。但是，交往行动的规则在这些领域中遵循的是自身的逻辑。

P124 生产方式的概念，在准确地表达社会发展水平的普遍性上不够抽象。生产方式赖以相互比较的方面是：（1）对支配生产资料的调节；（2）调节规则同生产力的当时发展水平在结构上的统一性。

P125　社会系统能够在充分利用社会化的主体的学习能力的情况下构成新的结构，目的是解决威胁着社会系统的控制权力的问题。因此，社会的进化的学习过程取决于社会所管辖的个人的能力。个人作为一个个的人不能获得学习能力，只有当个人同他们生活世界的象征性（符号）结构融合为一体时，才能获得学习能力。

七　历史和进化 P146－189

P149－150　历史著述是在一个叙述的关联系统中活动的。已经有一系列著名的、重建这种框架的尝试：从（狄尔泰、海德格尔的）解释学，经过（胡塞尔、舒茨的）现象学和（米德、高夫曼的）符号的相互作用，直到（加尔芬克尔、奇科利尔的）人种学方法论和（维特根斯坦、丹通的）分析的语言理论和行为理论。回忆这些基本概念，使我感到满意。这些概念表述的是：

（1）主体通性的结构——有说话和行为能力的主体，语言和取得相互了解的其他符号媒介，意向的表达，例如工具的行为或社会的行为、手势，等等，行为环境，和行为环境联系在一起的生活领域的诸方面，以及与此联系在一起的非规范性的边际条件；

（2）规范性的结构——制度和行为规范、决断的准则、价值系统、整个文化内涵和传统状况、世界观的结构，等等；

（3）主体性的结构——情况说明和行为定向，全部意向、经历、动机，等等。

P175　我的论点是，一种不是由于不必要地放弃对"偶然因果性"的解释而否定自己的社会进化理论，仅仅在社会科学的功能主义的框架内是不能发展的。我认为，一种很有希望的进化理论，必然会把我们所研究的"系统—环境"和"重建"这两个合理模式结合在一起。这样，社会进化就可以被理解为宏观系统在两个阶段上解决问题的一种表现。

八　对现代法律的进化论价值的思考 P190－195

P190　我的观点是，社会是以进化的方式进行学习的，这是由于社会是"从制度上体现"在文化传统中已经明显地表现出来的合理性结构，也就是说，社会是通过利用这些合理性结构来促使行为系统的重新组织。

九　现代国家中的合法性问题 P199－224

P199　合法性就是承认一个政治制度的尊严性。这个定义所强调的是，合法性是一种有争议的公认的要求。统治制度的稳定性，甚至取决于对这种要求的（起码的）事实上的承认。

P204 我认为,合法性就是承认一个政治制度的尊严性。合法性要求同用社会一体化力量来维护社会的由规范所决定的同一性相关联。合法性是用来实现这种要求,也就是说,合法性是用来表明,怎样和为什么现有的(或推荐的)制度是适宜于行使政权,从而使对社会的同一性起决定性作用的价值得以实现。

P214 合法性面临的威胁,可以通过社会保障系统(社会保险系统应该缓和同脆弱的市场状况联系在一起的基本危机)得到补救;

合法性面临的威胁,可以通过生活条件的保障系统(这个系统首先应该在大家有同等机会接受正规教育上发挥作用)加以预防……

P216 当国家通过自己的纲领和规划成功地去完成自己所肩负的任务时,它才能证明自己是合法性的帮助者。这要在很长一段时间内加以检验。

P217 在这些特定的条件下,如果国家不能成功地从总体上遏制住仍为广大选民接受的资本主义经济发展进程的不良功能的副作用,不能成功地降低人们承认国家的临界线,那么,人们不承认国家的合法性的现象就不可避免。

P223 我论述了两种合法性概念,即经验主义的合法性概念和规范主义的合法性概念。一个可以在社会科学上应用,但却不能令人满意,因为它放弃了公认的理由的系统论的重要性;另一个概念,从这方面看,似乎叫人满意,可是由于它受形而上学的关系的束缚,是站不住脚的。因此,我提出第三种合法性的概念,我把它称为重建的合法性概念。

【参考文献】

[1] 尤尔根·哈贝马斯. 重建历史唯物主义 [M]. 郭官义,译. 北京:社会科学文献出版社,2013.

[2] 芬利森. 哈贝马斯 [M]. 南京:译林出版社,2010.

[3] 曹卫东. 曹卫东讲哈贝马斯 [M]. 北京:北京大学出版社,2005.

[4] 特勒夫·霍斯特. 哈贝马斯 [M]. 鲁路,译. 北京:中国人民大学出版社,2010.

[5] 杨小彦. 哈贝马斯 [M]. 南京:译林出版社,2009.

十三、《在事实与规范之间：关于法律和民主法治国的商谈理论》

[德] 尤尔根·哈贝马斯 著
童世骏 译
三联书店，2003 年

【作者简介】

尤尔根·哈贝马斯是德国当代重要的哲学家之一，法兰克福学派第二代的中坚人物，历任海德堡大学教授、法兰克福大学教授、法兰克福大学社会研究所所长以及德国马普协会生活世界研究所所长。1954 年在波恩大学以论文《绝对性与历史，论谢林思想的二重性》获得哲学博士学位。1949—1954 年，哈贝马斯先后在哥廷根大学、苏黎世大学和波恩大学学习哲学、心理学、历史学、德国文学和经济学。1955 年，哈贝马斯来到法兰克福，进入霍克海默和阿道尔诺领导的社会研究所。正是法兰克福学派对马克思主义学说的重视引发了他对马克思主义理论的兴趣。1964—1971 年，哈贝马斯担任法兰克福大学哲学和社会学系教授。20 世纪 60 年代中期，哈贝马斯发表的许多政论性文章在青年学生中产生了巨大影响。他的思想和理论成为 1968 年学生抗议运动的精神力量。1983 年，哈贝马斯重新回到法兰克福大学任哲学和社会学教授，直到 1994 年退休。哈贝马斯被誉为"当代的黑格尔"和"后工业革命的最伟大的哲学家"，他继承和发展了康德哲学，致力于重建"启蒙"传统，视现代性为"一项尚未完成的计划"，提出了著名的沟通理性理论，对后现代主义思潮进行了有力的批判。

哈贝马斯一生著作等身，主要著作有《公共领域的结构转型》（1962 年）、《理论与实践》（1963 年）、《社会科学的逻辑》（1967 年）、《作为"意识形态"的技术和科学》（1968 年）、《认识与兴趣》（1968 年）、《晚期资本主义的合法性问题》（1973 年）、《重建历史唯物主义》（1976 年）、《交往与社会进化》（1979 年）、《交往行为理论》（1981 年）、《道德意识与交往行为》（1983 年）、《现代性的哲学话语》（1985 年）、《新的非了然性》（1985 年）、《后形而上学思想》（1988 年）、《纠补的革命》（1989 年）、《在过去与将来之间》（1990 年）、《文本与语境》（1991 年）、《论话语伦理学》（1991 年）、《在事实与规范之间》（1994 年）、《包容他者》（1996 年）、《真理与论证》（2000 年）、《人类的未来》（2001 年）、《过渡时代》（2001 年）、《时代诊断》（2003 年）等。

【写作背景】

从 20 世纪 90 年代起，哈贝马斯试图将他的沟通理性概念应用到政治领域和法律领域，他在对现实政治做长期批判的基础上，建立了一种程序主义的"话语政治模式"。他在 1992 年出版的《在事实与规范之间：关于法律和民主法治国的商谈理论》（简称《在事实与规范之间》）一书就是对其话语政治模式的集中阐释。他的话语政治模式事实上是针对资产阶级民主法治国家模式出现的弊病的反思，他希望通过这样的反思为资本主义的民主制度提供规范论证[①]。

哈贝马斯在《在事实与规范之间》一书的前言中交代了他写作此书的背景："经济增长的生态极限、南北半球生活条件之间的差别日益增长提出了明显挑战；将政府社会主义改造为一种分化开来的经济系统机制提出了独一无二的历史任务；来自南部（现在也包括东部）贫困地区的移民潮形成严重压力；重新抬头的种族战争、民族战争和宗教战争、核讹诈和国际性资源分配之争危机重重——面临这种可怕局面，西方民主法治社会的政治却失去了方向感和自信心。华丽的陈词滥调背后，占上风的却是胆怯懦弱。即使在那些成熟的民主国家，现行的自由建制也并非太平无事，虽然这些国家的民众所争取的是更多而不是更少的民主。"[②] 正是对西方乃至全球社会的现实问题的关切构成了哈贝马斯写作此书的背景。

[①] 曹卫东. 曹卫东讲哈贝马斯［M］. 北京：北京大学出版社，2005：6.
[②] 尤尔根·哈贝马斯. 在事实与规范之间：关于法律和民主法治国的商谈理论［M］. 童世骏，译. 北京：三联书店，2003：6.

十三、《在事实与规范之间：关于法律和民主法治国的商谈理论》

---【中心思想】---

在哈贝马斯看来，当代西方社会的问题从根本上来说就是合法性问题。合法性问题并不为现代社会所特有，它是与人类社会相伴产生的，在前现代社会中也存在着合法性问题。概括说来，合法性问题包括两个方面，一是被统治者对现行统治的认同，二是统治者对其统治正当性的阐明。如果这两个方面不能相互协调，便会爆发合法性危机。

合法性危机是哈贝马斯在《在事实与规范之间》所要解决的根本问题。这一问题早在《晚期资本主义的合法性问题》(1973年)中就已提出，而后其在《交往行为理论》中提出的"交往理性"概念进一步为解决合法性危机奠定了理论基础，《在事实与规范之间》可以视为哈贝马斯试图解决合法性危机的系统的理论方案。

哈贝马斯指出，以往的法哲学和政治哲学在法律的合法性问题上总是偏执于事实或规范这二者之一端，从而造成事实与规范在法哲学和政治哲学中的分裂，这正是解决合法性危机的理论障碍。克服这一理论障碍就是要寻求法律在事实与规范之间的平衡，因此，"统合"事实与规范就是《在事实与规范之间》所要解决的具体问题。哈贝马斯提出用程序主义的商谈民主理论来解决法律上的事实性与规范性之间的张力问题，并期待以此实现对资产阶级形式法和社会福利国家这两种社会模式的超越[①]。

此书由前言和九章内容构成，附录中收有哈贝马斯的两篇论文（《作为程序的人民主权》《公民身份和民族认同》）和其1986年在哈佛大学做的"泰纳演讲"（《法律与道德》）。

---【分章导读】---

第一章　作为事实性和有效性之间社会媒介的法律　哈贝马斯认为："在法律理论中，社会学家、法律专家和哲学家就什么是对事实性和有效性之间关系的恰当规定进行争论，取决于他们对这个有争议关系所持的立场，他们接受不同的前提和不同的理论策略。"[②] 据此，哈贝马斯在本章中主要从哲学、

[①] 郑永流. 商谈的再思：哈贝马斯《在事实与规范之间》导读[M]. 北京：法律出版社，2010：2-5.

[②] 尤尔根·哈贝马斯. 在事实与规范之间：关于法律和民主法治国的商谈理论[M]. 童世骏，译. 北京：三联书店，2003：10.

社会学、法学三个层面梳理了事实性与有效性之间的张力这个根本性的问题。

在哲学层面上，哈贝马斯认为，古典的观念论哲学对应于古典的社会学，现代的语言哲学则对应于交往行为理论，从古典的观念论哲学转变到现代的语言哲学是我们理解从古典的社会理论向交往行为理论转变的哲学理论背景。在解决事实性与有效性之间的张力问题上，康德试图通过严格划分本体界和现象界，然后界定出主体的先验的认识、伦理和审美能力来统合二者；黑格尔试图在本质与现象这两个领域的辩证关系中来统合二者；经验主义则试图通过对逻辑与概念关系提供心理主义的说明，将有效性关联同化为意识过程。在哈贝马斯看来，这三种理论都没有注意到社会性的交往实践，都没能真正解决事实性与有效性之间的张力问题。哈贝马斯将皮尔斯的"无界限交往共同体"概念加以普遍化，并运用于日常的交往，从而形成其普遍语用学理论。

在社会学层面上，哈贝马斯认为，诠释性社会学注意到了社会结构和社会运行所需前提的共识的建构性，但不可避免地缺乏规范性；而经验性社会学由于严格限定于经验事实，从而不能认识到社会前提的建构性。哈贝马斯在改造胡塞尔的"生活世界"概念的基础上，提出了一种重构的社会科学。在这里，哈贝马斯主要讨论了三个问题：一是语言如何影响社会，即语言的内部效力如何能延伸至社会领域并成为组织和调控社会不可或缺的决定性力量的问题；二是事实性与有效性之间的矛盾在社会层面的表现形式及其解决方式问题；三是社会领域内的事实性与有效性之间的矛盾如何必然地要用法律手段来解决的问题。

在法律层面上，在法律有效性这个向度中，康德从主观权利出发来解释整个法律体系的有效性。在康德看来，强制性法律存在的合理性仅仅在于其能够阻止对自由的妨害；而实定法认为，合法之法出自法律之颁定的意志。哈贝马斯认为，康德的主张规范性有余而事实性不足，而实定法的观点事实性有余而规范性不足。哈贝马斯进一步阐明了法律有效性所涉及的两个方面：一是"行为的合法律性"，二是"规则本身的合法性"。哈贝马斯认为，"如何在原则上维持交往之不受限制性的同时，使交往行动者已经不堪重负的理解活动摆脱社会整合任务，现代法提供了一种解决问题的机制"[①]，即主观权利的客观化。

---

① 尤尔根·哈贝马斯. 在事实与规范之间：关于法律和民主法治国的商谈理论 [M]. 童世骏，译. 北京：三联书店，2003：46.

第二章　社会学的法律概念和哲学的正义概念　　哈贝马斯指出"在事实性与规范性之间"具有两重含义，一是法律自身的事实性和有效性之间的内在张力，二是社会的事实性与法律的有效性之间的外在张力。在本章中，哈贝马斯主要通过社会学的法律理论和哲学的正义理论分析了社会的事实性与法律的有效性之间的外在张力，这一外在张力表现为法律有效性的理想内容与市场经济、科层行政的功能迫令相互冲突。哈贝马斯认为，社会科学对法律的祛魅和对之反动的理性法传统的回归都不能免于局限性，而应该通过商谈将社会学的法律理论与哲学的正义理论沟通起来。

通过详细考察卢曼的系统论和罗尔斯的正义论，哈贝马斯认为，前者作为一种外在视角，失去了法律的理想性维度；后者作为一种内在视角，失去了法律的现实性维度。在韦伯和帕森斯的启发下，哈贝马斯提出了一种双重视角，"它使我们可以同时从两个角度来看待法：从内在视角出发，郑重其事地重构法的规范性内容；从外在视角出发，把它描述为社会实在的组成部分"[①]。这为他后面以商谈的视角展开的法律重构工作奠定了基础。

在本章的最后，哈贝马斯集中阐述了他的"法律"概念："我把'法律'理解为现代的实定法，它要求作系统的论证、作有约束力的诠释和执行。法律不像后俗或阶段的道德那样仅仅表达一种形式的文化知识，而同时构成社会之建制系统的一个重要成分。法律同时一身兼二任：既是知识系统，又是行动系统。它既可以理解为一种表达规范的语句和解释规范的文本，也可以理解为一种建制，也就是说理解为诸行动规则的复合体。因为动机和价值取向在作为行动系统的法律当中是相互交叉的，所以，法律语句具有一种为道德判断所缺乏的对于行动的直接影响力。另一方面，法律由于其较高的合理性程度而区别于自然长成的建制秩序；在法律当中体现的知识系统，是形成为学理系统的，也就是说，是在科学层面上加以阐发的、是同原则导向的道德彼此交叉的。"[②]

第三章　法律的重构（1）：权利的体系　　哈贝马斯开始着手处理内在于法律的事实性与有效性之间的张力问题。本章是"法律重构"过程的第一步，哈贝马斯首先通过主观权利理论与理性法传统这两个语境澄清了私人自主与

[①] 尤尔根·哈贝马斯. 在事实与规范之间：关于法律和民主法治国的商谈理论[M]. 童世骏，译. 北京：三联书店，2003：54.
[②] 尤尔根·哈贝马斯. 在事实与规范之间：关于法律和民主法治国的商谈理论[M]. 童世骏，译. 北京：三联书店，2003：96.

公民自主的关系，进而解决了合法性源于合法律性这一悖论。哈贝马斯以基于商谈论的"自我立法"观念作为解决内在于法律的事实性与有效性之间的张力的理论进路。在权利理论问题上，他认为人权与人民主权的统一依赖于主体间商谈性意见的形成；在理性法传统问题上，他打破了以往道德和法律的二元论，认为法律和道德的合法性最终都需要指向二者之外的商谈原则。由此，哈贝马斯重构了权利理论，认为合法之法是通过商谈性的法律程序产生的法律，这种立法程序以权利（人权）的体系为建制化条件，并由商谈的公共领域保证其开放性。这样就实现了私人自主与公共自主、人权与人民主权之间内在的统一性。

哈贝马斯以商谈论"重构"的权利体系包括："（1）产生于以政治自主方式阐明对尽可能多的平等的个人自由的权利的那些基本权利"[①]；"（2）产生于以政治自主方式阐明法律同伴的志愿团体的成员身份的那些基本权利；（3）直接产生于权利的可诉诸法律行动的性质和以政治自主方式阐明个人法律保护的那些基本权利"[②]；"（4）机会均等地参与意见形成和意志形成过程——在这个过程中公民行使其政治自主、通过这个过程公民制定合法的法律——的那些基本权利"[③]；"（5）获得特定生活条件——现有状况下公民要机会平等地利用从（1）到（4）所提到的公民权利所必需的、在社会上、技术上和生态上得到确保的生活条件——的基本权利"[④]。

在哈贝马斯看来，他以商谈论重构的这套权利体系，化解了人权与人民主权之间的矛盾关系，提供了"合法性源于合法律性"的正确途径，实现了对以往理论的超越。

第四章　法律的重构（2）：法治国诸原则　　本篇文章是法律重构过程的第二步，哈贝马斯对法治国诸原则进行了商谈论的重构。哈贝马斯认为，"权利的合法性和立法过程的合法化是一回事，一种统治秩序的合法性和政治统治之实施的合法化是另一回事"[⑤]，执法和立法的事实性约束力都来自政治权力。法律和政治权力之间的同源构成要求进行范围更广的合法化，也就是要求国家权力的合法化，这就是法治国观念。

[①②] 尤尔根·哈贝马斯. 在事实与规范之间：关于法律和民主法治国的商谈理论 [M]. 童世骏，译. 北京：三联书店，2003：149.

[③④] 尤尔根·哈贝马斯. 在事实与规范之间：关于法律和民主法治国的商谈理论 [M]. 童世骏，译. 北京：三联书店，2003：150.

[⑤] 尤尔根·哈贝马斯. 在事实与规范之间：关于法律和民主法治国的商谈理论 [M]. 童世骏，译. 北京：三联书店，2003：164.

哈贝马斯认为，法律与政治权力之间有一种构成性联系，法律是交往权力借以转化为行政权力的媒介。政治权力以国家权威的形式体现出来，这种权威的合法性需要以法律形式进行确认，这样，国家权威的合法性就转化为法律的合法性，并需要以立法过程的合法性来进行保障。把法律视为交往权力借以转化为行政权力的媒介，其意义就在于在法律授权的框架内赋权。法治国理念就是要调节交往权力向行政权力的转化。

在哈贝马斯看来，交往权力与商谈的法律制定是交织在一起的，商谈的合法性就保证了法律的合法性。商谈的立法过程包括实用商谈、伦理—政治商谈以及道德商谈三个方面，它们分别解决了法律的合目的性、善和正义的问题。实用商谈是对各种目标所做的合理权衡，伦理—政治商谈是对主体间共享的生活形式进行的勾画，道德商谈是对共同生活中的利益如何无条件地普遍化。从商谈原则的认知和动机的双重意义出发，哈贝马斯认为，合法的立法过程是从实用问题出发，继而经过达成妥协和伦理商谈的分支达到对道德问题的澄清，最后结束于对规范的法律审核的。

根据哈贝马斯的理解，用法治国形式来组织公共权威，即权力实施过程的合法性还需要商谈原则加以建制化。哈贝马斯认为："根据人民主权的原则，一切国家权力都来自人民；在这个原则中，既包含机会平等地参与民主的意志形成过程这种主观权利，也包含公民自决的建制化实践这种客观法的创造可能性作用。这个原则形成了权利体系与民主法治国之上层建筑之间的连接枢纽。从商谈论角度来理解人民主权：（a）导致了对个人权利的全面保护的原则，（b）导致了有关行政部门必须服从法规、必须接受司法和议会对行政的监察的那些原则，（c）以及国家和社会的分离的原则，（d）这个原则应该阻止社会权力不加过滤地、因而不经过交往权力形成过程的闸门就转变成行政权力。"[1] 这些就是哈贝马斯所谓的"法治国诸原则"。据此，一方面，法治国赋予交往自由的公共运用以建制形式；另一方面，法治国给予交往权力向行政权力的转化以规范指导。

第五章　法律的不确定性和司法的合理性　按照哈贝马斯的自述，"一般地讨论司法的合理性问题"[2]，即法律适用的合理性和法律的确定性之间的冲

---

[1] 尤尔根·哈贝马斯. 在事实与规范之间：关于法律和民主法治国的商谈理论 [M]. 童世骏，译. 北京：三联书店，2003：207.

[2] 尤尔根·哈贝马斯. 在事实与规范之间：关于法律和民主法治国的商谈理论 [M]. 童世骏，译. 北京：三联书店，2003：9.

突，这是法律的事实性与有效性之间的内在张力在司法领域的表现。哈贝马斯认为，法官在种种偶然情境下所做出的法律判决，既应该是内部自治的，又应该是可合理接受的，从而同时保证法律的确定性和正确性。在哈贝马斯看来，诠释学、法律现实主义和法律实证主义等所提出的解决这一问题的理论都只专注于以司法判决的事实性去消除法律的不确定性，而未能兼顾法律和司法判决的规范性内容。

为了避免以上三种理论的缺陷，德沃金一方面通过建构性诠释追求法律的融贯性和判决的自治性，另一方面则诉诸整体性来追求判决的规范性理想。在哈贝马斯看来，德沃金的理论为法律商谈的主体间理论提供了思路，但德沃金理论中的整体性思想仅仅是一种法官的"独白式"的个人努力而未能将其他参与者包括在内。哈贝马斯指出，司法合理性问题只有在一种程序主义的法律商谈过程中才能获得解决，这为他在后文中提出的程序主义法律范式铺平了理论道路。

在哈贝马斯看来，法律商谈并不是道德商谈的"特例命题"，法律商谈是独立于道德商谈的。只有建立一种程序主义的、独立于道德商谈的法律商谈理论，才能使司法判决同时具有自治性与合理性，从而有效化解法律的事实性与规范性之间的内在张力。因此，哈贝马斯在扬弃资产阶级形式法范式和福利国家实质法范式的基础上提出了第三种法律范式，即程序主义法律范式。

第六章 司法和立法：论宪法判决的作用和合法性 哈贝马斯主要讨论了宪法判决的合法性问题。

如何在三权分立中间保持平衡，即在满足公平正义需要的同时不危及现代国家的民主合法性基础，是现代民主国家不可回避的问题。这一问题在事实层面则体现为对宪法法院的定位。哈贝马斯试图运用商谈理论解释宪法法院承担的审查立法和行政行为这种实际上补充立法的功能。他首先批判了伯肯弗德对自由主义法律范式的辩护和康德对福利国家的向往等利用国家模式转换视角来分析这一问题的代表性观点，以及德国宪法法院在为其自身进行辩护时采纳的价值秩序学说，进而引出了埃利的程序主义宪法观。但是在哈贝马斯看来，埃利的观点虽然是一种正确的进路，却走向了极端，忽视了民主程序需要规范前提。

在批判了埃利忽视了民主程序需要规范前提的问题后，哈贝马斯提出商谈的程序主义宪法观，即民主立法过程的合法性依赖于程序条件的内在合理性质。

第七章　商议性政治：一种程序的民主概念　"阐发商议性民主的模式，同那些基于经验性权力概念的民主理论的论战，是这章讨论的背景。"① 什么样的民主过程能够产生合法之法，是哈贝马斯在本章所要回答的根本问题。

首先，哈贝马斯分析了用贝克尔经验性民主理论去处理民主规范性问题时的缺陷：由于观察者视角与参与者视角之间无法进行转译，所以，以贝克尔为代表的经验性民主理论最终无法说明人们为什么愿意参与民主过程，即民主的规范性问题。

然后，哈贝马斯转向规范性民主理论，他不认同自由主义和共和主义所采取的主体性哲学，而试图对民主过程进行主体间性的诠释，因此，他重构了一种与自由主义和共和主义不同的双轨商议性民主理论，即以主体间性的商谈程序作为民主过程的核心，以程序的中立性保障结果的公平性和可接受性，并以非中心的社会观取代以国家为中心的社会观。哈贝马斯认为，由于政治过程的社会事实性中已经包含了理想内容，所以尽管这个程序概念中含有理想的成分，也不会与社会现实产生矛盾和对立。相反，这种双轨商议性政治理论突出了程序性民主过程对普通公共领域的依赖性和对合理化生活世界的依赖性。

最后，面对"现代的、动态的、多元的"社会，社会复杂性对商谈性民主理论的挑战，哈贝马斯对民主过程进行了社会学转译。受达尔理论的启发，哈贝马斯获得了一个社会学视角，他认为在商谈性民主观下，法治国原则和民主程序的建制化具有降低社会复杂性和保证民主规范性的作用。

第八章　市民社会和政治公共领域的作用　本章是第七章内容的深化，哈贝马斯在本章中主要探讨了"复杂社会中对权力运行的法治国调节是如何起作用的"②。他通过批判诸多"现实主义"的民主理论，否定了那种仅仅从事实出发的民主进路，认为商谈民主才是唯一可行的民主模式，并提出了以公共领域作为先决条件的商议性政治的政治权力循环模式。

在哈贝马斯看来，民主的"现实主义"诸理论在社会整合功能上都存在不足之处：多元主义理论建立在"社会权力在有关的社会利益之间或多或少

---

① 尤尔根·哈贝马斯. 在事实与规范之间：关于法律和民主法治国的商谈理论 [M]. 童世骏，译. 北京：三联书店，2003：9.
② 尤尔根·哈贝马斯. 在事实与规范之间：关于法律和民主法治国的商谈理论 [M]. 童世骏，译. 北京：三联书店，2003：9.

是平等分配的"① 这个虚构的事实假定基础之上；精英理论无法保障"非精英"的利益；理性选择理论（经济学的民主理论）不能摆脱"合理选民悖论"；系统理论则无力摆脱"孤独症"。为了将"规范性"要素囊括进来，埃尔斯特与韦尔克分别对理性选择理论与系统理论进行了修正。但埃尔斯特在"理性选择"的框架内并不能把规范性要素（共识）与该理论中原有的经验性要素（利己行动）协调起来；韦尔克的"监督性国家"理论也不能有效实现系统间平衡，从而为全社会整合提供规范性意义。哈贝马斯认为，若要对前述理论进行修正，就必须转向商议性民主（政治）理论。

通过对前述诸理论的批判性反思，在彼得斯的启发下，哈贝马斯提出了一种商议性政治的"政治权力的循环模式"，其成功运转依赖于一种经验上的先决条件，即一种充满活力的、扎根于生活世界、具有提出和提炼问题的能力的公共领域的存在。在哈贝马斯看来，这种商议性政治的"政治权力的循环模式"能够连接法治国的规范理想与当代西方的社会现实。

第九章　法律的范式　在本章中，哈贝马斯首先考察了在私法一些领域中的法的实质化过程和基本权利的社会福利转向，并引出了法律范式自觉发展的概念，然后以女性主义的平等政治为例，阐述了法律平等和事实平等的辩证法，最后探讨了法治国的危机以及程序主义的法律观所涉及的在复杂社会中民主法治国如何扩展的问题。哈贝马斯为全书得出的结论是：法的商谈论有助于引入一个程序主义的法律范式，这种范式，将走向对资产阶级形式法和社会福利国家这两种社会模式之间对立的超越。

哈贝马斯认为，和所有其他范式一样，程序性的法律范式也具有规范的和描述的两种成分，它是一个不同范式相互争论的结果。程序主义法律范式要求"实现权利体系所需要的社会基础之建成，既不依靠自发运作的市场社会的力量，也不依靠有意运作的福利国家的措施，而是依靠产生于市民社会和公共领域、通过民主程序而转化为交往权力的交往之流和舆论影响"②。因此，培育自主的公共领域、扩大公民参与、约束传媒的权力、消解国家化的政党的中介作用，对于程序主义法律范式来说都是具有核心意义的。程序主义法律范式不会像自由主义法律范式和福利国家法律范式一样去偏袒一种特

---

① 尤尔根·哈贝马斯. 在事实与规范之间：关于法律和民主法治国的商谈理论［M］. 童世骏, 译. 北京：三联书店, 2003：412.
② 尤尔根·哈贝马斯. 在事实与规范之间：关于法律和民主法治国的商谈理论［M］. 童世骏, 译. 北京：三联书店, 2003：543.

定的社会理想，或者一种特定的良好生活的设想，甚至是一种特定的政治选择。程序主义法律观包含着一个独断的核心，即自主性的观念。根据这个观念，人们服从法律实际上就是一种作为自由的主体的行动，因为法律是他们根据其主体间地获得的洞见而自己制定的。

【意义与影响】

第一，此书是哈贝马斯在法哲学方面研究的集大成之作，也是他的第一部法哲学专著。1992年，此书的德文原版问世；2003年，此书的中译本问世。有学者评论，哈贝马斯这部著作是专业哲学家向法哲学家转变的产物，是法兰克福学派批判理论的第一个成熟的法哲学。也有学者认为，此书已经使哈贝马斯成为美国法律理论议论的中心。在罗森费尔德教授看来，该书"是一部纪念碑式的著作。它为当今法理学、立宪理论、社会理论及民主理论中的主要议题提供了重要思路"[1]；美国学者戴维·M.拉斯穆森认为，这部著作在某种程度上是哈贝马斯所有著作中的精品。因此它一问世，就引起了极大的反响。

第二，哈贝马斯的法律合法性思想继承并发展了西方马克思主义传统，主要表现在：发展了西方马克思主义"强制与同意"论题，扬弃了法兰克福学派实证主义批判传统，重构了西方马克思主义理性观。哈贝马斯是一位"百科全书式""体系式"学者，其法律合法性思想是在吸收、融合多种理论资源的基础上，对发达资本主义国家法律现实的思考。因此，在研究哈贝马斯的法律思想时，不应忽视西方马克思主义传统对他的影响，从某种程度上来说，哈贝马斯的法律合法性思想是对西方马克思主义传统的扬弃和发展。哈贝马斯关于法律的事实有效性与规范有效性的探讨，反映到哲学层面上，就是对事实与价值关系的探讨。哈贝马斯的理论为打破事实和价值之间的鸿沟，弥合资本主义发展过程中法律事实与价值认同之间的分裂，发挥法的社会凝聚功能等提供了建设性的意见和建议[2]。

第三，哈贝马斯的商谈论的程序主义法律范式是在西方的语境中提出的，他的法律理论既不是"实证"的，也不是"建构"的，而是"重构"的。哈贝马斯从西方当代政治经过西方宪政传统一直追溯到人类的语言实践，因而

---

[1] 吉达珠.法律的合法性危机及哈贝马斯的法政治学理论：解读《在事实与规范之间》[J].中国社会科学院研究生院学报，2006（5）.

[2] 任岳鹏.哈贝马斯法律合法性思想与西方马克思主义传统之关联[J].北方法学，2010（6）.

既植根于特殊的西方语境,又带有超越西方语境的普遍主义色彩。这层普遍主义色彩引起了很多争议。另外,哈贝马斯高估了沟通共同体的权力,也低估了权力对于沟通共同体的影响、渗透和侵蚀。有论者认为,尽管哈贝马斯对现代西方社会法律的规范性问题做出了深刻的分析,在法学和政治学之间重新构建了理论通道,但在复杂的现实社会中的法律规范要满足哈贝马斯的法律理论所给定的合法性要求的可能性不大。不可否认,哈贝马斯关于法律有效性和事实性之间张力问题的分析是十分深刻的,其论证思路也相当缜密,且具有很强的理论说服力,但理论的逻辑不等于事实的逻辑,在现实的法律实践中,哈贝马斯关于消解事实性和有效性之间张力的条件过于理想化了。这也是人们对哈贝马斯的理论颇有微词的地方,认为其过于乐观、理想化而脱离了现实。纵观人类社会的实践,由于法律语言的情境性和模糊性特征、成文法立法的局限性、代议制立法的缺陷以及法律的规范有效性评价标准多元且这些标准本身无法证成等原因,法律的事实性和有效性之间的张力无所不在,真正消解二者之间的张力几乎是不可能的。法律的事实有效性和规范有效性之间的张力看似矛盾,其实是一种不可避免的正常现象,是法律在社会中运行的本来面目[①]。

第四,哈贝马斯的法哲学虽然被一些学者批评为一种乌托邦式的构想,但实质上是对西方社会出现的政治、经济、社会问题,尤其是体现在法律领域的合法性、人权、自由、平等及法治国危机等重大的法哲学问题的回应与反思。其理论虽然充满着德国式的思辨性且文风艰涩,极其难读,但绝不能视之为一种学院式的空谈。哈贝马斯提出的所谓"商谈的民主理论"和"程序主义的法律范式",有助于我们思考什么是有中国特色的社会主义法治国家以及如何建设有中国特色的社会主义协商民主。虽然哈贝马斯的民主和法治理论主要关照的是西方社会,但他所面向的是所有进入了现代社会的国家,他所继续的是现代理性启蒙的"未竟事业",他所追求的是由马克思开启并由法兰克福学派所继承的解放全人类的宏伟目标。他对目的理性的批判、对自由主义的反思以及对共和主义的超越,对于中国的现代化路径选择具有警示作用;他所指出的现代国家的潜在危机,如权力与金钱对于生活世界的宰制,法律合法性的缺失以及私人自主与公共自主缺乏保障等,并不是仅仅属于西

---

① 张翠松. 法律的事实有效性与规范有效性之间的张力及其不可消解的原因:兼评哈贝马斯的《在事实与规范之间》[J]. 云南大学学报(法学版),2010(2).

方;他对基本人权和宪法原则在法治国家中基础地位的强调,对于公共领域民主的强调以及对于生活世界在社会中基础作用的强调,对于中国法治的发展方向也具有启发意义;他主张通过主体互动和人际协商达成共识,通过合理的程序和论证理由的力量获得实体结果,通过对道德和伦理的重新界分实现对普遍性与特殊性的整合与超越,通过民主过程产生合法之法把主观权利与客观法联结起来,把私人自主与公共自主联结起来,把个人人权与人民主权联结起来,把系统与生活世界联结起来,把主权国家与世界政府联结起来,把国家法与人类法联结起来,在人际互动性商谈中和人类自主的渐进性努力中,通过民主和法治实现自由和获得解放,所有这一切对于中国的当下和未来发展也具有建设性的参考价值[①]。

【原著摘录】

第一章 作为事实性和有效性之间社会媒介的法律 P1—52

P4—5 交往理性之区别于实践理性,首先是因为它不再被归诸单个主体或国家—社会层次上的宏观主体。相反,使交往理性成为可能的,是把诸多互动连成一体、为生活形式赋予结构的语言媒介。这种合理性是铭刻在达成理解这个语言目的之上的,形成了一组既提供可能又施加约束的条件。任何人,只要用自然语言来同他的对话者就世界中某物达成理解,就必须采取一种施为的态度,就必须承诺某些前提。别的不说,他必须从这样的前提出发:参与者应该无保留地追求他们的语内行动目的,他们的同意是同对于可批判的有效性主张的主体间承认相联系,并表现出准备承担来自共识的那些同以后交往有关的义务。那包含在说话之有效性基础中的东西,也传达给了通过交往行动来再生产的生活形式。交往合理性表现在由诸多先验地提供可能和建造结构的弥漫性条件所构成的一种非中心化背景之中,但它绝不是那种告诉行动者应该做什么的主观能力。

P6 交往理性不像古典形式的实践理性那样是行动规范的源泉。它只是在如下意义上才具有规范性内容:交往行动者必须承担一些虚拟形式的语用学前提。也就是说,他必须预设某些理想化——比方说,赋予表达式以同一的意义,为所说的话语提出超越情境的有效性主张,承认对话者具有对己对人的责任能力,也就是自主性和真诚性。由此,交往行动者被置于具有一种

---

① 高鸿钧. 通过民主和法治获得解放:读《在事实与规范之间》[J]. 政法论坛,2007 (5).

弱的先验力量的"必须"之下，但他并没有因此而面临一种行动规则的规范性"必须"，不管它是否能够从义务论角度还原为道德命令之应然有效性，或从价值论角度还原为一组优选价值，或从经验角度还原为技术性规则的有效作用。一套不可避免的理想化构成了事实性的理解实践的虚拟基础，这种理解实践能够批判性地针对自己的结果，因而能够超越自己。这样，理念和现实之间的张力就闯入了语言地构成的生活方式的事实性本身之中。交往的日常实践由于其理想化的预设而对自己提出了过高要求，但只有根据这种内在超越性，学习过程才有可能进行。

P6-7　因此，交往理性使得一种对有效性主张的取向成为可能，但它本身并没有给实践性任务的完成提供有确定内容的导向——它既不提供具体信息，也不直接具有实践意义。它一方面包罗了全部的有效性主张——对于命题之真实、主观上的真诚和规范上的正当的有效性主张，因此而超越了道德—实践问题领域。另一方面，它涉及的仅仅是洞见——仅仅是论辩性地澄清在原则上可以通达的那些可批判性表达，就此而言，它仍然赶不上那旨在形成动机和指导意志的实践理性。作为行动之义务性导向的规范性，并不与以理解为取向的行动的合理性完全重合。规范性和合理性仅仅在对道德洞见进行论证的领域里才是彼此重合的。这些洞见之获得是通过采取假设性态度，只具有弱的合理推动力量，至少它们本身是无法担保从洞见到落实动机之行动之间的转化的。

P37-38　法律有效性涉及这样两方面：一方面是根据其平均被遵守情况来衡量的社会有效性，另一方面是对于要求它得到规范性接受的那种主张的合法性。这种双重关联使得法律共同体成员面对同一条规范时可以或者选择一种客观化态度，或者选择一种施为性态度，并采纳相应的理解方式。对于那些取向于自己成功的行动者的意志来说，在对法律命令之施行的期待中，规则构成了一种事实性的障碍——它意味着规则被违反时所带来的可计算后果。相反，对于一个希望与其他行动者就各自行动之成功所要求共同满足的条件达成理解的行动者来说，规则，连同其规范性的有效性主张，以及对其进行批判性考察的可能性，则形成了对他的"自由意志"的约束。存在着这些选择可能，并不意味着把那些从行动者角度出发仍然无法统一的环节混淆起来。因为，取决于所选择的视角，法律规范性呈现为不同的情境部分：对策略性行动者来说，它处于社会事实的层次，从外部限制了他的选择空间；对交往行动者来说，它处于义务性的行为期待的层次，对于这种期待，他假定法律共同体成员之间是有一种合理推动的同意的。因此，行动者对于一种在法律上有效的规定可以采取不同的观点，或者是把它的地位看作是具有可预见之后果的事实，或者是归诸它一种规范性行为期待的义务论上的约束性。这样，规范的法律有效性——关键就在这里——的意思是，两个东西在同时得到保障：一方面是行为的合法律性，也就是必要时借助于制裁来强制实施的对规范的平均遵守，另一方面是规则本身的合法性，它使任何时候出于对法律的尊重而遵守规范成为可能。

第二章　社会学的法律概念和哲学的正义概念 P53—102

P96　我把"法律"理解为现代的实定法，它要求作系统的论证、作有约束力的诠释和执行。法律不像后俗或阶段的道德那样仅仅表达一种形式的文化知识，而同时构成社会之建制系统的一个重要成分。法律同时一身兼二任：既是知识系统，又是行动系统。它既可以理解为一种表达规范的语句和解释规范的文本，也可以理解为一种建制，也就是说理解为诸行动规则的复合体。因为动机和价值取向在作为行动系统的法律当中是相互交叉的，所以，法律语句具有一种为道德判断所缺乏的对于行动的直接影响力。另一方面，法律由于其较高的合理性程度而区别于自然长成的建制秩序；在法律当中体现的知识系统，是形成为学理系统的，也就是说，是在科学层面上加以阐发的、是同原则导向的道德彼此交叉的。

P97—98　从交往行动理论的角度来看，我们可以说，法律这个行动系统，作为一个已经具有反思性的合法秩序，属于生活世界的"社会"这个成分。这个成分只能与文化和人格一起通过交往行动之流而得到再生产，同样，法律行动也构成一个媒介，法律建制、主体间分享的法律传统、解释和遵守法律规则的能力，同时都是通过这个媒介而得到再生产的。作为社会这个成分的一部分，这些法律规则构成较高层次的合法秩序；但是它们作为法律符号体系、作为通过法律社会化而获得的能力，也体现在另外两个生活世界成分之中。所有这三个成分都同源地参与法律行动的产生。法律包括所有取向于法律的交往，为此法律规则反思地指涉直接在建制化过程中实现的社会性整合功能。但是，法律代码不仅仅同生活世界的旨在社会性整合的理解功能借以实现的日常语言媒介相联系，它还赋予来自生活世界的信息以一种能为权力导控之行政和货币导控之经济的专业代码所理解的形式。就此而言，法律语言，不同于局限于生活世界领域的道德交往，可以起全社会范围内系统和生活世界之间交往循环之转换器的作用。

第三章　法律的重构（1）：权利的体系 P103－163

P139－140　法是一身兼二任的东西：它既是知识系统，又是行动系统；它不仅可以被理解为一个规范语句和规范诠释的文本，也可以被理解为建制，也就是一套行动规则。因为动机和价值取向在作为行动系统的法当中是彼此交错在一起的，所以，法的语句具有道德判断本身所缺少的直接的对于行动的影响。另一方面，法的建制也因为其相对较高的合理性而区别于自然长成的建制秩序；因为在法律建制中，一种经过学理上推敲、同受原则引导的道德密切相联系的知识系统，取得了确定的形式。因为法以这种方式同时在文化和社会的层面上被确定下来，它能够抵消一种主要作为知识而出现的理性道德的弱点。

第四章　法律的重构（2）：法治国诸原则 P164－239

P207　根据人民主权的原则，一切国家权力都来自人民；在这个原则中，既包含机会平等地参与民主的意志形成过程这种主观权利，也包含公民自决的建制化实践这种客观法的创造可能性作用。这个原则形成了权利体系与民主法治国之上层建筑之间的连接枢纽。从商谈论角度来理解人民主权：（a）导致了对个人权利的全面保护的原则，（b）导致了有关行政部门必须服从法规、必须接受司法和议会对行政的监察的那些原则，（c）以及国家和社会的分离的原则，（d）这个原则应该阻止社会权力不加过滤地、因而不经过交往权力形成过程的闸门就转变成行政权力。

第五章　法律的不确定性和司法的合理性 P240－295

P240　所谓法律范式，我指的是一个法律共同体关于如下问题的代表性观点：权利体系和法治国原则可以怎样实现于一特定社会的直观语境之中。

P246　司法的合理性问题就在于：一种偶然地产生的法律的运用，如何才能既具有内部自洽性又具有合理的外在论证，从而同时保证法律的确定性和法律的正确性呢？

第六章　司法和立法：论宪法判决的作用和合法性 P296－357

P316　规范和价值的区别首先在于它们所指向的行动一个是义务性的，一个是目的性的；其次在于它们的有效性主张的编码一个是二元的，一个是逐级的；第三在于它们的约束力一个是绝对的，一个是相对的；第四在于它们各自内部的连贯性所必须满足的标准是各不相同的。规范和价值这些逻辑属性上的区别，导致了它们在运用中的重要区别。

第八章　市民社会和政治公共领域的作用 P410－483

P444－445　公共领域当然像行动、行动者、团体或集体一样是一种基本的社会现象，但它是无法用表示社会秩序的那些常用概念来把握的。公共领域不能被理解为建制，当然也不能理解为组织，它甚至也不是具有权能分化、角色分化、成员身份规则等的规范结构。它同样也不表现为一个系统；虽然它是可以划出内部边界的，对外它却是以开放的、可渗透的、移动着的视域为特征的。公共领域最好被描述为一个关于内容、观点，也就是意见的交往网络；在那里，交往之流被以一种特定方式加以过滤和综合从而成为根据特定议题集束而成的公共意见或舆论。像整个生活世界一样，公共领域也是通过交往行动——对于这种行动来说，掌握自然语言就足够了——而得到再生产的；它是适合于日常交往语言所具有的普遍可理解性的。我们对生活世界的熟悉，起的作用是简单互动的贮水池；生活世界之内分化开来的专门的行动系统和知识系统，也仍然同这些简单互动保持联系。这些系统或者（如宗教、学校、家庭）同生活世界的一般的再生产功能相联系，或者（如科学、道德、艺术）同以日常语言交往的知识的各种有效性方面相联系。但公共领域在这两个方面都没有专门化；就其涉及同政治有关的问题而言，它把这种专门化的处理留给政治系统去进行。公共领域的特征毋宁是在于一种交往结构，它同取向于理解的行动的第三个方面有关：既不是日常交往的功能，也不是日常交往的内容，而是在交往行动中产生的社会空间。

第九章　法律的范式 P484－556

P506　一种法律秩序之为合法的程度，确实取决于它在多大程度上确保其公民的私人自主和政治公民自主这两种同源的地位；但与此同时，它之所以具有合法性，也是归功于交往的形式——只有通过这种形式，这两种自主才得以表达和捍卫。这是一种程序主义法律观的关键。在私人自主的形式法保障被证明为不充分之后，在通过法律进行的社会导控同时危害了它本来要恢复的私人自主之后，唯一的出路是重视那些同时保障私人自主和公共自主之形成条件的交往形式，研究它们之间的相互关联。

P547　这个法律范式不再像自由主义法律范式和福利国家法律范式那样偏袒一种特定的社会理想，一种特定的良好生活的设想，甚至是一种特定的政治选择。因为它是在如下意义上而成为"形式的"：它仅仅指出，在哪些必要条件下，法律主体以政治公民的身份可以就他们要解决的问题是什么、这些问题将如何解决达成理解。当然，与程序性法律范式相联系的是这样一种自我期待：不仅要形成作为专家同法律打交道的精英们的自我理解，也要形成所有参与者的自我理解。但这种期待绝没有思想灌输的意思，绝没有什么全权主义的含义——万一有人再次提出那个牵强附会但一再针对商谈论而提出的指责。因为，根据这个范式自己的条件本身，它自己也是处于讨论过程之中的：它可能影响每人可以在其中合作地、以各自方式参与对宪法之诠释的前理解视域的形成，在同样的程度上，社会情境中每一个被感受到的历史变化，也必须被理解成要求对这个范式性法律观本身进行重新考察的挑战。当然，这个法律观，就像法治国本身一样，包括一个独断的核心——自主性的观念，根据这个观念，人类只有当他们所服从的法律也就是他们根据其主体间地获得的洞见而自己制定的法律的时候，才是作为自由的主体而行动的。这个观念之为"独断的"，当然只是在一种无害的意义上。因为它表达了事实性与有效性之间的一种张力，这种张力是随着社会文化生活形式的语言构成的事实而"被给定的"，也就是说，对我们来说，对已经在一种这样的生活形式中形成自己认同的我们来说，它是不可避免地给定的。

【参考文献】

[1] 曹卫东. 曹卫东讲哈贝马斯 [M]. 北京：北京大学出版社，2005.

[2] 童世骏. 批判与实践：论哈贝马斯的批判理论 [M]. 北京：三联书店，2007.

[3] 高鸿钧. 商谈法哲学与民主法治国 [M]. 北京：清华大学出版社，2007.

[4] 郑永流. 商谈的再思：哈贝马斯《在事实与规范之间》导读 [M]. 北京：法律出版社，2010.

[5] 童世骏. "事实"与"规范"的关系：一个哲学问题的政治—法律含义 [J]. 求是学刊，2006（5）.

[6] 张翠松. 法律的事实有效性与规范有效性之间的张力及其不可消解的原因：兼评哈贝马斯的《在事实与规范之间》[J]. 云南大学学报（法学版），2010（2）.

[7] 张晓. 公众交往的内在困惑：哈贝马斯政治思想再思考 [J]. 南京工业大学学报，2013（2）.

[8] 任岳鹏. 哈贝马斯法律合法性思想与西方马克思主义传统之关联 [J]. 北方法学，2010（6）.

［9］高鸿钧. 通过民主和法治获得解放：读《在事实与规范之间》［J］. 政法论坛，2007（5）.

［10］吉达珠. 法律的合法性危机及哈贝马斯的法政治学理论：解读《在事实与规范之间》［J］. 中国社会科学院研究生院学报，2006（5）.

十四、《为承认而斗争》

[德] 阿克塞尔·霍耐特 著
胡继华 译
上海人民出版社，2005 年

─── 【作者简介】 ───

阿克塞尔·霍耐特（1949—　）德国著名社会理论家，法兰克福学派第三代重要代表人，歌德大学社会学研究所所长，国际黑格尔研究学会会长。霍耐特1949年7月18日出生于德国北部城市埃森，曾在波恩、波鸿、柏林和慕尼黑学习哲学、社会学和日耳曼语言文学。1982年获得博士学位。1984年到法兰克福大学做哈贝马斯的助手。1990年通过教授资格考试，到康斯坦茨大学哲学系任教。1996年应聘到法兰克福大学担任社会哲学教职。2001年，担任法兰克福大学社会研究院负责人。自2011年起，同时担任纽约哥伦比亚大学哲学院人类学教授。代表著作有《权力的批判》（1986年）、《为承认而斗争》（1992年）、《自由的权利》（2013年）等。

─── 【写作背景】 ───

阿克塞尔·霍耐特是哈贝马斯的得意门生，他一方面继承和发扬了哈贝马斯的合理沟通行为理论，强调一切社会批判都必须把合理沟通当作首要标准和基本手段，另一方面又深入吸收美国社群主义政治哲学的研究成果，并采用美国社会学家米德的象征互动论的研究方法，试图建构一个以各主体间相互"承认"为基础的合理社会。阿克塞尔·霍耐特把哈贝马斯的沟通行为理论同法国解构主义思想家福柯等人对当代社会文化的批判理论结合起来，创建一种新型的"承认理论"，集中批判当代社会权力运作的策略，试图努力扩展公民政治权利的合法性功效。《为承认而斗争》是霍耐特的代表作，该书是基于他的教授资格论文修订而成的，其目的是要根据黑格尔"为承认而斗争"的模式，阐明一种具有规范内容的社会理论。在霍耐特看来，要在后形而上学的视野中重构批判理论的规范，克服社会批判哲学的内部危机，弘扬法兰克福学派的批判精神，延续社会批判哲学的大业，就必须将规范性和经验性结合起来，继续重构在第一代批判理论家那里被淡化的规范。在本书中，霍耐特所做的便是返回早期的黑格尔，在那里寻找重构规范的思想资源。

【中心思想】

如果说《权力的批判》标志着霍耐特承认理论的萌芽，阐释了批判理论向"承认理论转向"的必要性，那么，《为承认而斗争》则标志着霍耐特承认理论的基本成型。霍耐特在《为承认而斗争》一书中从对黑格尔的论证结构进行系统的重建出发，通过对黑格尔和米德理论的继承、发展以及创造性重构，详细阐述了承认理论，提出了三种主体间的承认形式以及相对应的三种蔑视形式，并认为蔑视的存在是为承认而斗争的社会动力学基础。

本书除导言外，分为三个部分，共九章。第一部分是对黑格尔原始观念的历史回顾，在这一部分中，霍耐特对黑格尔的论证结构进行了系统的重建，由此区分出三种承认的形式。第二部分是对社会承认关系结构的分析，以米德的社会心理学为依托，推动黑格尔理念的经验转型。在论证主体间的承认模式——爱、法律和团结之后，相对应地讨论了个体的同一性与蔑视，即社会斗争的道德动机——强暴、剥夺权利和侮辱。第三部分是根据第二部分得出的社会批判理论的观念，继续探讨相互承认关系内部所固有的规范要求。探讨分为三个方向。首先，是通过对理论历史的线索的再次追溯，探明自黑格尔以来，哪些思想家也提出了用以解决类似冲突模式的思想方法；在此基础上，揭示蔑视经验的历史意义，以便充分揭示社会冲突的道德逻辑。在霍耐特看来，这样一种模式，只有在它的规范参照点得以明确之后，才能被发展为一种批判框架，用来解释历史发展过程。因而，第三个方向则是对以承认理论为基础的伦理概念的描述。

全书的论证逻辑围绕承认与蔑视展开。霍耐特所说的"承认"包含三个主要的层面：第一，是个人间的相互承认，指的是个人间相互尊重彼此的平等身份；第二，指的是个人与社会整体的相互承认，强调个人对自己所自愿确认的社会的承认以及社会对其各个平等的成员的基本权利的确认，在这个领域中，实现合理的承认就意味着合理实现个人的社会化和社会整合化；第三，指的是掌握权力的不同层面的社会机构对于个人身份的尊重以及各种权力的正当性地位的确立，在这个意义上的承认，就意味着个人与社会权力的相互承认关系。他承认的这三种形式中，每一种形式都包含着一种冲突的潜在动机。

与之相对应的是蔑视的三种形式，每一种蔑视都是激发社会冲突的行为动机。承认关系一旦遭到否定或破坏，蔑视则随之产生，继而出现社会个体在主体间无法获得承认的自我理解，自我自主和自由受到限制或伤害。强暴是对个人自主控制肉体权利的剥夺。它深深地扎根于那些肉体虐待的经验中，摧毁着一个人的基本自信，强暴直接伤害了主体的肉体完整性，强制地剥夺了主体支配其肉体的自由。剥夺权利是蔑视的第二种形式，意味着共同体的一员被剥夺了平等参与制度秩序的权利，即剥夺权利使个体作为共同体完全成员的资格被剥夺或被限制了。侮辱是主体认同所遭遇的第三种蔑视形式，主要包括人格侮辱和心灵伤害，即个体的社会价值受到否定性的对待。个体遭遇的蔑视形式，摧毁个体的基本自信，伤害个体的道德自尊和剥夺个体的自豪感，使个体处于非承认或不承认的处境中，进而导致冲突。

在霍耐特看来，在人类文明的演进过程中，处于社会交往关系中的人们总是不断追求着相互之间的承认，而社会斗争和社会冲突的道德动机都源于蔑视体验，即主体间的相互承认关系遭到破坏。蔑视作为承认的否定等价物，强暴、剥夺权利和侮辱都不仅伤害着个体的自我实现，而且也伤害着社会再生产的正常进行。然而，蔑视作为否定性的经验，仍然具有两方面的积极作用：其一，促使社会个体意识到被破坏的潜在的承认形式；其二，蔑视的三种形式促使主体意识到对承认的依赖关系，并为承认而斗争。当主体的自信、自尊和自豪受到破坏，随之遭遇到心理死亡、社会死亡和心灵伤害时，将带来交往危机，使主体认识到构建理想自我的承认形式，并在其召唤下产生为承认而斗争的道德动机。

──【原著导读】────────────────────────

第一部分　历史回顾：黑格尔的原始观念　霍耐特首先回顾了黑格尔的原始观念。在霍耐特看来，黑格尔终其一生都在他的政治哲学中致力于消除康德的个人自主概念中纯粹的、应然要求的特征，正是在对由此提出的问题的解答过程中，早期的黑格尔粗略地勾画出了一种"为承认而斗争"的方案。基于这个背景认识，霍耐特首先讨论了现代社会哲学的基础，即自我持存的斗争。霍耐特认为，社会生活被描述为自我持存的斗争关系标志着现代社会哲学正式进入思想史。这种观念起源于马基雅维利。在马基雅维利那里，"按照这种观念，主体和政治共同体一样，在一种永恒的利益冲突中互相对立"①。而在霍布斯的著作中，永恒的利益发展成为契约论论证国家主权的首要根据。霍耐特认为，古典政治学说的核心内容在中世纪后期失去了其巨大的说服力是新的"自我持存的斗争"的思想模式出现的理论背景，在古希腊城邦或古罗马公民社会的伦理共同体中，人类本质的社会性质才得到确立；中世纪后期开始的社会结构转型，使古典政治学的个体的实践与德行的伦理秩序这两个理论要素变得可疑，并从根本上剥夺了它们的精神力量，由此导致古典政治学向现代社会理论的转变。在霍耐特看来，马基雅维利与霍布斯对现代社会哲学的推进在于"他们都把主体为自我持存而斗争作为理论分析的关键，所以，他们必然同时要强调政治实践的终极目的就是不断结束这种威胁性的冲突"②。而黑格尔在他青年时期的政治哲学著作中，利用霍布斯个体间斗争的思想模式来反对现代社会哲学把国家行为还原为目的理性的权利运用，由此决定了他耶拿时期著作的特点。

黑格尔耶拿时期的政治哲学著作，在霍耐特看来，主要是在主体间性的关系中探讨犯罪与伦理。在反思康德，阅读柏拉图和亚里士多德，接受应该政治经济学的理论背景下，黑格尔获得了这样的观念：要建立一种哲学社会学，首先要克服原子论的迷雾给现代自然法传统带来的桎梏，首先要做的则是以主题间的社会关系范畴取代原子论的基本概念。黑格尔认为，"任何一种社会哲学理论主要不是来自孤立主体完成行为的过程，而是来自伦理的约束，因为主体总是已经活动在伦理约束的框架之中"③。由此，人类社会化的一种自然基础就是假定一种永远呈现着主体间共存的基本要素的处境。在确定了基本观念之后，黑格尔需要说明的是社会共同体初级转变和扩展为更加完善的社会互动关系的过程，为了回答这种力量提出的问题，黑格尔回到亚里士多德和费希特那里寻找思想材料。他从亚里士多德的本体论中借用了"目的"

---

① 阿克塞尔·霍耐特. 为承认而斗争 [M]. 胡继华，译. 上海：上海人民出版社，2005：11.
② 阿克塞尔·霍耐特. 为承认而斗争 [M]. 胡继华，译. 上海：上海人民出版社，2005：14.
③ 阿克塞尔·霍耐特. 为承认而斗争 [M]. 胡继华，译. 上海：上海人民出版社，2005：19.

概念，将人类精神历史理解为一种冲突过程，将社会生活中的伦理理解为自然伦理中固有道德潜能逐渐普遍化的过程。而在费希特那里，黑格尔借用的是他的"承认"理论，目的则是用来描述伦理关系的内在结构。基于对这些理论材料的重新理解与对霍布斯模式的重新解释，黑格尔提出了一种新的社会斗争理论，按照这种理论，主体间的实践冲突可以被理解为发生在社会生活关系中的一个伦理的活动环节，由此，道德张力领域和平息道德紧张的社会媒介都被涵盖在这一理论中。这一理论最早表现在黑格尔耶拿时期的著作中，这一系列的第一部著作是《伦理体系》，在其中，黑格尔以个体间的相互承认取代了霍布斯的一切人对一切人的斗争，并从承认的基本形式为解释的出发点，将承认的基本形式概括为"自然伦理"。"直到哲学最初的承认关系遭到各种斗争的破坏，而这些斗争形式被认为是一种中介状态，并被统称为'犯罪'，一种社会整合状态才浮现出来，它在形式上可以理解为纯粹伦理的有机关系。"[①] 在这一时期，黑格尔将承认划分为两个阶段，第一阶段是父母与子女的关系，它代表了人类普遍的互惠行为和成长教育，在其中，主体因生命力和情感上的需要而彼此承认，而个体人格的构成要素是实践情感。对情感一体化的扬弃是内在的必然结果，扬弃的结果则是承认的第二阶段。在这一阶段，主体作为合法要求的承担者互相承认，并因此将对方塑造为物主。主体在交换过程中作为个人互相联系，被授予对交换进行表达的形式权利。《伦理体系》表明，黑格尔将不同的斗争与承认的两种自然形式对立起来。在此后的社会哲学中，黑格尔想把承认的斗争从一个伦理阶段引向下一个阶段。在这一时期，黑格尔的分析重点是从理论上把破坏行为解释为犯罪的表现，揭示来自社会生活的内在斗争过程。这一分析的结果是，黑格尔将犯罪当作一种不完整的承认状态。黑格尔对这一结果并不满意。在对犯罪的循序渐进的研究中，黑格尔将承认的两个阶段扩展为三个阶段，将承认划分为三种形式。依据形式在实践确认的方式和对象上的不同，制度和样态的不同，此时黑格尔的承认理论就可以表示为：

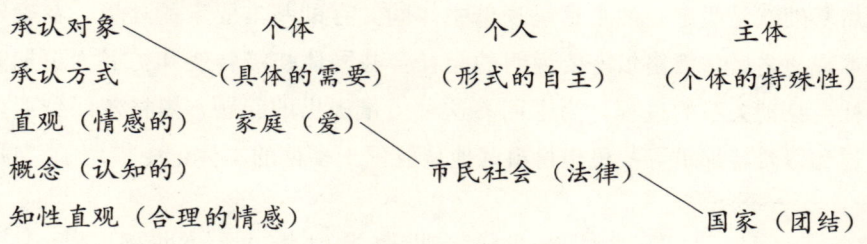

承认对象	个体	个人	主体
承认方式	（具体的需要）	（形式的自主）	（个体的特殊性）
直观（情感的）	家庭（爱）		
概念（认知的）		市民社会（法律）	
知性直观（合理的情感）			国家（团结）

---

① 阿克塞尔·霍耐特. 为承认而斗争 [M]. 胡继华, 译. 上海：上海人民出版社, 2005: 23.

霍耐特认为，到这一时期，黑格尔一直都是从哲学的理念世界获得其伦理的基本概念的，对自然秩序的本体论参照对这一理念世界的构想具有根本意义。然而在1803—1804年的著作中，黑格尔不再用"自然"来命名整个现实观念，而是用它来指称作为他者的现实领域。这意味着黑格尔理论中的亚里士多德的自然目的论逐渐让位于译作《意识哲学理论》。在霍耐特看来，向意识哲学的转向意味着黑格尔放弃了耶拿时期文本中的亚里士多德思想，放弃了人类生活中的原始主体间性概念，是牺牲强有力的主体间性精神，换取意识哲学的理论进展。对霍耐特而言，这种放弃和牺牲是一种理论的遗憾。

在第三章中，霍耐特详细论述了黑格尔耶拿时期的承认理论。霍耐特认为，黑格尔把爱的关系看作一种最早确认的主体的自然个体性的相互承认关系。这种关系是交往伙伴将自己当作他人来经验，并从自己的角度出发承认他者的存在。在这里，黑格尔感兴趣的是"爱"的承认关系。在他看来，爱是伦理的要素，代表的是现实的理性预感。因此，黑格尔对社会整体情感联系的推理依据的是准情欲的关系，似乎对他而言，被爱的经验构成了参与共同体公共生活的必要前提。夫妻之爱是爱的承认关系的现实，孩子则是男女之爱的最高体现。然而，爱的承认关系认可的是原始承认关系的成熟形式，它不能向主体说明他必须承担在社会交往生活关系中由主体间担保的权利所赋予的角色。这就是说，在家庭承认关系中，主体还不能把自己当作一个有权利的个人。为了解决这个问题，黑格尔将主体安置在一种社会环境中。土地作为家庭这个单位的仅有财产，使它必须把他者排除在土地的使用之外。由此形成了一种竞争的社会关系。个体通过社会契约获得主体间的承认关系，并通过契约解决竞争中的矛盾和冲突。"黑格尔试图指出，社会契约的出现以及法律关系的形成是一个实践的过程，它们必然来源于自然状态自身的原始社会结构。这将不再是理论的必然性，而是经验的必然性，伴随着这种必然性，社会契约就出现在互相竞争的情境结构中。"[1] 在社会契约中的被承认假设了人类主体间基本的相互肯定。而其中，被排斥的主体以毁坏他人财产的方式表达了他对获得承认的诉求。被排斥的主体以无产者的角色出现。在无产者与有产者的斗争中，被伤害的主体通过一种死亡威胁把他人卷入生死斗争中。正是这种生死斗争使主体将自己理解为一种享有权利的个人，认识到自己的基本权利已经受到承认，而这种承认为主体间互为约束的法律关系悄

---

[1] 阿克塞尔·霍耐特. 为承认而斗争 [M]. 胡继华，译. 上海：上海人民出版社，2005：48.

悄地创造了社会基础。法律关系不断具体化的新形式就是作为一种制度结构的市民社会。在社会中，交换价值代表主体间的共识精神。以财产与交换制度为前提构成的社会劳动系统，是人类按照法律承认关系组织人与现实基本关系的结果。在这个系统之内，个体的个性通过法律契约得到承认。同时，法律以合法的强制力量阻止主体退出契约关系。法律的强制的产生，表明了另一种冲突过程的展开。法律的强制在主体身上引起的被蔑视的感觉，导致了主体的犯罪。在黑格尔看来，犯罪是蓄意破坏普遍承认的行为，其动机则是法律的强制运用使个体感到自己意志的独立性没有得到承认。这就引起了寻求承认的进一步的斗争。霍耐特提示，这种斗争应该是沿着机会实质平等的维度去拓展法律。但在黑格尔那里，下一步的发展是国家伦理领域及其团结的实现。并且这一领域不再是一种主体间性的关系，而是一种独白式的精神的自我反思形式。霍耐特认为，黑格尔之所以放弃主体间性的思想，是因为黑格尔已经在《精神现象学》中发展了成熟的精神的自我关系的思辨形式，而主体间性的模式就被淹没和抛弃了。霍耐特所要做的，是要辨识和拯救黑格尔的主体间性模式并剔除其唯心论色彩以适应当代的思想风气，也可以说，霍耐特是要用哈贝马斯的主体间性模式来阐发黑格尔"为承认而斗争"的思想。

第二部分　体系再现：社会承认关系的结构　霍耐特对黑格尔提及的爱、法律和团结三种承认模式的经验现象学分析，并由此建构了对现代社会及其发展的一种伦理学诠释。在第四章中，霍耐特论述了米德对黑格尔观念的自然主义转化。米德认为，人类主体同一性来自主体间承认的经验，他的目标与耶拿时期的黑格尔一致，是要把为承认而斗争作为理论建构的参照点，并以这一理论为依据解释社会的道德发展。米德的主体间性理论建立在经验心理学的研究方式之上。米德认为，人类的互动行为是主体能够意识到自己的主体性的条件。在主体的互动中，主体用一种了解中心的视角，塑造出的自我形象，作为客我，构成自我同一性的两个方面，主我和客我的关系类似于两个对话伙伴。这种人类自我意识的主体间性概念揭示了自我意识发展依赖于第二主体存在的心理学机制。一旦形成自我意识，客我就必须从特有的认识的自我形象转型为实践的自我形象。由此导致的结果就是在互动伙伴的规范视角中，其他主体承担起互动伙伴的道德价值关系，并把这种关系运用在实践的自我关系当中。伴随而来的是客我的普遍化和普遍化他者的范畴。米德认为，一个人通过学会适应"普遍化他者"的社会行为规范从而成为他的共同体所接受的社会成员。个体只有承认他者，才能在共同体中自我持存，在共同体中获得承认。然而内在化的集体意志与个体化的诉求之间存在的张力，必定会导致主体及其社会环境之间的道德冲突的张力，一旦这种张力被引入实践的自我关系中，个人就会为新的社会承认形式而斗争。个体的斗争以承认关系的扩大为目的，由此导致的是社会发展在整体上对个体化进步过程的适应。因此，在米德看来，是一连串历史的规范理想指引着个人自主性增长的方向，而文明的过程则表现为一种个体性解放的趋势。与黑格尔一致，米德也认为个体性的历史解放发生在为承认而斗争的漫长过程中。然而，就米德而言，承认建立在主我与客我的分离和联系中，因而，承认首先表现为自我实现的本能冲动。在自我实现的过程中，自我认识的主体理想化的期待必须得到承认，这就意味着主体必须在一种相互承认的关系中把自己看作具有特殊能力和个性的与众不同者。要实现这个目的，主体就要投入社会公益活动中，在劳动分工中实现自己的功能。"在相互承认关系中，主体认识到自己不仅在道德共同性上，而且在个体特殊性上都得到了确认；相互承认关系就存在于功能性分工的透明体系当中。"[1]

在接下来的一章中，霍耐特细致分析了主体间的承认模式：爱、法律和团结。

霍耐特认为爱的关系是一种本源关系，代表了互相承认的第一个阶段。借助于文尼柯特对儿童成长的精神分析学研究，霍耐特描述了在爱中儿童如何在主体间互动中获得人格和自我。这一过程包含三个阶段。第一个阶段是绝对依赖，它表明互动伙伴为满足需要完全互相依赖，根本不能作为个体彼此分开。在这一阶段，婴儿还不能区分自我与环境，他的经验需要通过母亲的协助才能得到保障。当孩子开始意识到母亲是在他们之外的存在的时候，在开始意识到自己的依赖性的时候，婴儿就进入相对依赖的阶段。在这一时期，孩子通过对母亲的伤害给予母亲以爱感，并认识到自己对母亲的依赖与母亲的独立的要求和存在。通过这种方式，孩子发展出一种自我关系，开始自己的独立存在。独立存在建立在一种由安全感获得的自信之上。而"独立存在的能力构成了主体间张力中与主体相关的一极，与它对立的一极是消融界限融入他者的能力"[2]。由此，儿童通过爱，达到一种主体间性状态。

---

[1] 阿克塞尔·霍耐特. 为承认而斗争 [M]. 胡继华，译. 上海：上海人民出版社，2005：95.
[2] 阿克塞尔·霍耐特. 为承认而斗争 [M]. 胡继华，译. 上海：上海人民出版社，2005：112.

在分析法律的时候，霍耐特借助马歇尔等的研究将法律和权利解释为一种不断发展的承认过程。在法律中，一个基本事实是，"只有当我们反过来认识到必须对他者承担规范义务时，才能把自己理解为权利的承担者"[①]。但在米德那里，成为法律主体的资格仅仅是由共同体成员身份或角色构成的；但是，只要诉诸普遍主义道德，则法律主体资格必须拓展到所有的个体。这种差异由传统法律的变迁来说明：随着法律承认和社会重视的分离，法律承认把每一个人类主体看作目的，而社会重视则需要借助某种标准尺度来判断人的轻重大小。

普遍的法律承认可以说是一项现代的历史成就：现代社会个体权利的累积扩张，可以被理解为"道德责任个人普遍特征的范围渐渐扩大的过程，因为在为承认而斗争的压力下，参与合理意志形成的必要条件日益更新，而这些条件必须纳入我们的考虑之中"[②]。马歇尔就力图把社会阶级差异消失的历史重构为基本个体权利扩大的过程：保障自由的人权发展于18世纪，保障参与的政治权利发展于19世纪，保障基本福利的社会权利发展于20世纪。在这个过程中，随着个人权利要求与社会地位的断裂，首次出现了普遍的平等原则。而当平等原则被严肃考量时，以前政治的、经济的不平等也被触及。社会福利权利可以这样得到解释："在法律上被承认的同时，不仅个人面对道德规范自我导向的抽象能力得到了尊重，而且个人为占有必要社会生活水平而应当具备的具体人性特征也得到了尊重。"[③]

随着现代社会的发展，第三种承认方式也随之变化。传统的共同体价值标准逐渐瓦解或失效，价值多元成为文化取向的框架。成就变得个体化，不再由群体特征来衡量。还存在某种普遍价值视野，但这种普遍价值视野需要解释，而后者则依赖于特定的群体，因此处于某种竞争的张力中。

在接下来的一章中，霍耐特简洁地给出了相应于承认模式的三种蔑视的类型：强暴、剥夺权利和侮辱。第一种蔑视形式意味着一个人被强制地剥夺了自由支配其肉体的一切机会，是最根本的个人贬黜形式。它表现了对个人通过爱获得的基本自信的持续破坏，剥夺了对个体的承认与尊重。当一个个体在结构意义上被社会排斥在权利的占有之外，他就遭到了第二种形式的蔑视。这种蔑视剥夺了一个成熟合格的、平等地赋有到的权利的互动伙伴的地

---

① 阿克塞尔·霍耐特. 为承认而斗争 [M]. 胡继华，译. 上海：上海人民出版社，2005：115.
② 阿克塞尔·霍耐特. 为承认而斗争 [M]. 胡继华，译. 上海：上海人民出版社，2005：121.
③ 阿克塞尔·霍耐特. 为承认而斗争 [M]. 胡继华，译. 上海：上海人民出版社，2005：123.

位，导致的主要是道德自尊的失落，即丧失作为在法律面前平等、与周围所有人进行交往的互动伙伴自我相关的能力。第三种形式的蔑视与个体或群体的社会价值消极相关。当个体的自我实现方式、个体的生活形式和信仰方式在价值等级制度中被当作低劣之物或残缺之物被贬黜，那么主体就无法赋予自我能力以社会意义，由此导致第三种形式的蔑视。这种蔑视形式从个人身上剥夺的承认形式，是对个体必须在群体团结的鼓励下排除阻碍而发现的一种自我实现形式的社会认可。也就是说，第三种蔑视的形式剥夺了个人的社会认可，而使主体处于自我重视的失落状态中。在这里需要着重指出的是，因蔑视产生的消极情感是为承认而斗争的动机基础。

第三部分 社会哲学的展望：道德与社会的发展 霍耐特试图说明"为承认而斗争"的模式是可行的。首先，马克思、索雷尔和萨特等发展和丰富了耶拿时期黑格尔的思想。霍耐特认为，马克思对社会斗争做出了划时代的重新规定，对历史产生了重大的影响。他在他的阶级斗争学说中，引导青年黑格尔的道德理论观念与功利主义的思潮综合到了一起。通过将他的人类学建立在一种具有十分规范的内涵的劳动概念之上，马克思能够把生产活动解释为主体间的承认过程。马克思认为，在对具有总体性特征的劳动的完成过程中，自身能力的对象化经验是与一个可能的消费者的精神期望纠缠在一起的，这意味着，经验给予个体一种以主体间关系为中介的自我价值感。当单一阶级控制生产资料的资本主义以一种不可避免地摧毁以劳动为中介的个人之间承认关系的社会秩序，即摧毁以劳动为中介的承认关系时，随之而来的历史冲突就必须被理解成"为承认而斗争"。因此，青年马克思将他所处的时代的社会冲突解释为被压迫的劳动者为重新建立充分承认的交往而发动的道德斗争。然而，马克思理论中的功利主义思想体系使他忽视了自己的伦理目标，由此导致了索雷尔的突然转向。

在索雷尔看来，人类行为应当还原为追求利益的目的理性的观点，是阻止人们发现现实地引导人们获得创造性成就的道德驱动力。索雷尔的理论目的则是要建立一种社会斗争的道德观念。索雷尔认为，促使被压迫解决进行持久道德斗争的动力，是受到不公正对待和屈辱的集体情感。这个观点使他所阐述的阶级之间权利冲突观念得到进一步发展。然而，索雷尔将他的阶级斗争的道德理论模式建立在相对主义的小圈子概念的基础上，导致他忽视了法律承认的普遍主义潜能。其结果是，索雷尔发展出了一种社会神话概念。

萨特并不太认可索雷尔的著作，但他还是在后期著作中表达了对索雷尔这个观点的赞同，即社会冲突首先必须被理解为集体行为者之间承认关系的断裂。在经过不断的理论努力之后，萨特最终将为承认而斗争解释为一种由社会团体之间不对等的关系所引起的，在根本上可以被克服的现象。霍耐特认为，萨特最终没有为从相互承认关系的道德视角来看待冲突所必须使用的规范前提做出系统的论证，他无法给予资产阶级法律的形式主义以道德意义。

在霍耐特看来，马克思、索雷尔和萨特的确发展和丰富了黑格尔耶拿时期的"为承认而斗争"的模式，但他们的理论探索最终都失败的关键原因在于："社会发展过程一直都是按照承认运动三个道德维度中的一个来加以思考的，而我们在区分这些道德维度时，又主要依靠早期的黑格尔。"①

在接下来的一章里，霍耐特将"为承认而斗争"揭示为社会冲突的道德解释框架。他认为："只要追根溯源，直接探讨承认关系的发展逻辑，就能够对以别的方式无法理解的事件进行系统的分类。只要根据承认而把握了它在道德进程中所具有的建设作用，每一种独特的历史斗争或历史冲突就现存出它在社会发展中的地位。"② 在他看来，爱、法律和团结这三种承认模式构成了人类主体发展出肯定的自我观念的条件。然而，这种对承认模式的三分法受益于对仅仅存在于现代社会分化的理论模式，这种理论模式退入了理论上假设的原始情境中。就此，霍耐特提出了一种不同的预设的解释框架，这个框架必须塑造道德的学习过程和一种完全不同的使命，即它必须区分不同的承认模式，同时必须在既成的互动领域内释放出每一种模式的固有潜能。霍耐特认为："只要爱与法律承认、社会重视彻底分离开来，相互承认的三种形式就随着特殊发展潜能的显示而同时作为不同的斗争形式凸现出来。"③

最后，借助哈贝马斯的主体间性概念，为承认模式提供了一种理想的规范标准：不同的承认模式被理解为人类主体建立多种积极自我关系的主体间条件，而这些主体间条件则是个体自我实现的前提。在这一章中霍耐特指出，要想获得成功的生活的规范普遍性，即使是开始于个人完整性的主体间条件的努力，也需要包罗与社会团结相关的承认模式，因为团结只能从集体共同的目标中产生出来。而在新的历史语境之下，有关团结和为承认而斗争的概念必须从黑格尔和米德的失败的方案中得到教训，即允许不可克服的紧张关系的存在："我们不能不宽容那些实在的价值，因为这些价值可能产生后传统

---

① 阿克塞尔·霍耐特. 为承认而斗争[M]. 胡继华，译. 上海：上海人民出版社，2005：152.
② 阿克塞尔·霍耐特. 为承认而斗争[M]. 胡继华，译. 上海：上海人民出版社，2005：174.
③ 阿克塞尔·霍耐特. 为承认而斗争[M]. 胡继华，译. 上海：上海人民出版社，2005：176.

的团结，而这种团结与爱以及成熟的法律承认形式具有同等重要的意义。"①

【意义与影响】

《为承认而斗争》是霍耐特的代表作。在这部著作中，霍耐特阐明了自己的承认理论，为重构早期社会批判理论的社会规范性基础和霍克海默式解放性兴趣，在社会冲突中建立规范性社会理论，以便解释社会道德的进步与发展做出了重要贡献②。这部著作的意义和价值如下：

第一，在这部著作中，霍耐特以创立自己承认理论为目标，从黑格尔的"为承认而斗争"出发，阐发了一种具有规范内容的社会理论。在理论阐释的过程中他运用米德的社会心理学重构青年黑格尔的承认观念，厘清了自己的承认理论与黑格尔承认理论以及米德的社会心理学的关系，使得批判理论的"承认理论转向"成为一种现实的可能。

第二，霍耐特在政治哲学框架内，通过对比社会冲突的两种模型——为自我保护而斗争还是为承认而斗争，考察了耶拿时期黑格尔主体间性理论，并在此基础上对"为承认而斗争"模型的论证结构进行了系统重建。他认为在后形而上学前提下，黑格尔以理性唯心主义为前提的效力不再能够保持下去。通过借用米德的心理学理论，霍耐特不仅保留了黑格尔思想中的闪光的部分，还推动了黑格尔"为承认而斗争"模型进行自然主义"经验的转向"。

第三，在《为承认而斗争》中，霍耐特还系统论述了蔑视与反抗的关系，阐述了蔑视何以成为社会冲突的道德动机，在承认理论基础上提出形式伦理构想，并把它看作人格完整的主体间性条件。霍耐特通过对马克思、索雷尔、萨特社会哲学思想轨迹的考察，得出了"蔑视与反抗"是社会冲突道德逻辑的结论，认为社会反抗的动机形成于道德体验框架中，而道德体验又产生于对根深蒂固的承认期待的伤害。

总体而言，霍耐特基于后形而上学的哲学视野，沿着哈贝马斯的思路，继承和发展了法兰克福学派的批判理论，为批判理论重构规范，以克服社会批判哲学的内部危机。在著作中，霍耐特利用米德社会心理学资源对黑格尔耶拿时期的承认理论进行创造性重构，提出了爱、法律和团结三种主体间性的承认模式以及相对应的强暴、剥夺权利和侮辱三种蔑视形式，提出了为承

---

① 阿克塞尔·霍耐特. 为承认而斗争 [M]. 胡继华, 译. 上海：上海人民出版社，2005：185.
② 李和佳, 高兆明. 社会批判理论的范式演进：从福柯、哈贝马斯到霍耐特 [J]. 哲学研究，2008（5）.

认而斗争的道德动机。这就为今后政治哲学努力指明了方向，并使霍耐特承认理论在解决社会现实问题、诠释社会斗争中具有更大的政治实践价值。

【原著摘录】

第一部分　历史回顾：黑格尔的原始观念 P9－70

P9　黑格尔坚持认为，主体之间为互相承认而进行的斗争产生了一种社会的内在压力，有助于建立一种保障自由的实践政治制度。个体要求其认同在主体之间得到承认，从一开始就作为一种道德紧张关系扎根在社会生活之中，并且超越了现有的一切社会进步制度标准，不断冲突和不断否定，渐渐地通向一种自由交往的境界。

P11　当社会生活作为基本概念被描述成一种自我持存的斗争关系时，现代社会哲学就在思想史中登堂入室了。马基雅维利的政治著作在理论上为这样一种观念开辟了道路，按照这种观念，主体和政治共同体一样，在一种永恒的利益冲突中互相对立。在托马斯·霍布斯的著作中，永恒的利益冲突最终发展成为契约论论证国家主权的首要根据。

P12　正是在社会结构的变革已经彻底完成的地方，古典政治哲学转变成了现代社会理论。

P13　君特·布克准确地指出，自然状态学说的意图并不在于通过对所有历史进行方法论的归纳来呈现人类社会化的社会原始状态。相反，它倒是想再现一般的人际状态；如果调节社会生活的一切政治控制机制都可以假定被废除，那么，从理论上说，这种人际状态是肯定会出现的。

P14　他们都把主体为自我持存而斗争作为理论分析的关键，所以，他们必然同时要强调政治实践的终极目的就是不断结束这种威胁性的冲突。

P17　因此，上述两种研究方法在基本概念上都落入了原子论的陷阱之中，具体来说表现为：彼此孤立的主体存在被设定为人的社会化的自然基础。但是，从这种自然定性当中再也无法有机地发展出一种伦理一体化的状态，而是必须作为"另类的和他者的"从外部加在上面。

P19　为了赋予哲学社会学以一种新的基础，黑格尔建议，第一步就是用主体间的社会关系范畴取代原子论的基本概念。……黑格尔仅仅是想表明，任何一种社会哲学理论主要不是来自孤立主体完成行为的过程，而是来自伦理的约束，因为主体总是已经活动在伦理约束的框架之中。

P21　对于黑格尔，由于需要描述社会化第一阶段的规范内容，以便一个过程在发生的时候，既导致共同体联系的加强又带来个体自由的增长，因此，上面两个难题的解决就变得特别错综复杂了。

P22　不难理解，黑格尔以一种道德潜能充实了亚里士多德的伦理生活方式概念，这种道德潜能再也不是单纯来自于人的本性，而是来自于人与人之间的特殊关系。所以，黑格尔政治哲学的坐标从目的论的自然概念转向了社会概念，并获得了一种具有建构意义的内在张力。

P27　只有在个体的特性、特征同时也得到了他的互动伙伴的认可和支持的程度上，个体才能够真正实现自我同一。

P29　尽管论证过程中曾多次揭示了三种承认形式之间的区分，哲学形式在实践确认的"方式"和"对象"彼此不同：在家庭的情感承认关系中，人类个体是作为有具体需要的存在而被承认的；在法律的形式—认知承认关系中，个体是作为抽象的法人而被承认的；最后，在国家这一具有情绪启蒙意义的承认关系中，个体是作为具体的普遍，即作为特殊的社会化主体而被承认的。

P34　转向意识哲学，使黑格尔对人类原始的主体间性理念完全视而不见，从而阻碍了提出完全不同的解决方案的可能。

P41　按照黑格尔的观点，只有当它超越了纯粹理论经验的境域，并通过实践把握了世界，主观精神才真正成为意志。

P46　爱的关系所认可的，是原始承认关系的成熟形式，是它构成了同一性持续发展的必要前提，因为它们在个人冲动的特殊性中再度肯定了个人，因此赋予了个人意志不可缺少的基本自信。

P56　黑格尔认为，市民社会是一种制度结构，它产生于法律关系不断具体化的新形式。

P67　并没有像人民实际期待的那样，黑格尔不认为国家行为领域是实现承认关系的中心场所，个体在其中产生了对生活历史独特性的尊重。

第二部分　体系再现：社会承认关系的结构　P71－148

P79　米德解释的出发点在于，仅当一个主体能够在自己身上产生与他在他者身上刺激起来的表达行为相同的反应时，他才具有关于其行为的主体间意义的知识：只有通过在我自己身上产生对他者行为的反应，我才能意识到我的姿态对他者的意义。

P83　如果个性形成的机制真的在于一个人学会从他者的规范角度来认识自己，那么个人实践的自我形象就必须在互动伙伴的世界中进一步扩大开来。

P86 相对于黑格尔在"法权"标题下作为发展模式第二阶段而提出来的承认关系,"普遍化他者"的构想不仅代表着一种理论上的修补,而且还代表了实质上的深化。彼此作为法人而互相承认,意味着两个主体都通过在自己行为中整合共同体的意志而控制了自己的行为,如同体现在主体间承认的社会规范之中的情形一样。

P88 米德因此把内在化的集体意志与个体化的诉求之间的张力,即必然导致主体及其社会环境之间的道德冲突的张力,引入实践的自我关系之中。为了实现这种本能的要求,个人在原则上就需要承认社会的全体其他成员,因为他们的集体意志控制了作为内在化规范的个人行为。"客我"的存在,迫使个人因"主我"之故,为新的社会承认形式而进行斗争。

P95 总之,米德的思想代表了一种对黑格尔伦理学问题的后传统回答。在相互承认关系中,主体认识到自己不仅在道德共同性上,而且在个体特殊性上都得到了确认;相互承认关系就存在于功能性分工的透明体系当中。

P100 社会生活的再生产服从于相互承认的律令,因为只有当主体学会从互动伙伴的规范视角把自己看作社会的接受者时,他们才能确立一种实践的自我关系。

P101 正是社会群体的道德斗争,即他们集体的努力,才有助于在制度上和文化上建立起新的互相承认形式,由此,社会变革在规范意义上才成为可能。

P102 很明显,区分社会一体化主要取决于情感依附、权利赋予或共有的价值取向。

P103 在黑格尔看来,由于在爱中主体彼此确认其需要的具体特征,并且作为有需要的存在而互相承认,所以,爱代表了互相承认的第一个阶段。

P111 当主体认识到自己为一个独立的个人所爱、而那个人也感受到爱时,他就可能发展一种自我关系。

P111 安全感本身是一种成熟信念的外向表现,即他相信,他者会持久地满足他的需要,因为他自己对他者是有独特价值的。

P112-113 在这个意义上,在爱之中所发现的、被黑格尔描述为"在他者身上的自我存在"的承认形式,与其说是一种主体间性状态,不如说是悬置在两种经验之间的交往弧线,一边是独立存在的经验,另一边是融入他者的经验;"自我相关性"与共生状态就代表了互相要求的平衡力量,它们共同作用,促使一个寓于另一个之中。

P115 如果不求助于相互承认的同一机制,就根本无法充分地说明每一个互动领域的内在逻辑。在法律中，黑格尔和米德建立这种联系是基于这样的事实，即只有当我们反过来认识到必须对他者承担规范义务时，才能把自己理解为权利的承担者。换句话说，我们只有采取"普遍化他者"的立场，让他教会我们承认共同体的其他成员也是权利的承担者，我们才能在确信自己的具体要求会得到满足的意义上把自己理解为法人。

P116　在讨论米德的社会心理学时，我们看到，"法律承认"概念首先仅仅是指这么一种情境：自我和他者作为法律主体互相尊重，唯一的理由是，他们都意识到在共同体中正当分配权力和义务的社会规范。

P117　随着向现代性的过渡，个体权力与具体的角色期待分离开来，因为个体权利在原则上必须归属于作为自由存在的每一个个体。

P118　在法律上把一个人当作人来承认不可能认可任何其他标准，但对他们的特性与能力的重视，至少隐约地借助了一种标准尺度，必须依据这一尺度来判定他们的轻重大小。

P120　在法律承认之中，它就是使人民完全成为人的一般特性。在社会重视之中，它就是将人们互相区分开来的个别特征。故此，法律承认的中心问题是如何限定个人的构成性，而社会重视的中心问题则是借以衡量特殊个性的"价值"的评价参照系统的构成性。

P121　我们在现代社会正在面对的个体权利要求的累积扩张，可以被理解为道德责任个人普遍特征的范围渐渐扩大的过程，因为在为承认而斗争的压力下，参与合理意志形成的必要条件日益更新，而这些条件必须纳入我们的考虑之中。

P123　在法律上被承认的同时，不仅个人面对道德规范自我导向的抽象能力得到了尊重，而且个人为占有必要社会生活水平而应当具备的具体人性特征也得到了尊重。

P126　随着在法律上诉诸权利的选择活动，个体现在获得了一种象征的表达手段，其社会有效性每次都能向他显示出来，以至于他们普遍地作为道德责任个人而相互承认。

P127　黑格尔和米德都把爱和法律关系与另一种相互承认形式对立起来。虽然他们也试图对此做出不同的说明，但对于这种形式的特殊功能基本达到了一致的认识：为了能获得一种未歪曲的自我关系，人类主体除了情感关怀和法律承认的经验之外，还永远需要一种允许他们积极地与其具体特征和能力相关联的社会重视形式。

P128　现代法律代表了一种承认媒介，表达着人类主体的普遍特征，而社会重视承认形式则要求一种社会交往媒介，必须能够以一种普遍的，更确切地说，一种主体间强制的方式表达着人类主体的个性差异。

P131　法律关系不能整合社会重视的全部维度：与其整个功能一致，社会重视只能应用于那些使社会成员彼此区分的特征和能力。仅当个人自我认识到因为他们恰恰不以一种和他者无分别的方式共有的成就而得到承认时，他们才能感到是"有价值的"。

P133　在最初的亲近程度上，"团结"可以被理解为一种因主体彼此对等重视而互相同情不同生活方式的互动关系。

P134　在现代社会，个体化和独立化主体之间对等重视的社会关系代表着社会团结的必要条件。在这个意义上说，彼此对等重视就意味着根据价值互相评价，这就使他者的能力和特性也对共同的实践有意义。这种关系就可以说是"团结"，因为，他们不仅激起被动的宽容，而且还激发了对他者个体性和特殊性的切实可感的关怀。

P140　人的完整性，在其存在的深层，乃是归因于我们一直在努力辨别的认可和承认模式，这么一种意义是我们日常语言运用中所固有的……这种否定概念用来称谓一种不公正的行为，这不仅是因为它有害于主体和限制了他们的行动自由，而且是因为伤害了他们在主体间获得的肯定的自我理解。

P141　三种承认模式的区别，就给我们提供了分辨诸种蔑视的理论依据。衡量它们的差别之根据，必须是通过否定个人特殊的同一性要求而对个人的实践自我关系所能造成损害的各种程度。

P147　在与羞耻相关的情感反应中，蔑视经验可能成为为承认而斗争的动机。因为，仅仅是通过再次获得主动行为的可能性，个体方可驱散那种因羞辱而被迫进入其中的情感冲突状态。

第三部分　社会哲学的展望：道德与社会的发展 P149－186

P152　不论是马克思、索雷尔，还是萨特，他们的理论探索之所以失败，关键原因是一致的：社会发展过程一直都是按照承认运动三个道德维度中的一个来加以思考的，而我们在区分这些道德维度时，又主要依靠早期黑格尔。尽管如此，上述种种理论还是构成了一个思想传统的不同环节，其相继发展的过程，让我们认识到承认理论在解释道德进步时所要承担的使命。

P175－176　虽然承认模式的分化源于社会斗争，而社会斗争又仅仅是在释放主体潜能的宽泛意义上涵盖了承认的要求，但这一过程的结果却正是道德社会文化层次的标志，在社会文化层次上，具有内在意义的每一种结构都会发挥作用：只要爱与法律承认、社会重视彻底分离开来，相互承认的三种形式就随着特殊发展潜能的显示而同时作为不同的斗争形式凸现出来。只有在这个时候，我们才第一次发现规范结构不仅融入了法律关系，具有普遍化和实质化的可能，而且融入了价值共同体，具有个体化和平等化的可能，这一规范结构是可以通过蔑视的情感经验来加以认识的，而且还可以诉诸这些蔑视经验所引起的斗争。

P180 承认经验和个人自我关系之间的联系，源于个人同一性的主体间结构。个人作为个人来构成的唯一途径是，学会从认可他人和激发他人的角度，把自己看作具有肯定的特征和能力的存在。

P181 在这个意义上，与自我实现相关的自由依赖于人类主体所不能掌握的必要条件，因为他们只有在互动伙伴的帮助下才能获得自由。

P181 与爱、法律和团结相关的承认形式提供了主体间的保护屏障，保护着外在与内在自由的条件，无强制地表达和实现个体生活目标的过程就依存于这些条件。

【参考文献】

[1] 王凤才. "为承认而斗争"：霍耐特对黑格尔承认学说的重构 [J]. 马克思主义与现实，2010（3）.

[2] 路德维希·希普，罗亚玲. "为承认而斗争"：从黑格尔到霍耐特 [J]. 马克思主义与现实，2010（6）.

[3] 翁巧霞. 为承认而斗争：霍耐特承认理论解析 [J]. 出国与就业（就业版），2011（22）.

[4] 李和佳，高兆明. 社会批判理论的范式演进：从福柯、哈贝马斯到霍耐特 [J]. 哲学研究，2008（5）.

[5] 阿克塞尔·霍耐特. 为承认而斗争 [M]. 胡继华，译. 上海：上海人民出版社，2005.

十五、《自由的权利》

[德] 阿克塞尔·霍耐特 著
王 旭 译
社会科学文献出版社，2013 年

──【作者简介】────────────────────────

　　阿克塞尔·霍耐特（1949— ）德国著名社会理论家，法兰克福学派第三代重要代表人，歌德大学社会学研究所所长，国际黑格尔研究学会会长。霍耐特1949年7月18日出生于德国北部城市埃森，曾在波恩、波鸿、柏林和慕尼黑学习哲学、社会学和日耳曼语言文学。1982年获得博士学位。1984年到法兰克福大学做哈贝马斯的助手。1990年通过教授资格考试，到康斯坦茨大学哲学系任教。1996年应聘到法兰克福大学担任社会哲学教职。2001年，担任法兰克福大学社会研究院负责人。自2011年起，同时担任纽约哥伦比亚大学哲学院人类学教授。代表著作有《权力的批判》（1986年）、《为承认而斗争》（1992年）、《自由的权利》（2013年）等。

──【写作背景】────────────────────────

　　20世纪70年代，随着罗尔斯《正义论》的出版，理论领域出现了政治哲学的复兴。大批的西方学者关注社会规范性问题，对自由、平等、民主等问题做了大量的研究。但是，很多学者仅仅局限于理论探讨，即仅仅从抽象层面上、理想层面上对自由、平等以及民主等进行解释，缺乏实效性。就是在这样一种理论背景下，霍耐特重新思考政治哲学问题。他不是要从理想的标准出发来研究自由平等等问题，而是从现实的制度出发来思考现实可行的自由和平等。

【中心思想】

《自由的权利》是一部政治哲学著作。在这部著作中，霍耐特主要从自由问题入手来分析如何实现一个正义的社会秩序。在这部著作中霍耐特不是单纯地从抽象层面上讨论什么样的原则或标准是最正义的，而是要基于对现实的社会分析来推导出当前的社会机制下能够实现的正义。霍耐特把这样一种分析称为"规范性重构"。在霍耐特看来，衡量社会秩序道德合法性的规范原则，应该是基于对现存机制结构内部的分析，不是先验地依赖于头脑中存在道德的观念。对社会正义的论证不应简单基于道德思想的内在逻辑，而是基于社会现实的分析。所以，这部著作不同于其他政治哲学著作的一个鲜明特点就是有强力的现实感，它不是单纯地讨论抽象的正义原则。

【分章导读】

第一篇　对历史的回顾：自由的权利　霍耐特在这部著作的第一篇中对自由权利理论的历史进行了回顾和总结。为什么要从自由入手来分析社会的正义问题呢？霍耐特认为，现代社会真正具有影响力的伦理价值就是个人自主意义上的自由。现代社会的运行机制普遍受到"自由"这一伦理价值的影响。在当今，无论是在思想上构建一个正义的理论，还是在现实中实现一个公正的社会，都必须承认保证个人自主和自我决定是一个最基本的要求。霍耐特的正义理论的建构也是基于对这一原则的肯定。正如他指出的："没有一种社会理论，没有一种社会批判，能够超越自两百多年来在现代社会中将正义思想与自主思想连接在一起所开拓的思想地平线。"[①] 当然，自由虽然是近代以来所有正义思想的规范性基石，但是对自由这一范畴的理解却呈现太多的异质性。自霍布斯以来，不同的哲学家对自由发表了诸多不同的观点，展开了激烈的争辩。对自由的不同阐释势必影响到对正义规范基本原则的理解，影响到现实正义秩序的建构。在霍耐特看来，近代以来对自由的理解主要有三种类型：消极自由、反思自由和社会自由。霍耐特在第一篇中分别对这三种自由类型的历史和内涵进行了分析。

---

① 阿克塞尔·霍耐特. 自由的权利 [M]. 王旭，译. 北京：社会科学文献出版社，2013：29.

"消极自由"思想产生于十六七世纪那个充满宗教战争的年代。最重要的理论代表就是霍布斯。在霍布斯看来，所谓"自由"就是要排除任何外在障碍和抵抗的自由。这种自由不需要考虑个人对自己的意图是否有清醒的认识，不需要考虑个人是否有能力去实现自己的意图，只需要排除外在的障碍，为主体的行动提供一个广阔的自由空间。后来的洛克、穆勒、萨特以及诺齐克都持有"消极自由"的思想。"消极自由"承认了每个人追求特殊目的的权利，保证了每个人不受外在障碍阻挠去实现自己愿望和意图的机会。只要每个人的追求与别人的追求是相容的，那么这种自由是不会关心每个人的人生目标是否合理，即使是自我毁灭或怪异。这种自由也不会去关心每个人都追求特殊目标所导致的最终结果是否合理。这种"消极自由"只会导致极端的个人主义的诉求，它致使每个人只对自己特殊的利益和愿望感兴趣，而不会对共同体的政治参与以及与他人的合作产生兴趣。真正正义秩序的建构恰恰需要依赖于个人对共同体的参与以及与他人的合作。"消极自由"的思想存在很多的不足。

霍耐特在第二章中主要介绍了"反思自由"及其正义构思。"反思自由"的历史可以追溯到近代以前的历史。"反思自由"是指个人能够按照自己的意志来行动的自由。辨别是否实现"反思自由"核心就是分辨个人的行为是出于自主还是受其他强制性因素所支配。只有当主体实施行动的意图确实出于他自己的意志时，这种行动才被看作是自由的。并且，在卢梭和康德看来，主体的意图必须是基于理性的，而不是受欲望或自然本性所驱使的。"消极自由"与"反思自由"有明显的不同，"消极自由"仅仅考虑外部环境是否对主体的行为构成障碍，而"反思自由"要考虑主体的行动是否是出自主体的真实意图。卢梭是这种"反思自由"观念的先驱。这种"反思自由"的观念在后来的发展中演变为两种不同的自由思想：一种是以康德为代表的自主自由的思想，另一种是以赫尔德为代表的自我实现的自由思想。自主的"反思自由"仅仅是个体的自我独白，个体按照内心深处的道德法则来行动就是自由的。自主的"反思自由"寄托于先验地认为主体内在存在普遍性的道德法则，每个主体都能一次性地准确发现自己真实的意图。而自我实现的"反思自由"强调主体对自己真实意图的发现是一个形成过程，是基于与其他主体的交流学习中，逐渐把内心的意图外化，来感受和发现真实的自我。自主和自我实现的范畴虽然都属于"反思自由"，但是它们各自所隐含的正义理念是有差别的，这也就导致对社会正义秩序的不同构思。自主的"反思自由"要求社会秩序的基本原则是基于具有同等权利的公民们共同认同和决定的，这通常成为为民主协商社会体系服务的一种程序性思想。与以自主为自由前提的正义构思不同，以自我实现和自我发展为方向的正义构思一般来说需要实在性内容。自主的正义构思仅仅需要社会提供公正的程序，保证每个人能自主地表达自己的意图，最终形成公共意志。而自我实现和自我发展的正义构思需要社会提供更多的实质性帮助。以自我实现和自我发展为方向的正义构思分裂为两个流派：一个是政府通过运用普遍教育手段、舆论多元化和文化多样性来为每个社会成员最大限度地发展自己个人的"特征、能力和感受"提供外部环境，使每个人能够在国家的帮助下发现自己的"独特性"，在自己的生命历程中实现自我；另一个是通过共同合作性的行动，让每个个体融入集体，在集体的共同努力下来实现自我和发展自我。基于这两个流派对自由的理解模式不同，也就要求保证自由实现的社会机制拥有不同的特性。最后，霍耐特指出，"反思自由"的两种模式自主自由和自我实现的自由，它们最终的实现不能完全基于内心的独白和个人的努力，还必须依靠外在的社会机制。由此，霍耐特引出了第三种自由的模式——"社会自由"。

"社会自由"的概念是由阿佩尔和哈贝马斯提出的新的自由模式。这个"社会自由"模式提出了新的命题："主体间只有在话语中共同作用，才有可能形成理性自我控制的方式，而这个方式是反思自由最内在的核心。"[1] 这意味着，"反思自由"要想实现必须以社会机制为自由的媒介。个人只有在社会机制中与他人共同合作才能形成"反思自由"所要求的自我决定的能力。这种自由观点可以追溯到黑格尔的相互承认的理论。按照黑格尔的理论，对于个人的自由理解，一方面不能忽视个体的内在意志而仅仅强调外部环境，另一方面也不能仅仅关注个体内在真实愿望表达而忽视在现实中实现的可能。黑格尔关于自由的一个重要思想是：个人的自由只有参与保障相互承认关系的规范性实践机制，才能得以实现。保障相互承认关系的机制不仅使个人的自由在其他主体的帮助下获得实现，而且也帮助个人对自由作主体互动的理解，使个人学会在共同体中真正经历和实现自由。黑格尔的这种观点后来也深刻影响了马克思。只是马克思对保障自由的媒介——合作的社会机制——进行了批判，他认为只要人们的相互合作、相互承认还是基于货币关系，那么这还是一种异化的社会机制，并不能保障自由的真实实现。接下来，霍耐

---

[1] 阿克塞尔·霍耐特. 自由的权利 [M]. 王旭，译. 北京：社会科学文献出版社，2013：71.

特就要探讨保障自由实现的社会正义机制是如何形成的。霍耐特还是追踪黑格尔的理论构想。在黑格尔看来，保障自由的社会正义机制不是一次性形成的，最初的社会机制是简单地保证了个体的基本自由，在个体获得基本自由的前提下不断地反思自由的实现，来维护、修补和再建已有的社会机制，最终使社会机制走向正义。黑格尔的正义理论有更多的历史现实性，也为未来社会机制的革命性变革留有余地。霍耐特通过对自由理论的历史回顾，指出关于实现自由正义的规范性要求不能仅仅沉湎在理想的思想层面上，必须从现实的机制和文化层面上延伸出未来的正义规范，从社会发展中来进行规范性重构。

第二篇　自由的可能性和自由的真实性　霍耐特在第二篇中分别对上述三种自由思想在现实中的具体表现进行了分析。与上述三种自由思想对应的分别是法定自由、道德自由和社会自由。"法定自由"是"消极自由"在现实机制中的表现形式。所谓"法定自由"就是指自由表现为一种受法律保障的私人自治。私人自治意味着一个权利主体有权利支配一个普遍公认的、由法律予以保护的空间，并允许他在这个空间中卸去所有的社会义务和责任。在这个私人空间中，权利主体拥有免受国家或其他的活动者侵犯的权利，个人拥有按照自己的喜好和价值取向来行动的权力，只要不侵犯别人在同样法律下允许的自治。在霍耐特看来，"法定自由"存在局限，并导致社会的病态。"法定自由"的局限就在于使个人放弃了主体互动的义务和对社会的责任，把个人的自由仅仅局限在法定的范围内，以致打击了个人制定道德伦理目的的积极性，也使个人失去了通过与他人交流合作来寻求正确人生目标的机会。这种"法定自由"所导致的社会病态表现为人与人之间的交流合作互动仅仅局限于法律建立的关系，妨碍了人与人之间的伦理规范意义上的合作实践。霍耐特具有描述了两种"法定自由"的社会病态表现：一种是把主体的关注和需求逐渐转变为纯粹法律要求的形式，按照法律的规定来制定自己的需求；另一种是使个人对所有承担的义务做无限期的推延，放弃对社会及其他社会成员的责任。"法定自由"的社会机制一旦渗透到日常生活中，就会逐渐构成一种行为模式，在这种行为模式中，每个主体都从法律的可用性角度来认识社会和与其他社会成员的关系。霍耐特举了电影《克莱默夫妇》的例子。在这部电影中，一对夫妇离婚只考虑如何通过法律的方式来争夺对孩子的抚养权，而无视如何与孩子进行亲情的互动，看不到人与人之间道德情感沟通的需要。"法定自由"导致个人仅仅在法律的框架下理解自己的目的和追求，而忽视了运用其他方式与周围世界进行沟通实践的可能性。

"道德自由"是指个人按照普遍的理性原则来采取行动的自由。这样一种自由的前提就是要承认每个人内心深处都存在所有人普遍认同的道德法则。每个主体当然要经过学习，懂得学会运用自己的理性，才能够发现道德的法则。主体在对自己的行动进行反思考察的时候，能够发现自己是遵循了普遍的法则，并且认为其他主体也同样会认同这一法则。个人的自由表现为道德的自律，个人可以凭借文化效应规范的力量，使他的行为只需遵守那些经过普遍性检验而被他认为是正确的普遍法则。"道德自由"在现代社会机制中不仅赋予主体以自我认同，主体可以以"非理性""不道德"为由而拒绝现存的关系，而且同时也给了主体按照理性的方式超越既存规范体系的智慧和能力。在现实社会中，人们除拥有法定自由所规定的空间外，还应该在"自由"的意义上遵循我们认为是道德的基本原则来行动。"法定自由"仅仅规定了人们自由的行动空间，"道德自由"的实践需要主体向别人陈述自己决策的自由，提出让所有主体能够接受的理由。"法定自由"从外在提供了自由的可能，而"道德自由"要实现主体能够按照内在的普遍法则来行动的自由。主体在"道德自由"模式下行动时，要能够摆脱主体的个人偏好及角色义务，站在一个公正的活动者立场上，完全以普遍认可的理性原则，以"中立"的姿态来做出独立的判断，采取合理的行动。"道德自由"要求主体不仅撇开个人利益，还要能够放弃生活于其中的有着社会意义的社会关系。但这样一种"道德自由"实施有其界限，因为个人不可能完全摆脱周围社会关系中已存在规范的影响。每个主体总是要在某种社会关系下担任特定的角色，而社会关系中存在特殊的规范性关系对个人的行为决策产生影响。正如霍耐特指出的："在对绝对命令的每一次应用中，我们都将在某个时候碰撞上我们所生活的社会形式的结构性规范，我们无法从我们自身出发自动来理解这些规范，因为我们最初必须把这些规范作为机制化的事实来接受它们。"[①] 在此，霍耐特举了一个大学教师能否举报同事违规的例子。在这个例子中，大学教师不可能把友谊和共事的隐形规则简单地弃之不顾，而是要考虑到潜在的社会关系规则对他的影响。如果主体都按照没有偏见，摆脱了所有与他的角色相关联的义务，只是由普遍理性认可来决定他们行动原则的话，结果就会形成冷淡的道德主义者的人格类型或以道德为理由的恐怖主义者，最终会产生社会病态。

---

① 阿克塞尔·霍耐特. 自由的权利 [M]. 王旭，译. 北京：社会科学文献出版社，2013：179.

"道德自由"在实践中往往会使人把自己当作持有正义的源泉，因此丧失了进入生活世界互动的机会。在"法定自由"的模式下，人们形成了法律形式的个性，在那些需要其他形式的社会互动来实现他们自由的地方，他们执意坚持他们的权利。相反，在"道德自由"的模式下，人们自认为拥有道德的绝对命令，试图从普遍性的角度出发来决定自己行动的理由，否认了既定的社会交往规范的任何效用，自以为担当了世界立法者的角色，实际上看不到这个世界已经有着塑造他们的一系列规范性的规则。个人以能满足普遍性的标准为唯一方向来塑造人生道路，陷入没有生活情感的道德自律幻想，这表现为道德自由的病态。当一些集体为了捍卫某些特殊性的道德价值时，往往会采取恐怖主义的行动。这成为道德自由的另一个病态表现。

在霍耐特看来，"法定自由"和"道德自由"得以存在是基于对社会生活实践的依赖，正是社会生活实践才使它们有了存在的权利。这是历史唯物主义的观点。"法定自由"和"道德自由"仅仅表达了自由的"可能性"，还没有"真实"地表达出主体对自由的真实体验。在法律和道德领域，个体的自由只具有单纯地保持距离或反思性检验的特性，不能真实地引导个体的行动。霍耐特提出了什么是"自由的真实性"，即"自由的'真实性'，如我们所看见的那样，只存在于那些地方，即主体各自在相互承认中相遇，并且都能够将他们对自己行动的实施看作对方行动目标实现的条件；只有在这样的条件下，主体才能够实现他们的意图，体验完全不受强制因而是已经实现了的'自由'，也就是说在社会真实性的内部，一个主体受到其他主体的欢迎和期望"①。

霍耐特这里所谓的"真实自由"就是"社会自由"，强调自由不是个人的体验，而是社会性的自由。任何个体要想使自己的自由受到国家法律的保护，同时还拥有能够表达道德合理性意见的自由，必须以与他人相互承认为前提。个体应该在与他人相互承认、合作和互补的活动中，看到实现自己目标的条件，以社会合作为前提来实现真实的自由。霍耐特从私人关系的机制领域、市场经济行动的机制领域以及公众政治的机制领域来探讨规范性重构。

在私人关系的机制领域，霍耐特从友谊、亲密关系和家庭三个方面来探讨规范性重构，探寻实现真实的社会自由的条件。在市场经济行动的机制领

---

① 阿克塞尔·霍耐特. 自由的权利[M]. 王旭，译. 北京：社会科学文献出版社，2013：195.

域，霍耐特从市场和道德、消费领域、劳动力市场三个方面来探讨规范性重构，探寻实现真实的社会自由的条件。在公众政治的机制领域，霍耐特分别从民主的公众性、民主的法治国家和政治文化三个方面来探讨规范性重构，探寻实现真实的社会自由的条件。作为真实的自由即"社会自由"，它的实现在人们的现实生活世界中存在实现的条件，只是这些条件受到冲击，从而影响了人们对社会自由的追求。霍耐特试图从这些现实的实践条件出发来进行规范性重构，使人们在承认、合作和互助中实现真实的自由。

【意义与影响】

阿克塞尔·霍耐特看到当代正义论都有着一种严重的缺陷：只把自己固定在纯粹规范性的抽象原则上，因而远离了正义论的应用范围——社会的现实。阿克塞尔·霍耐特走的是另一条道路。他从那些形成于西方自由民主社会的规范要求中，直接获取决定当代社会正义的标准。这些标准在总体上构成了一个不仅是法定的，而且也拥有道德合法性的机制性行动规范的体系。霍耐特把这个体系称为"民主道德"。为在理论上陈述这个庞大体系存在的理由，霍耐特首先证明了西方社会的所有行动领域都有一种实现个人自由要求的特征，他在主要篇章中以黑格尔法哲学的精神和承认理论，展现了作为正义标准的个人自由原则怎么产生于私人关系、市场经济活动和政治公共性等这些社会具体领域。并指出只有在这些具体的社会领域中自由的权利得到保障，才能进一步推进社会的现代化进程。

这部著作讨论的问题值得我们深思，对于今天中国的政治文明建设具有重要的理论参考价值。

【原著摘录】

第一篇　对历史的回顾：自由的权利 P27-110

P27　所有在现代社会中上升到主导地位，并且自那以后又相互争夺统治权的伦理价值中，只有唯一的一种伦理价值确实做到了对现代社会的机制性秩序发生着持久的影响，即在个人自主意义上的自由。

P28　共同生活规则的规范合法性越来越取决于它对于个人自我决定的意义，也就是取决于，是以它的总和来表现个人自我决定，还是能够在它的前提中使个人的自我决定得以恰当地实现。

P29　民族革命运动的追溯者和妇女解放的倡导者，工人运动的成员和民权运动的斗士，都在为反对那些他们所遭受的、与自尊和个人自主不相符合的、歧视人的法律和社会形式做斗争；一直到他们道德感知的神经末梢，这些社会运动的追随者都确信：正义，就是要求保证每个人都有相同的自由的机会；即使在那些按照目的而对个人自由应该有所制约的地方，也必须保留自由基本要求的假设，以赋予行动目的以正义的表象。在现代社会中，对正义的要求，如果它以这种或另一种方式涉及个人的自主，就需要具有公认的合法性；不是团体的意志，不是自然的秩序，而是个人的自由，建立了所有正义思想的规范性基石。

P40—41 霍布斯和萨特之间的潜意识亲缘关系证实了：消极自由的思想之所以能够在现代的思想世界里成为一种不可置换的元素，是因为它赋予个人对他的特殊性的追求以一种权利。与霍布斯自己最初的意图相反，霍布斯以他的提议——个人的自由只是受外部的限制——而助长了一种传统的形成，在这种传统的影响下，今天的每个行动，只要它是一种自我选择的表达，这个行动就能被称为是"自由"的；只有外部的障碍才能限制一个人的行动，这种思想曾经以微不足道的对自由的确认开始，在存在主义无条件自由的激情中有了最后的归宿。

P47 消极自由思想显示出的所有这些不足之处，最终都可以归结为一个问题，即消极自由实际上已经站立在通向个人自主的门槛边，却没有勇气最后去跨越这个门槛。为了设计一种有着"自我决定"要素的自由方式，也需要把行动的目标理解为一种自由的衍生：个人要实现的，假设他有"自由"选择的可能，那肯定是一种他愿意为自己做出一种决定的结果。与此相反，消极自由的概念完全着重于行动的"外在"解放，因而把它的目标让位给了因果效应：在霍布斯那里是个人自我利益的自然性，在萨特那里是前反思意识的自发性，最终在诺齐克那里是个人意愿和喜好的偶然性，以这些自然性、自发性和偶然性来决定每个人以哪种方式来进行他的行动。

P49 消极自由是现代人道德自我认识中的一种原始的和不可放弃的要素；它所要表达的是：每个人都应当享有权利，不受外界制约以及独立于外界对他动机的强制性考察，按自己的"喜好"去行动，只要他的行动不伤害其他公民的权利。相比之下，反思自由的思想事实上最初只是把自己置放在主体的自我关系上；按这一思想，只有那些成功地按自己的意图行动的个人，才是自由的。

P57—58 在18世纪后期从卢梭那里引申的这两种自由的模式，表述了同一观点的两种不同解释，按这些解释，个人的自由常常可能只是一种反思性能的产物。康德和赫尔德都确信，自由的每种消极规定在哲学上未免有些浅薄，因为它没有进入到目标或目的设立的深层中去：主体只是在外表上看来是自由的，没有去顾及他所实现的意图自身是否满足了自由的条件。为了消除这一严重的疏忽，这两位思想家都将由卢梭发展了的思想变为自己的思想，把个人的自由与一种自由意志的前提相连接：主体的行动只有建立在清除了任何强制因素的意图和目的之上，才是真正自由的。但是对这个纯洁化实施的解释，这两个思想家各自又选择了自己的道路：康德提议，将自由的意志作为一种理性的自律来解释；赫尔德却认为，意志的纯洁化是自己真实愿望的发现。反思自由思想在现代话语哲学的进一步发展过程中，走的正是这条以自我决定和自我实现、自主和真实之间的对立标出的思想道路：如果提及个人自由，总是必须同时考虑到它的反思功能，但即使在康德和赫尔德之后，人们还是常常或是按一种理性自我界定的模式，或是按一种在历史语言发展中自我发展的榜样，来理解反思功能。

P99－100 黑格尔社会自由的思想，要比别的现代的自由思想，与前理论的机制和社会经验有更多的相同性，这是不言而喻的。作为社会化了的主体，他们个人的自由程度依赖于他们所处环境的行动领域，是怎么对于他们的目标和意图做出反应的：主体越是能够感觉到他们的目的被那些与他们有关的人所支持，最起码是被容忍，那么他们就越是能够感受到他们的生活环境是一个他们自己个人得以发展的空间。对那些依赖于与同类互动的人来说，人和主体互动环境间不强制的相互作用，是一切个人自由理论的典范：别的人不是站在自己努力的对立面，而是在帮助和促成我的努力，从而使得自由行动模式在社会关系中超出了偏重个人的倾向。

P101 在现代社会是"正义的"，就不允许简单地再去衡量，是否和在怎样的规模上，所有社会成员可以支配的消极或反思自由，而是必须满足于自由前期的标准，即保障主体有相同的参与承认机制的机会。因此在社会正义思想的中心，形成了这么个思想，即一定的富有规范的被称为"道德"的机制，需要法律保障、国家监察和民间社会的支持；只有在法律，政治和社会公众分工的共同合作下，那些机制性的结构才能生存下去，社会成员也由于机制结构才有了他们主体互动自由的各个层面，因而形成一种整体的自由文化。

P103 这一工作所要求的理论方法，在黑格尔自由概念的表述语境中已经零碎地表达出来了：需要一种建立在历史—社会基础上的规范化实践，只有在这种实践中，主体才能够相互实现他们各自的目的，他们才能够在这种共同的经验中实现他们个人的自由。当然在这里还不清楚的是，应该怎么样详细地说明，由各种实践的总体所构成的一种机制，在个人目的的互惠满足中起着怎样的作用；只有在实施的过程中才会变得清晰，这样的构成是社会性的标准模型，这种模型包含了一定的相互承认义务的范畴。

P110 我们所拥有的极大部分的个人自由，个人自由属于社会正义的一种符合时代思想的概念，不仅是国家保证了我们拥有它的权利，它更是来自于很难解开的由我们已经熟悉的弱机制化实践和习俗所编织的一个网络，它给予我们一种社会确认或一种不受强制地超越自己的经验。自由条件的难以确定，并在很大程度上摆脱了法律国家的范畴，但这都不允许成为将它们简单地排除在正义理论框架之外的理由。

第二篇　自由的可能性和自由的真实性 P111-553

P129 建立在由自由主义自由和社会共有权利所创建的社会存在基础上的私人自治，在现代社会中形成了个人自由的一种特殊类型：个人对外享有国家保障的受法律保护的个人权利，因而保证了他免受国家或其他的活动者侵犯的权利；而同时在个人的内部却展开了一个对他人生目标进行纯粹的自我反省。"私人自治"就意味着，一个权利主体有权支配一个普遍公认的、由法律予以保护的空间，并允许他在这个空间中卸去所有的社会义务和责任，以一种没有负担的自我反省，来思考和确定他的个人喜好和价值取向；在这个意义上，设立一个个人的隐私区域，是法定自由的核心。

P148 按照这个论点，建立在现代法律基础上的自由思想，导致把作为主体权利的保障机制代之以主体互动为方向的行动，从而出现对自由意义的误解；不仅如此，在这种情况下，主体，如我们所见的那样，也会把自己局限在纯粹对个人的权衡和目的的追求上，最终如一个仅仅出于策略动机的法律个人来行动，因而失去了与他周围社会进行沟通实践的连接。

P184 那些陷入法定自由病态的人，实际上并没有错误理解主体的权利，只是他们对它的使用超越了任何有意义的恰当的时间段：如我们看见的那样，他们形成了法律形式的个性，在那些需要其他形式的社会互动来实现他们自由的地方，也执意坚持他们的权利。相反，那些卷入道德自由病态中去的人，在实施他们的道德自律中对自己有所误解：他们为自己戴上道德信念的性格面罩，试图从普遍性的角度出发来决定自己行动的理由，却否认既定的社会交往规范的任何效用——他们认为自己实际上担当着为这个世界所有人立法的角色，而看不到这个世界已经有着塑造自己的一系列规范性的规则。谁如果以这种方式淡化他的生活世界的道德事实，就会将他的生活道路只是以能够满足普遍性的标准为唯一的方向；个人自主的这类"道德"变态，表现了道德自由病态的第一种形式。

P316 我们的规范性重构主要是按道德经济主义传统的思路进行的，我们自然就有被指责太理想化的风险；因为市场的融合性能主要来自对一种规范的认可，而这些认可不是建立在消极的，而是信息交流自由的思想基础上，而在我们时代的社会学和经济理论看来，似乎没有比这更不可能的事了。

P317 为了反对这种扭曲和片面，就有必要以道德经济主义传统，从实现社会自由的出发点和机制形态的角度，对当代市场经济进行规范性的重构；再强调一下，我们必须同时特别注重话语的机制和法律的改革，因为基本的团结互助原则在经济市场的发展经常要求得到最明确的体现。

P544 在社会领域中，不仅存在着西方现代社会个人自由的机制形式，而且也有着信息交流自由的机制形式；因此我们有充分理由把对社会领域以及相应机构的重构，进一步深入到对民主决策综合体的阐述和考察中去；因为在民主决策综合体中进行的自我立法，会从自身出发按今天普遍共有的信念，期待其他自由领域也有一种政治法律的规则，以便所有机制秩序都有一个相似的重点。但是在规范性重构的过程中我们已经看到，如果对这种重点的思想太逐字逐句地去理解，并从中引申出民主程序具有一种创造能力的思想，那么关于政治法律规制是所有机制秩序重点的构思就会纠缠上许多难以解决的困难。

P546 只有在民主决策领域周边的个人关系和经济领域建构了各自的机制社会自由原则并实现了它，才会在一定程度上提高每个社会成员以同等权利关系进入到民主决策程序中去的机会；返回到当代关于政治正义讨论的语言。也就是说，一种民主商榷理论是"正义"的，那是因为按它们自身的原则在经济领域和家庭关系中必须已经存在着这种正义的前提，而不允许看成是由它推动到中心的那个程序的结果。

P548－549 如我们先前看到的那样，民主程序首先受到一种规范性的约束，因为民主程序要使自己的自由要求具有合理性，就必须同时鼓励和帮助另两个行动领域追求自由的努力；个人关系和市场经济交往领域中的社会自由越是进步，那么社会成员也就能够更平等更自愿、自我意识更强地参与公众性决策。从这个意义上说，民众必须以国家公民的角色商讨他们共同体的繁荣兴盛，并且试图相互理解，不因为另两个领域的社会关系而有冷漠的行为；他们更要服从那种独特的、来自民主程序为自己设定的规范，必须能够接受在各个历史时刻实现的机制性自由原则。

后 记

本书在丛书主编南开大学阎孟伟教授、杨谦教授的精心组织策划下，经过全体参编人员的不懈努力，终于完成了还算满意的版本。本书能够与读者见面，要特别感谢广西人民出版社社长温六零先生、副总编白竹林女士、副总编罗敏超女士以及编校、装帧设计人员的大力支持和辛勤努力。

本卷承担了《汉译现代西方学术名著导读·政治哲学编》中的"法兰克福学派批判理论"这一主题。法兰克福学派是西方马克思主义的主要流派之一。该学派是以德国法兰克福大学社会研究所为中心，由一批哲学家、社会科学学者、文化批评家组成的一个庞大的学术群体。该学派以批判的社会理论著称，经历了半个多世纪的发展历程。其主要的代表人物包括第一代的霍克海默、阿道尔诺、马尔库塞及第二代的施密特、尤尔根·哈贝马斯和第三代的霍耐特。

本卷之所以单独对法兰克福学派这一学术群体的著作进行编辑和导读，原因在于：首先，法兰克福学派在当代西方国家是非常具有影响力的学派，他们的思想具有强烈的现实感，对现代资本主义社会的发展问题做出了准确的诊断，把握住了时代问题的要害。其次，法兰克福学派成员的思想具有内在的一致性，以批判的社会理论著称于世，对社会问题的认识具有极强的理论穿透力，形成了对现代资本主义社会多维度、多视角、多层面的理论批判。再次，学派成员都受到了马克思思想的影响，是承接了马克思思想传承和价值立场的研究者，在新的社会形势下拓展了马克思主义理论研究的视野。最后，法兰克福学派的思想在中国受到了广泛的关注，他们思想中丰富的文化内涵和独特的哲学思辨得到了中国学者们的普遍认可。研究法兰克福学派对于我们在新的世界形势下深化马克思主义研究，增强理论自觉和理论自信具有十分积极的意义。

从霍克海默 1937 年发表《传统理论和批判理论》一文开始，"批判理论"就成了法兰克福学派描述自己理论特质的主要标签。随后，不同的学者延续"批判理论"的传统，就现代资本主义社会发展中的人类生存和发展困境问题进行了深度剖析，从多维度、多视角、多层面对现代资本主义社会制度的不合理展开了深度批判，其整个学派的思想发展历程经历了半个多世纪。因此，本卷按照时间的顺序，以"批判理论"为核心进行选编，选取了法兰克福学派不同时期领军人物的代表作，分别介绍了这些不同思想家独特的理论特点和视角，让读者得以感受法兰克福学派的思想魅力。

从马克思主义在 20 世纪的传播和发展的角度来看，我们应当高度重视法兰克福学派的独特贡献和思想影响力。但是，法兰克福学派的许多观点也是需要我们进一步反思和批判的。在新的时代形势下，我们更应该结合中国社会发展中的现实问题来展开时代的对话。

本书对于法兰克福学派的介绍和导读适合大学本科生、研究生将其作为研究马克思主义的参考书，方便读者拓展视野，加强自身的马克思主义基础理论修养。我们在这一卷向读者介绍一些经典著作，有几个目的：其一，让读者进一步了解马克思主义在世界范围内发展的脉络；其二，让读者学习和借鉴法兰克福学派分析和思考现实问题的方法，从而在新的历史条件下继续坚持马克思对资本主义的彻底批判精神、基本的价值立场和思想传统；其三，培养读者独立思考现实问题的能力，引导他们独立思考和分析中国特色社会主义实践中的问题，服务于马克思主义中国化。

目前，已经有大量的法兰克福学派著作被翻译和介绍到中国，由于本卷篇幅有限，只选取了 15 部法兰克福学派的著作加以介绍和导读。

本书的整体框架由杨谦教授设计，并组织、选择了书目和资料及其初稿的筛选，刘娟教授也参与了早期的工作。本卷编辑整理和写作分工如下：孟锐峰（二、四、八、九、十五），马梦菲（一），谢莹（三），孟广慧（五），马杰（六），阎涛（七），赵柯（十），夏钊（十一），张保伟（十二），朱蔷薇（十三），毛林林（十四）。最后由孟锐峰统一编辑整理，杨谦教授、阎孟伟教授通读了本卷并做了重要的补充和修改。由于编者水平和能力有限，错误在所难免，敬请专家学者批评指正。

2017 年 10 月